卢纯 著

重企强国 ②

清华大学出版社
北京

本书封面贴有清华大学出版社防伪标签，无标签者不得销售。
版权所有，侵权必究。举报：010-62782989，beiqinquan@tup.tsinghua.edu.cn。

图书在版编目（CIP）数据

重企强国. 2 / 卢纯著. —北京：清华大学出版社，2022.11（2023.8重印）
ISBN 978-7-302-62002-0

Ⅰ. ①重… Ⅱ. ①卢… Ⅲ. ①企业管理－经验－世界 ②国有企业－经济发展－研究－中国 Ⅳ. ① F279.1 ② F279.241

中国版本图书馆 CIP 数据核字 (2022) 第 186553 号

责任编辑：	王如月
装帧设计：	一瓢设计·邱特聪
责任校对：	王荣静
责任印制：	宋　林

出版发行：	清华大学出版社		
网　　址：	http://www.tup.com.cn, http://www.wqbook.com		
地　　址：	北京清华大学学研大厦 A 座	邮　编：	100084
社总机：	010-83470000	邮　购：	010-62786544
投稿与读者服务：	010-62776969, c-service@tup.tsinghua.edu.cn		
质量反馈：	010-62772015, zhiliang@tup.tsinghua.edu.cn		
印 装 者：	三河市东方印刷有限公司		
经　　销：	全国新华书店		
开　　本：	155mm×230mm	印　张：26　字　数：279 千字	
版　　次：	2022 年 11 月第 1 版	印　次：2023 年 8 月第 4 次印刷	
定　　价：	128.00 元		

产品编号：097229-01

序　言

从百年巨变中探究历史规律是中华民族的智慧和优势。"百年"是当今中国被提及最多的热词之一,"百年未有之大变局""两个一百年奋斗目标""中华民族百年复兴""中国共产党百年华诞"。"百年"是中华民族所代表的东方文明一种特有的历史视野和思想格局;以百年为尺度进行宏观思考和持续奋斗,也是有着五千年文明史的中华民族所特有的思维尺度和集体智慧。东方的"百年"视角不同于西方的"世纪"概念,司马迁在汉兴百年时作《史记》,其中写道:"夫天运,三十岁一小变,百年中变,五百载大变。"在中国传统文化中,"百年"视角更多地聚焦在"变",着眼于天与人、时与势的发展变化过程。

以百年为时间单位去观察、度量和记录历史进程,去反思兴衰得失和观往知来,向历史寻求经验,向历史探究规律,向历史求索未来,是中华民族的历史传统和特殊优势。因为以百年为时间单位的视野足够宽阔,宽阔到足以观察不同民族、国家与文化之间的碰撞、互动与交融的过程和结果;以百年为时间单位的时光足够漫长,漫长到有足够的耐心去探求和验证一个时代的答案;以百年为时间单位的思考足够深刻，深刻到可以渐进地认知、反复地求索、缓慢地积累，在不期而至的变局中把握历史规律和发展趋势；以百年为时间单位的奋斗历程足够伟大，伟大到以几代人的接续奋斗去创造足以载入人类文明史册的民族百年复兴奇迹。

在刚刚过去的一百年里，全世界很少有国家发生像中国这样剧烈而深刻的变革。从半封建半殖民地的落后农业国发展成为世界第二大经济体，党的十八大以来在十年间就成功解决了近一亿人口的绝对贫困问题，实现了一个十四亿人口大国的全面小康，中国已经从世界发展的"因变量"成为影响世界发展大势的重要"自变量"，中华民族已经实现了一次历史性的伟大"蝶变"。这种"变"契合了司马迁所说的"三十岁一小变、百年中变"；这种"变"在今人的理解中是一种"奇迹"，但在百年的尺度下却是一种注定的趋势；这种"变"在世界看来是华丽的"蝶变"，但只有熟知这段历史并身在其中奋斗过的中国人才知道，这一段历经百年的艰辛奋斗和全面跨越，其间全体中国人民经历了危难之际的百折不挠、挫折之后的毅然奋起、失误之后的拨乱反正、变局之中的处乱不惊，备尝艰辛，历尽苦难，但傲然挺立，充满神奇。

中国百年"蝶变"是全球政治经济格局划时代的变革，其背后最根本的原因是什么？一百年的等待与观察足以给世人一个明确的答案，那就是伟大的中国共产党及其领导的中华民族伟大复兴。

中国共产党是中国百年近现代史的书写者。一部中国共产党党史，记录了中国人民的百年奋斗历程，中国人民彻底摆脱了被欺负、被压迫、被奴役的命运，成为国家、社会和自己命运的主人，中国的崛起强大和中华民族的伟大复兴不断成为现实，中国人民的生活质量不断提升，中国仅用几十年的时间走完西方发达国家几百年走过的工业化历程，创造了经济快速发展和社会长期稳定的两大世界奇迹[1]。

解读中国百年巨变与时代跨越是几代中国人必须肩负的历史使命和民族责任。如果时间返回到1921年，那时的中国是一个备受歧视、惨遭列强欺辱的第一次世界大战战胜国，是一个拥有近4亿人口却四分五裂的东方大国，是一个刚刚经历了"五四"运动思想启蒙的半封建半殖民地国家，那时的中国有识之士也在试图以全球格局和百年视野去审视上一个百年中华民族所经历的屈辱，也努力在晦暗的世界格局中遥望这个国家的下一个百年，新生的中国共产党、国民党、改良派、立宪派、保皇党都尝试着给出不同的答案和解释。

当历史的问卷跨越百年再次摆在我们这一代人面前，我们将如何作答？幸运的是，今天的新中国已经不是一百年前的旧中国。过去的一百年，中国共产党领导中国人民已经在这张答卷上书写了让全世界赞叹的国家发展奇迹和民族复兴成就。我们这代人身上恰好承载着过去一百年的记忆，也决定着下一个百年的未来，历史如何总结？未来如何开启？没有人能代替我们去完成这个任务。

解读中国共产党领导下的中国百年巨变与跨越是一个宏大的历史和时代命题，因为有太多的维度去解读过去一百年的历史变革和发展经验，也有太多的视角去眺望未来一百年的时代跨越和民族复兴，我们可以从经济、政治、文化、社会、科技、军事、

---

[1] 中国共产党第十九届中央委员会第六次全体会议公报。

外交等不同视角去观察和解读，但任何一个侧面都不足以概括中华民族在过去一百年间所经历的磨难、奋斗、坚持和辉煌。我们可以尝试选择一条线索将这些维度和视角联系起来，以解读波澜壮阔的中国百年巨变。

那么，这条线索是什么呢？

以中国企业的历史蝶变和时代跨越求索国家未来，是中国企业的使命责任。在2020年7月出版的《重企强国》一书中，我尝试从中国企业的视角论述企业做强做优做大与国家富强、民族复兴之间的互动、互塑关系，由此得出了重企必强国、强国需重企的思想观点和认知判断。中国企业是中国百年近现代史的亲历者，它曾经被寄予"实业救国""实业立国""实业富国""实业强国"的希望，它在内忧外困的旧中国艰难求生，在充满前途希望的新中国发展壮大，它孕育了改变中国前途命运的无产阶级，在建设新中国的伟大事业中，以"共和国长子"的责任担当冲锋在先；它曾是计划经济时代行政机构的附属物和保守僵化的"工厂"，也因为改革开放而焕发新生并成为中国奋起追赶时代、快速崛起强大的主力军。中国企业自诞生到现在，无论身上贴着什么标签——国有企业、集体企业、民营企业、外资企业和中外合资企业，都具有一颗跨越百年而从未改变的精神内核——中国企业。

选择中国企业作为切入点去探讨解读中国百年巨变与时代跨越令我感到异常兴奋。中国企业所提供的产品和服务满足了中国人民生产生活的需要，奠定了中国共产党执政兴国的物质基础和经济基础；中国企业是党和国家治国理政的重要力量和依靠，是为十四亿人民创造美好幸福生活的载体，是协调中国社会各阶层社会关系的枢纽，是中国连接世界的铰链，是世界走进中国的门户，是保卫国家安全的屏障，是国家富强和民族复兴的支撑。中国企业的影响就是中国影响，中国企业的力量就是中国力量，中国企业的能力就是中国能力，中国企业的强大就是中国强大，中国企业的百年蝶变就是中国百年巨变和民族复兴的缩影。中国企业的百年蝶变构成了中国百年巨变的重要组成部分，而中国企业未来的发展跨越将是撬动中国实现新发展新跨越的强大杠杆之一。

今天，中国正处在中华民族伟大复兴的重要关口，处在两个百年奋斗目标的历史交汇点，这是一个千载难逢的历史机遇，是一个创新突破和深刻变革的大时代，从"中国企业"这个独特视角和窗口去观察解释中国崛起强大、民族伟大复兴、中国共产党百年奋斗等中国奇迹，具有特殊的历史意义和现实意义。同时，将中国企业已经实现的百年蝶变和正在推动的新发展跨越，置于中国共产党领导的两个"百年"奋斗历程中，更凸显了中国企业在国家强大和民族复兴中的重要地位和时代价值。中国企业的历史性整体发展蝶变是中国企业自强不息的必然结果，是中国共产党领导中国人民不懈奋斗的伟大成就！今天的中国企业不仅是世界优秀产品和公共服务的提供者，还是国际制度规则、先进思想理念、优秀文化精神和生产生活新需求的创造者！中国企业的新发展跨越将是笃定发生的必然事件，是中国未来更加强大的又一重要标志和伟大成果。

中国企业的历史蝶变与时代跨越是本书的主题，我尝试从中国企业整体性发展"蝶变"着眼，去感知国家发展崛起的强劲脉动，感受民族走向复兴的坚定步伐。同时，以中国企业新的发展跨越为窗口，去眺望国家与民族在下一个百年的挑战、机遇与辉煌。因此，总结中国企业的发展蝶变成就，阐述新时代赋予中国企业的历史新使命，提出中国企业新发展跨越的目标和路径，探讨中国企业历史蝶变与时代新发展跨越的全球影响和世界价值，站在世界百年未有之大变局的宏大历史背景下，突破传统思维模式，摆脱过去的路径依赖，以新发展理念去思考中国企业在中国共产党执政的新百年必须承担的新使命，不仅十分重要，而且极具价值。

关于中国企业的历史蝶变与时代跨越，我在写作《重企强国》的过程中已经形成了这一观点。2020年7月，该书出版后，我就投入到新选题的研究和写作中。三年来，从世界到中国，从美国对中国的围堵遏制到俄乌冲突，从新冠肺炎疫情的全球蔓延到中国共产党建党百年，一系列大事更加印证了习近平总书记"百年未有之大变局"的科学判断，也更加坚定了我持续思考和研究这一命题的信心。

一个企业或一个行业的发展蝶变不足为奇，但作为具有几千年农耕文明史和全球第一企业大国的中国实现历史性整体发展蝶变，就应该引起我们的高度重视和深入思考。而中国企业作为一个整体，其发展历程始终伴随着中华民族跌宕起伏的命运轨迹，在国家崛起强大和民族伟大复兴的进程中，创造了从无到有、从少到多、从小到大、从弱到强、从落后到赶超、从经济全球化的参与者到推动者、从世界经贸体系的因变量到自变量，这一系列发展奇迹。150年前中国只有一家现代企业而现在中国企业数量全球最多，世界500强企业数量全球最多，中国企业成为支撑中国经济社会高质量发展的支柱和推动世界经济繁荣的重要力量，这是中国共产党领导中国实现第一个百年奋斗目标的伟大成就和历史标志，也是中国企业为中华民族伟大复兴事业作出的重大贡献，同时也显示出中国企业在中华民族百年奋斗历史中的特殊地位、功能作用和价值意义。

我们可以欣慰地看到，中国企业已经实现了整体性的历史发展蝶变，在多个领域和维度实现了从量变到质变的发展升级，从功能到作用、从力量到贡献、从地位到影响的巨大升华，完成了具有里程碑意义的整体性发展跨越，而且具有许多可识别性的要素和显著特征。中国企业自诞生以来在数量规模、功能作用、地位贡献、发展质量、核心能力上经历了一次历史性发展变革、整体性质变飞跃和系统性实力提升。这一过程具有从"破茧"到"成蝶"的历史性意义，因而可以称之为中国企业的历史性整体发展蝶变。中国企业的历史性整体发展蝶变充分展示了中国企业的巨大生命力和创造力，充分展示了中国企业自强不息、拼搏奋斗的民族精神，中国企业为中国构建和塑造了一个庞大、健全而又充满活力的现代生产体系、经济体系和社会体系，为中国的崛起强大和中华民族的伟大复兴作出了重大贡献。对这一历史性整体蝶变的显著特征、经验启示和蝶变机理进行系统总结和科学阐述意义重大。

我们可以自信地判断，中国企业的时代已经到来。中国企业的历史性整体发展蝶变，使中国企业已经站在世界企业舞台的中央，成为中国经济发展的基石和支撑，成为许多领域、行业的引领者，也成为世界经济发展的动力源。中国企业已经蓄积了改变中国、影响世界、塑造未来的伟大力量，成为推动全球经济增长的重要引擎，属于中国企业的时代已经到来。如何认知中国企业时代的特征与内涵、挑战与机遇，以及中国企业将对中国和世界产生何种巨大而深刻的影响，同样值得深入研究和理性思考。

我们可以坚定地认为，中国企业必须尽快开启新的发展跨越。第一次历史性整体发展蝶变为中国企业在新时代实现新发展跨越奠定了坚实基础，搭建了更高起点的平台。中国企业需要通过新发展跨越系统性地补齐短板弱项，集中解决前期发展遗留问题，着重提升关键核心能力，全面聚焦高质量发展，实现从大到强大、从优秀到卓越，从一流到伟大，肩负起新时代赋予的新使命。中国企业的新发展跨越是中国企业又一次全面系统性的提升和发展飞跃，需要进行历史性变革、系统性重塑和整体性重构以适应百年未有之大变局和全球市场更加激烈的竞争。这是一次没有先例的创新变革，充满艰辛和挑战，如果每一家中国企业都能够以家国情怀、民族智慧、历史担当、大国格局、全球视野和创新思维去思考、探索和奋斗中国企业的新发展跨越，那么千千万万的中国企业将汇聚成一股强大的洪流，成为复兴民族、改变国家、影响世界、塑造未来的磅礴力量。

新时代赋予中国企业新的历史使命，也开启了中国企业新的奋斗历程。中国企业对加快做强做优做大的强烈发展需要，对创建具有全球竞争力的世界一流企业的强烈目标追求，为国家崛起强大和民族伟大复兴而奋斗的强烈历史使命，为促进世界经济繁荣发展和构建人类命运共同体而努力的强烈责任担当，中美竞争对抗博弈以及全球新冠肺炎疫情引发世界深度调整变化带来的巨大危机挑战，都在倒逼中国企业必须尽快启动，加速实现新的发展跨越，以提高中国企业以新发展理念为指引的高质量发展能力、科技主导的创新能力、创造价值的盈利能力、绿色低碳的可持续发展能力、全球布局的国际化经营能力、防范管控重大风险的治理能力以及全球竞争力和强大影响力。中国企业需要加快实现新的发展跨越，为国家崛起强大和民族伟大复兴作出新的历史贡献。今天的中国企业比以往任何时候都更加具备把握自身前途命运和发展机遇的能力以实现新的发展跨越与蝶变；今天的中国比以往任何时候都更加需要培育一批具有全球影响力的强国重企来支撑国家崛起强大，推动民族伟大复兴，因为只有自身的强大，才能具备掌握命运、引领趋势、改变格局的能力。

新时代提供了中国企业再次发展蝶变的新机遇，也开辟了中国企业实现发展跨越的新路径。每一个具有历史远见的大国和大国企业都有责任并应该具备思考谋划后疫情时代发展路径的能力。中国的强大崛起和广大发展中国家的觉醒，都昭示了一个明确现实：经济全球化不可逆转并且将继续深入发展，但亟须新的均衡和完善，中国企业将以其独特地位、强大力量和特殊方式再次改变中国，影响世界；通过数字化转型、绿色低碳发展、"走出去"开展国际化经营、高水平对外开放和创新，建立具有中国特色的现代企业制度和治理结构，以此为路径去构建更多元、更普适世界各国需要的连接枢纽和发展支点。这是中国企业实现新发展跨越的重大战略机遇和战略路径。

新时代开启了中国企业全新的全球化视野格局。中国企业整体的超大规模体量、巨大发展潜力、强大内生动力、全球资源配置能力、资本调动能力、超强研发制造体系和全产业链配套生产能力以及在世界经济发展中的特殊地位和举足轻重的重要作用，决定了中国企业的历史性整体发展蝶变和新发展跨越具有广泛的全球影响和巨大的世界价值。中国企业的新发展跨越既能对全球经济发展产生重大影响，也将对世界经济复苏和更加可持续的经济全球化负有责任，必将给世界各国带来更多发展机遇、经济红利和人民福祉，而且能够为世界提供多元可持续的要素投入，提供更多、更好的公共产品和优质服务，创新更多具有国际普遍意义的制度规则，促进人类社会的发展进步。从这个意义上讲，中国企业的新发展跨越将是具有广泛而深刻的建设性意义和全球价值的伟大事业，一定能够得到世界大多数国家的认可、欢迎和支持，一定能够成为世界百年未有之大变局中最引人注目的场景之一，中国企业的新发展跨越一定会有持续精彩的表现。

中国企业的强大力量再次展现出现代企业制度的伟力，现代企业制度具有富强中国、影响世界、塑造未来的强大力量。现代企业具有连接、聚合多种要素、工具和力量的功能，能够发挥赋能、放大各要素、工具和力量的作用，因而对世界具有更加强大的改变和塑造性力量。现代企业是人类发明创造改变世界、推动人类文明发展进步的一种创新组织、特殊工具和综合性力量。中国企业的整体蝶变和新发展跨越与世界经济的发展，既互为依托又相互影响。中国企业的新发展跨越与经济全球化的秩序重构将是一个相互塑造的强互动过程。新冠肺炎疫情的蔓延和重大科技创新突破将加速全球经济发生重大深刻变革，全球产业链、供应链、价值链、技术链、创新链和数据链正在经历有史以来最深刻的调整重构，中国企业的理性应对、智慧选择、把握大势和主动作为必将对后疫情时代的世界经济稳定增长和繁荣发展产生更加深远的影响，中国企业必须再次觉醒和更加成熟，深刻认知肩负的时代新使命，绝不能辜负国家的重托和世界的期待。

本书的主题是中国企业的历史蝶变与时代跨越，选择这样一个主题是想将中国企业的历史蝶变与时代跨越紧密地联系在一起，将中国企业的过去、当下和未来联系在一起，并构成一个联系民族历史与国家未来的连续发展整体，从中更加深刻地认识中国企业的地位影响、功能作用、力量贡献、全球影响和世界价值，以及应当承担的大国企业责任并作出新的贡献。通过中国企业的历史性蝶变这一窗口，可以观察国家百年巨变和民族百年复兴的伟大历程、巨大成功、显著特征，以揭示成功密码和经验启示。通过提出中国企业必须加快实现新发展跨越的论断，预见中国将成为世界百年未有之大变局中最重要的自变量，将孕育改变中国、影响世界、塑造未来的大趋势、大变革、大作为和大贡献。

如果时代的变迁如同大江大河奔涌向前，那么与江河同行的我们能否在某一个正在发生的时刻明确感知到，此时此刻就是划分时代的明确节点；我们是否能够自信且勇敢地把握机遇，主动作为，引领变局而不是接受变局，创造历史而不是等待历史。否则，我们只能在未来翻阅史料时才后知后觉地恍然大悟、抱憾不已。

中国企业已经实现历史性整体蝶变，并正在实践划时代的新发展跨越，这是本书所要传达的核心观点。如果说中国企业的历史性整体发展蝶变是百年积淀与时代机遇的顺势而为，那么中国企业的新发展跨越将是百年未有之大变局中的主动变革，是中国企业有组织、有计划、有目标的整体性跨越蜕变，是重大转型升级和深度结构调整，具有造福人民、强大国家、普惠全球的深远影响和建设性意义。

今天的中国企业正在塑造明天的中国，今天的中国正在影响明天的世界。今天的中国企业不仅是世界优秀产品和人类生产生活服务的提供者，还是世界最为活跃的变革性力量，既改变商业也改变生活，既提供产品服务也创造需求、形成文化。中国企业是中国对外交往的桥梁，也是捍卫国家权益、抵御经济霸权的中坚，全世界越来越深刻地感受到中国企业的力量和影响。当中国决胜全面小康、全面建成社会主义现代化强国、实现国家完全统一，当更为宏大的国家愿景和人民梦想展现在眼前，当中国企业从追赶者跻身世界舞台中央，甚至逐渐驶入全球企业的深海和"无人区"，中国企业将被世界赋予更多的关注和期待，必将在世界百年未有之大变局中开创一个属于中国企业的新时代。

千秋复兴伟业，百年仅是序章。

目 录

第一部分

中国企业蝶变与中国企业时代 1

第一章 百年蝶变 4
 一、数量规模之变 5
 二、企业结构之变 8
 三、发展质量之变 14
 四、地位角色之变 18
 五、作用力量之变 20
 六、本质内涵之变 24
 七、草根成功之变 27
 八、全球影响之变 31

第二章 蝶变密码 34
 一、中国共产党的领导伟力 36
 二、中国特色社会主义制度优势 40
 三、为民高效政府的服务指导 44
 四、改革开放的政策赋能 48
 五、超大规模市场的机遇红利 51
 六、健全工业体系和合理企业布局 54
 七、自强不息、创新拼搏的奋斗精神 56

第三章 蝶变经验与启示 ... 60
一、坚持党的领导 ... 61
二、坚持现代企业制度 ... 65
三、坚持做大做强核心主业 ... 68
四、坚持弘扬新时代企业家精神 ... 71
五、坚持优先发展实体经济和制造业 ... 75
六、坚持大力发展科技信息产业 ... 78

第四章 中国企业时代已经到来 ... 84
一、具有全球竞争力的产业集群和企业生态 ... 84
二、中国进入大企业主导时代 ... 86
三、国有企业支柱引领作用日益凸显 ... 89
四、世界经济增长的主要推动力量 ... 95
五、中国企业时代的机遇与挑战 ... 97

第二部分
中国企业的新发展跨越与时代新使命 ... 101

第五章 从"大"到"伟大" ... 104
一、发展是现代企业的基因和本能 ... 105
二、伟大企业与基业长青 ... 108
三、止步于"大"是潜在结构性风险 ... 112
四、大国须重企,重企必强国 ... 114

第六章 补齐短板弱项 增强核心能力 ... 119
一、提升战略牵引发展能力 ... 120

二、提升产业创新变革能力……123
　　三、提升全球产业链主导能力……127
　　四、提升国际竞争能力……130
　　五、提升价值创造能力……133
　　六、提升中小企业抗风险能力……135

第七章　大变局与新挑战……139
　　一、世界百年未有之大变局……140
　　二、百年变局最重要的自变量……142
　　三、百年变局机遇与挑战……146

第八章　中国企业的新使命……152
　　一、创建具有全球竞争力的世界一流企业……153
　　二、推动国家高质量发展和民族伟大复兴……155
　　三、为人民军队提供世界一流武器装备……160
　　四、为构建人类命运共同体贡献力量……162
　　五、创新中国特色现代企业制度和治理理论……163
　　六、促进全社会实现共同富裕……167

第三部分
实现新发展跨越的机遇挑战和战略路径……171

第九章　加快数字化转型　实现中国企业发展新跨越……173
　　一、数字化是人类认识和改造世界的重要工具……174
　　二、数字经济是全新的经济形态……184
　　三、数字化转型升级的价值与前景……192

四、中国企业数字化转型路径探讨 …… 196

第十章 "双碳目标"开启中国绿色低碳发展新时代 …… 207
一、能源是人类文明发展进步最重要的推动力量 …… 208
二、"双碳目标"的中国影响和全球价值 …… 217
三、构建中国清洁低碳、安全高效的能源体系 …… 222
四、加快建设5条清洁可再生能源走廊 …… 235

第十一章 构建中国特色现代企业制度和治理结构 …… 246
一、中国特色现代企业制度和治理结构创新 …… 247
二、西方现代企业制度与中国国有企业治理 …… 258
三、中国特色现代企业制度和治理结构特征 …… 263
四、中国特色现代企业制度和治理结构路径探讨 …… 273

第十二章 "走出去"：中国企业新发展跨越的必经之路 …… 279
一、"走出去"是跻身世界一流的必然选择 …… 280
二、中国企业"走出去"发展历程和主要成就 …… 288
三、"走出去"实践探索与案例分析 …… 302

第十三章 高水平对外开放：中国企业新发展跨越的重大机遇 …… 318
一、开放是历史发展的必然规律 …… 319
二、中国对外开放的主要发展阶段 …… 326
三、中国高水平对外开放的挑战 …… 330
四、中国高水平对外开放的重大机遇 …… 334
五、中国高水平对外开放与新发展跨越 …… 335

第四部分
中国企业蝶变与跨越的全球影响和世界价值 345

第十四章 现代企业改变世界 348
一、改变世界的关键要素 348
二、改变世界的强大组织和特殊工具 353
三、跨越国界的塑造性力量 355

第十五章 中国企业与世界经济相互塑造 359
一、中国企业对世界经济繁荣发展负有责任 359
二、中国企业成长壮大与经济全球化紧密相连 365
三、中国企业与世界经济相互成就 368

第十六章 后疫情时代，中国企业的世界责任 372
一、后疫情时代经济全球化新特征 372
二、后疫情时代中国企业竞争新优势 376
三、构建经济全球化新秩序 378

第十七章 以全球价值回应世界期许 385
一、坚定经济全球化信心 386
二、彰显中国企业世界担当 387
三、完善"六链"，巩固中国企业引领优势 388
四、拓展中国企业全球影响 389
五、维护经济全球化公平普惠 390

参考文献 393
后记 394

重企強国②

第一部分

中国企业蝶变与中国企业时代

★ 第一章　百年蝶变
★ 第二章　蝶变密码
★ 第三章　蝶变经验与启示
★ 第四章　中国企业时代已经到来

喜马拉雅山脉从印度洋底的深沟抬升隆起为世界最高山脉，跨越了3 000万年的时间，并且山脉主峰珠穆朗玛峰仍然以每年1厘米的速度在抬升；美国加州的谢尔曼将军红杉，从柔弱的树苗成长为直径11米、树高87米的参天巨木，成为跨越2 700多年时间的生命，至今仍在生长；中国的万里长城，历经从西周至今的2 000多年的时间，成为全世界最大的军事防御工程和中华民族的文化象征。时间是最挑剔的创造者，它从亿万颗平凡的"种子"中甄选孕育出一个奇迹；时间是最忠实的记录者，它刻写下一个民族奋斗的足迹；时间也是最慷慨的老师，它给一个国家未来的发展提供启示。

中国企业从萌芽至今不过一个半世纪的时间，在5 000多年中华文明史中，中国企业是个不折不扣的"新生儿"，但在波澜壮阔的中国近现代史中，中国企业却已经风尘仆仆地走过了百年沉浮。如果将中国企业比作一个人，他的掌纹刻写着百年沧桑的民族奋斗历史，他的身躯支撑着中国崛起强大的梁柱，他的眼睛凝视着中华民族伟大复兴的未来。

中国企业作为一个整体，其发展历程始终伴随着中华民族自近代以来跌宕起伏的命运轨迹。与西方商业文明的自然觉醒和现代企业制度的自发孕育不同，在积贫积弱的旧中国，现代企业制度是带着"富强国家""振兴民族"的使命被引入中国的。中国企业在推动中国崛起强大和中华民族伟大复兴的过程中，创造了从无到有、从少到多、从弱到强、从落后到赶超、从经济全球化的参与者到推动者、从世界经贸体系的因变量到自变量的跨越式发展奇迹。中国企业的历史性发展跨越是中国实现第一个百年奋斗目标的伟大成就和重要标志，是中国企业为中华民族伟大复兴事业作出的重大贡献，也是中国以现代企业为动力富强国家，以现代企业为力量振兴民族，以现代企业为枢纽连接世界，以现代企业为工具塑造未来的生动实践。

中国企业具有历史意义的整体发展跨越不是我们主观上的意识和感性认知，而是一个令世人惊叹的事实。中国企业在多个领域和维度实现从量变到质变的升级迭代，完成了具有里程碑意义的整体性发展跨越，具有从"破茧"到"成蝶"的历史性意义，可以称之为中国企业的历史性整体发展蝶变。

单一企业或单一行业的发展强大不足为奇，但作为全球第二大经济体的中国企业实现整体性的发展蝶变，应当引起中国人的广泛关注和高度重视，需要我们用国际社会通用的语言和概念讲好中国企业的故事，中国企业的历史性整体发展蝶变标志着中国企业取得了巨大成功。那么，中国企业的历史性整体发展蝶变有哪些可识别的要素和显著特征，中国企业为什么能够成功实现历史性整体发展蝶变，它留给我们怎样的经验和启示；当我们将这些答案置于中国共产党领导的百年民族伟大复兴事业中去审视思考，中国企业的历史性整体发展蝶变的本质内涵就更加丰富，其意义就更加重大，或许当下一个百年到来时再次回看中国企业今天的历史性整体发展蝶变，我们也许可以得出更加丰富深刻的认知。

第一章
百年蝶变

现代企业制度自晚清洋务运动期间引入中国，是国家求富和民族图强的发展需要，是中国市场经济和现代商业文明启蒙的重要标志，也标志着中国走向世界、世界走进了中国。

新中国成立后，在中国共产党的领导下，在改革开放和经济全球化的推动下，中国企业成为国家自立、民族自强的重要支撑，中国企业通过七十多年接续不断地奋斗和艰苦努力，完成了一次历史性整体发展蝶变，成为中国百年发展巨变的重要标志性成果。这一具有重大历史意义的发展蝶变具有许多可识别性的要素和显著特征，中国企业的数量规模、综合实力、功能作用、地位贡献、发展质量、核心能力等都发生了一次历史性变革、整体性质变和系统性跃升。

一、数量规模之变

中国企业历史性整体发展蝶变最直观的变化是企业数量、规模和体量的变化，中国企业实现了从无到有、从少到多、从小到大、从弱到强的发展跨越。

1872年，中国第一家按照西方现代企业制度建立的企业——轮船招商局诞生。此时，现代企业制度在西方已经发展了一百年。初生的中国企业在半封建半殖民社会的贫瘠土壤中坚强地萌芽，在封建主义、帝国主义、官僚资本主义"三座大山"的夹缝中艰难地成长。这是东方封建儒家社会和西方现代商业文明的首次融合，也是封建小农经济与现代市场经济的首次碰撞，现代企业制度以一种独特的力量和变革性的方式逐步影响并逐渐改变了这个东方古国的社会面貌。

新中国成立前，中国共有企业法人单位8.4万余家，按当时5.4亿人口计算，相当于每6 430个中国人才拥有一家企业法人。客观地说，旧中国现代企业的数量和发展速度在亚洲国家中仅次于当时的日本，但积贫积弱、多灾多难的旧中国没有能力给中国企业提供一方适宜生长的"土壤"，中国企业的发展步伐在历史上长期落后于西方强国和东方近邻日本，现代企业在国家的地位、作用和影响没有得到应有的重视，随着中国与世界企业强国发展速度差的形成，旧中国沦为资本主义强国工业产品的倾销市场，中国企业也被西方企业长期压制，很长时间内无法实现发展。

新中国成立后，特别是改革开放40多年来，中国企业实现了爆发式的蓬勃发展，根据国家统计局的数据显示，中国市场主体数量从改革开放初期的49万户，增长到2021年底的1.5亿户，增长了306倍。其中实体企业超过3 500万户。日均新设市场主体超过6万户，日均新设企业法人超过2万户。千人以上企业数量超过25万户。从企业数量上看，中国企业已经实现了重大发展，中国已经成为名副其实的世界企业第一大国。

中国企业历史性整体发展蝶变的重要标志并不仅仅表现在企业数量上的"多"，还体现在头部企业的"大"。在大型企业的数量、企业规模的体量、企业收入利润等方面，中国已经与全球企业强国美国比肩。

2018年，美国本土500强企业的营业收入门槛为55.75亿美元，中国本土500强企业的营业收入门槛为307亿元人民币（约44亿美元），中国大企业与美国大企业之间的营业收入差距正在不断缩小。

2019年，中国有129家企业上榜《财富》杂志世界500强，位居全球第一，比美国多8家，比排名第三的日本多出77家，即便不计入中国台湾地区的10家企业，中国和美国的世界500强企业数量也已经并驾齐驱（119：121）。这是自1990年世界500强榜单诞生以来，甚至可以说是自第二次世界大战结束以来，美国第一次没有在全球大企业比拼中拔得头筹。2020年和2021年，中国连续蝉联上榜《财富》杂志世界500强企业数量全球第一，即使不含中国台湾地区的企业，中国大陆和中国香港特别行政区的上榜企业总数也已经超过美国。

中国入围世界500强企业数量与美国旗鼓相当而且已经超过美国，这是中国改革开放的伟大成就，也是中国企业自强不息，坚持做大做强，实现企业规模从小到大发展跨越完成历史性整体发展蝶变的重要标志。

量变是质变的必要准备，质变是量变的必然结果。中国企业的历史性整体发展蝶变首先源于整体数量和单体体量的积累，得益于所有中国企业的共同奋斗。中国是人口大国，但并不是市场大国、制造大国和企业大国，如果没有满足需求、创造需求的千千万万家中国企业，中国的人口优势就很难转化为市场规模优势和国家发展优势。

中国企业的历史性整体发展蝶变离不开国有企业带动的"头雁效应"，离不开大型企业带领中国企业整体进步的"雁阵效应"，离不开千万家创业企业、独角兽企业前仆后继奋斗创新的"鲶鱼效应"，离不开亿万家中小企业改变中国、影响世界的"蝴蝶效应"。

企业数量的"多"是创造机遇、培育市场的前提，企业单体体量的"大"是应对风险、敢于创新的底气，"多"与"大"的叠加就是中国企业实现历史性整体发展蝶变的量变准备和必要前提，中国企业的整体规模优势和大企业的体量优势是在经济全球化时代应对外部风险的立足之本，是孕育培养强国重企的沃土，是自我滚动发展的不竭动力。

二、企业结构之变

中国企业的所有制结构、产业结构、门类布局分别实现了从单一到多元、从畸重畸轻到优化合理、从东重西轻到全国布局、从缺门少类到门类齐全的合理调整,形成了良好的企业结构和具有强大发展潜力的企业生态。

(一)中国企业从诞生之日起,所有制结构经历了从"多元"到"一元"再到"多元"的三个主要历史发展阶段

1903年,清政府颁布了中国第一部现代意义上的公司法——《公司律》。在政府信用背书、西方列强资本冲击和市场经济利益等多重因素的刺激下,长期处于分散、沉睡状态的中国民间资本开始大量兴办股份制企业,中国企业的所有制结构开始打破了洋务运动时期形成的官办为主的一元制结构,民营股份制企业如雨后春笋蓬勃发展,一度占全国企业数量的七成以上,中国企业所有制结构进入多元化时代。

中国企业从1911年到1937年有过近二十年的"繁荣期"。中国企业在这一时期分裂为民族资本和官僚资本两大阵营,两者"各领十年风骚",但两者对内既没有形成相互补充、合作竞争的良性发展格局,对外也没有结成抵御西方帝国主义经济侵略的整体性民族经济力量,特别是官僚资本的"繁荣"不是建立在改进生产力和提升生产效率上,而是靠侵蚀、榨取本就脆弱的国民经济,损公肥私,中国企业本就脆弱的发展根基遭到直接侵蚀和损害。

据崔瑞德、费正清编撰的《剑桥中国史》记载,到1952年年底,中国约80%的重工业企业和40%的轻工业企业均为国有

企业，国营贸易机构和集体合作社的营业额占全国贸易企业总营业额的50%以上。1956年，中国资本主义工商业完成了全行业公私合营；1966年，中国公私合营企业全部转为社会主义全民所有制企业，私营企业暂时退出了中国企业舞台，中国企业又重新进入"一元制"时代。

改革开放以来，中国企业实现了从全民所有制一统天下的"一元制"，到多种所有制企业协调发展、优势互补的"多元化"，民营、外资等非公有制企业再次登上历史舞台。其中，中国民营企业的回归和快速做大做强是中国企业发展蝶变历程中十分亮眼的一笔。2021年上榜《财富》杂志世界500强的中国大陆企业中，所有制为纯民营的中国企业有28家，另外还有10家上榜中国企业由于股权高度分散，很难被划入国有企业，可以定义为公众企业。这些中国企业的业务领域涉及互联网、房地产、制造业、金融业等多个领域，在全球市场上已经能和同行业的大型跨国企业"掰手腕"，是国有企业之外一支重要的中国企业力量。

今天的中国企业已经形成了以公有制企业为主体，国有企业、集体企业、个体和私营企业、外商投资企业、股份制企业和混合所有制企业共同发展、多种所有制共存的结构，不同所有制的企业在各自的优势领域扮演着彼此不可替代的重要角色，形成了相互补充、相互依存、相互合作、相互竞争、相互影响、相互塑造的独特中国企业集群和良好企业生态结构。

（二）中国企业的产业布局实现了从畸重畸轻到产业布局均衡的深度调整

中国企业自诞生起就被赋予了"实业救国"的历史责任。在曾国藩、李鸿章、张之洞和左宗棠等洋务运动中坚领袖的认知中,"实业"就是重工业企业,而中国的重工业则是围绕军工、钢铁、矿产等产业逐步发展起来的。到洋务运动后期,中国企业投资的重点才逐步扩大到纺织、航运、邮电等民生领域。

洋务运动掀起了中国近代工业化的第一波浪潮,尽管这波浪潮最终并没有形成山呼海啸的效应,但其引起的波澜却绵延浩荡百年,奠定了中国自近代以来高度重视重工业企业的思想基础和实践基础。应当说,清政府的洋务派在薄弱的国力条件下并没有"避重就轻",而是优先选择发展重工业,这是富有战略远见的决断。这种决断一方面源于中国深受几次对外战争中军事装备落后、铁路轮船等基础设施落后的切肤之痛;另一方面也是清政府希望通过控制重工业来维持日薄西山的统治基础。归根结底,对于中国这样一个幅员辽阔的超大型国家来说,只有建立坚实的重工业基础,国家和民族才有依靠的支柱。

辛亥革命后,中国民营企业在军阀割据混战的混乱局面中开启了以轻工业为主体的第二波工业化浪潮。以盈利为主要驱动力的中国民营企业避开了中国官办企业和西方大资本集中的重工业领域,而将投资的重点主要集中于纺织、食品、航运、日化、百货等民生领域,以生产日常消费类商品为主。

联系到当时中国所处的复杂内外部环境以及后期战争的摧残,此时由民营企业燃起的轻工业发展浪潮不过是"风中之烛"——尽管点燃了希望,但却无法照亮中国企业的发展前途。在这一轮工业化浪潮中,随着现代企业制度特别是股份制的深入人心,极大刺激了中国民间资本兴办现代企业的积极意愿,这一时期恰逢第一次世界大战爆发，西方帝国主义自顾不暇，面大量广但力量分散、实力薄弱的中国民营中小企业才能乘势登上中国企业舞台，成为这一时期中国最具活力的市场力量。但是，随着第一次世界大战结束后西方帝国主义势力的回归和中国官僚企业的兴起，这种力量很快在夹缝中陷入沉寂，随后又在十四年的抗日战争中遭受了毁灭性的打击。

新中国的企业是在国民党反动派溃败后所留下的一穷二白的烂摊子上重生的。新中国成立初期，毛泽东主席曾感慨地说："现在我们能造什么？能造桌子椅子，能造茶碗茶壶，能种粮食，还能磨成面粉，还能造纸，但是，一辆汽车、一架飞机、一辆坦克、一辆拖拉机都不能造。"在新中国成立初期复杂的国际形势下，国家只能采取优先发展重工业的战略，导致中国企业形成了"畸重畸轻"的产业结构。

改革开放后，以中国企业为主体形成的第二和第三产业在国家国内生产总值中的贡献占比逐步提高，2020年，中国第一、二、三产业在国家国内生产总值中的占比分别为4.39%、43.42%和52.2%，特别是以高新技术制造、金融服务、信息技术、互联网服务等战略性新兴企业在二、三产业中的占比不断提升，标志着中国企业的产业结构实现了向现代化、市场化、信息化、集约化和高级化方向逐步转型升级。

目前，中国企业已经完成了所有产业门类的全覆盖，形成了全世界最完整的工业体系。今天，中国已经成为全世界唯一拥有联合国产业分类当中全部工业门类的国家。中国企业的发展蝶变不仅在于产业门类的"全"，而且还在于许多产业领域实现了"拔尖"。中国工业拥有41个大类、207个中类、666个小类，是世界上工业体系最健全的国家。在500种主要工业产品中，有40%以上产品的产量居世界第一。中国的现代农业产业和现代服务业同样不落于人后，不仅满足了中国人民生产生活需要，更供给全世界。在《财富》杂志世界500强上榜企业所涉及的17个产业门类中，中国企业是唯一一个实现"大满贯"的企业集体。

（三）中国企业地域布局从"东工西农、北重南轻"逐步向东西兼顾、南北均衡发展

自晚清洋务运动至新中国成立前，受多重历史原因的影响，中国主要经济重心和工商业企业布局都偏重于东北地区、东部沿海城市和长江中下游通商口岸城市。1949年前后，中国70%的工业企业都集中在东北、长江下游和沿海地带，其中，上海和天津两地的工业企业数量占中国主要城市企业总数的63%，全国半数以上的重工业企业和1/3的发电企业都集中在东北，全国500万纱锭中的83.6%集中在江苏、山东、辽宁、上海和天津五地。新中国成立前，中国西部地区的工业产值还不到全国总产值的2%，近百年间一直没有建立起工业基础。除了陕西、山西有少量铁路外，其余甘肃、宁夏、青海、新疆和西藏的广大地区基本没有铁路。

新中国成立后，"156项工程[1]"彻底重塑了中国企业的布局，

---

1 "156项工程"是我国第一个五年计划时期建设的156项重点建设项目。如长春第一汽车制造厂、洛阳拖拉机厂等。当时，中国和苏联两国政府经过多次谈判，商定由苏联方面分批分期，以帮助设计、提供成套设备和主要建设物资等形式，对我国扩建174个建设项目。在执行过程中，由于建设条件不具备等原因，取消18个，形成156个项目。其中，扣除两项重复计算和4项因厂址等问题没有建设，实际正式施工的项目为150个，但习惯上仍称为"156项工程"。

苏联等社会主义国家援建的大量钢铁企业、冶金企业、化工企业被选定在地广人稀、矿产资源丰富、能源供应充足且战略位置相对安全的中西部地区，机械加工企业则分布于原材料生产基地附近。"156项工程"中涉及民用产业的企业有100余家，其中有50家布置在工业老基地东北地区，29家布置在中部地区，21家布置在西部地区。在44家军工企业中，除了部分船舶制造企业设在沿海之外，有35家企业在中西部地区。"156项工程"的实施彻底重塑了中国的工业格局和企业布局，中国的企业布局开始陡然改观，产生的深远影响延续至今。1960年之后，随着中苏关系恶化，中央政府实施"三线战略"，进一步加大了国家对中西部地区的倚重，东北和东部的大量企业开始向中西部内陆省份迁移，并且一部分企业被安置在较为偏远的山区，带动了中西部地区的城市化和工业化。

改革开放的前20年，中国企业虽然基本完成了覆盖全国的区域布局，但是绝大部分企业仍集中在东部地区特别是沿海地区，虽然逐步向内陆地区辐射，但西部地区仍然是以承担基本民生保障、国防工业和矿产资源的国有企业为主体。伴随着中国综合国力的发展强大，"西部大开发""一带一路""长江经济带"等横贯东西、联通内外的顶层发展战略的成功实施，高铁、机场、高速公路和网络通信等基础设施的快速发展，中国企业在新时代开启了"新西进运动"。2021年，从中国企业500强企业（不含港、澳、台地区）的地域分布看，尽管受到2020年新冠肺炎疫情的影响，中西部上榜企业数量也已经达到四成，其中，14家企业总部位于中西部省份，2021年这些中国企业都已经跻身《财富》杂志世界 500 强！彻底结束了中国中西部地区没有大企业、没有世界级企业的历史！

从原子到细胞、从生物组织到社会组织，结构都是功能的前提，有什么样的结构就有什么样的功能。中国企业既是一个整体概念，也是一个结构多元、功能多元、主业多元的庞大经济组织和有生群体。中国企业历史性整体发展蝶变所形成的多元所有制结构和区域布局结构有利于发挥多种所有制企业各自优势和区域资源禀赋优势，调动各方积极性，优化资源要素配置，中国企业相对均衡的产业结构和完善的产业体系，有利于构建形成并巩固中国企业内部产业链优势，不断降低生产要素内部循环流通成本，提升中国企业整体发展的竞争力。

三、发展质量之变

（一）资本运营成为中国企业转型升级扩张的重要手段和平台之一，极大倍增了中国企业做大做强的速度、效率和成功率

改革开放以来，特别是中国正式确立社会主义市场经济体制以来，中国企业做大做强的主要方式已经不再是单纯行政命令的机械整合和几代人的漫长线性积累，现代企业制度的回归为中国企业赋予了以市场为平台实施重组并购的条件与能力，中国的银行企业、证券企业和现代金融服务企业的健康蓬勃发展，不仅为中国企业提供了发展资金，同时通过专业化的金融服务，支持和帮助中国实体企业完成了战略与结构的重大转型升级。近 10 年

来，中国企业以产业整合和"走出去"为目标的跨国并购重组事项显著增加，以全球资本为纽带、以世界市场为平台、以经济全球化为背景的并购重组已经成为中国企业快速做大做强并实现国际化经营最重要和最主要的路径。

中国资本市场从无到有、从小到大，取得了重大发展成就。1990年12月19日，上海证券交易所开市，新中国资本市场启航。30年前，上市股票只有8只，1990年底沪市总市值只有12.34亿元，可以说是一个带有探索试点性质的"微型资本市场"。深圳证券交易所1991年7月开业，到1991年底，沪深股市总共不过14只股票，总市值109亿元。

得益于中国经济的持续增长，中国资本市场高速发展，为中国企业持续做大做强提供了重要的发展保障。1996年中国A股总市值突破万亿元大关，2007年以后接连突破10万亿元、20万亿元、30万亿元大关，2014年11月，中国A股总市值超越日本成为全球第二大股市。2019年沪深两市上市公司累计实现净利润3.72万亿元，较20年前增长59倍，较10年前增长2.5倍。A股总市值大幅增长主要是上市公司数量大幅增加，上市公司与资本市场相伴成长，互相成就，实现了中国企业数量、发展质量与发展方式的巨大飞跃。2012年至2022年是中国资本市场和上市企业发展最快的10年，A股上市公司数量突破1 000家和2 000家各用了10年，第三个1 000家用了6年，第四个1 000家只用了不到4年的时间。根据中国上市公司协会最新统计数据显示，2021年末，中国上海、深圳、北京证券交易所上市公司数量增长至4 682家，总市值96.53万亿元，规模稳居全球第二。

中国资本市场的发展极大加快了中国企业做大做强的速度和成功率。2020年，124家上榜《财富》世界500强的中国公司中，在A股上市或部分资产上市的超过70家，占比近六成。随着注册制改革深入推进，市场包容性不断提升。目前，上市公司涵盖了中国国民经济90个行业大类，总营业收入占全国国内生产总值的近一半，实体企业利润总额相当于规模以上工业企业的五成，吸纳员工就业总数近2 500万人，在中国经济体系中"压舱石"的地位日益巩固。

（二）中国企业家队伍、产业工人队伍的不断发展壮大和成熟进步是中国企业历史性整体发展蝶变的重要推动力量

中国企业家队伍的使命感、角色意识和专业化程度在改革开放中不断增强，国际视野、决策能力、创新能力、综合素质、跨文化沟通能力和社会责任意识显著提高，完成了从早期的实践经验型企业家向新时代知识、管理和战略型企业家的升级迭代，并在改革开放的40年间完成了三代中国企业家群体的新老交接和整体进步，成为引领中国企业不断发展进步的中坚力量。

晚清洋务运动之前，中国不存在工人阶层。随着近现代工业的成长发展，工人数量迅猛增加。1913年，中国产业工人只有60多万，到1919年达到200多万，1924年前后人数已经超过500万。

新中国成立后至改革开放前，中国企业已经拥有了全世界规模最庞大并且具有较高专业化程度的产业工人队伍，根据全国总工会第八次全国职工队伍状况调查报告统计，截至2018年，全国职工总数已达 3.91 亿左右。中国工人队伍在吸纳大量农村剩余劳动力的同时，平均受教育水平和专业化程度也在不断提升，以企业大省浙江和广东为例，两省产业职工平均受教育年限都已达到 13 年以上，一大批具备高中及以上文化程度和专业技能的产业工人队伍成为中国企业实现历史性整体发展蝶变最坚实的后盾。

（三）中国企业的成长进步离不开对西方现代企业制度、公司治理体系、企业管理工具、企业管理教育体系的引进吸收及其中国化改进创新

中国企业改革的不断深入和现代企业制度的完善确立，中国企业的现代化管理能力和管理水平较改革开放前已经有了质的提升，实现了和世界同步发展和同步更新，并且逐步形成了适合中国国情和企业发展需要的企业管理理论和制度体系。

哲学家尼采曾说过："让婴儿第一次站起来的不是他的肢体，而是头脑。"思想是行动的先导，理念是进步的前提，制度是领先的基础。让中国企业加速赶超并实现历史性整体发展蝶变的动因首先是思想的解放、理念的进步、视野的国际化和制度的与时俱进，新中国资本市场的再次觉醒、企业家队伍的不断成长和工人阶级的发展壮大正是思想、理念、制度和视野快速发展进步的现实写照，为中国企业发展蝶变提供了人才的支持、资本的集中和生产要素的聚集，使中国企业的成长壮大有动力、有目标、有路径、可预期，使中国企业的历史性整体发展蝶变成为一种必然的趋势而不是一种或然的可能。

四、地位角色之变

通过历史性整体发展蝶变,中国企业已经成为全球供应链、产业链、价值链中不可替代的重要角色,已经从经济全球化的旁观者、参与者跃升为支撑者、引领者。

新中国成立前,中国企业的生产力水平极其有限,中国企业所能做的只能对进口产品进行"国产替代",即别人来中国卖什么,中国就仿制生产什么。中国企业只能寄希望于通过降低生产成本在国内市场上与西方企业虎口夺食,原本是中国对外出口贸易重要产品的丝绸、茶叶等农产品也被日本、印度等新兴产地抢夺走大量份额。当时,西方资本对中国最大的兴趣不是中国的产品,而是中国的市场。

新中国成立后至改革开放前,受制于西方的围堵封锁和中国较低的生产力水平,中国企业只能专心满足国内需求,很少向国外出口,也因此使中国企业成为经济全球化的旁观者。这一时期,中国的农副产品曾一度占到外贸出口总额中的75%,而工业品出口却极少。工业品的出口量是衡量一个国家企业竞争力的关键指标,也是参与全球中高端供应链、产业链和价值链竞争的"入场券"。

改革开放后,中国企业凭借健全的产业体系优势、庞大的国内市场优势、高效的产能优势和低廉的全生产要素成本优势,开始参与到经济全球化的大分工之中。经过40多年的不断发展,中国企业已经成为全球供应链、产业链、价值链网络中不可分割的一环,成为许多重要领域的枢纽节点,扮演着日益重要的组织者和引领者角色。

现在中国企业已经具备了运用国内国际两个市场、两种资源的能力，不再只是"三来一补"的中国代工厂，而是实现了从"偏安一隅"到融入世界、走向全球，完成了从"走出去"到"走上去""融进去"的发展跃升。中国企业在不同历史时期"走出去"的经历具有鲜明的时代特色，先后经历了经济援助、技术引进、劳务输出、海外工程总承包、投资并购、绿地投资、收购西方大型跨国集团股权、开展跨文化融合和属地经营、占据全球产业链高端、主导引领行业发展的主要历史阶段。

根据商务部等有关部门联合发布《2020年度中国对外直接投资统计公报》显示，2020年中国对外直接投资1 537.1亿美元，同比增长12.3%，流量规模首次位居全球第一。2020年末，中国对外直接投资存量达2.58万亿美元，次于美国（8.13万亿美元）和荷兰（3.8万亿美元）。中国在全球外国直接投资中的影响力不断扩大，流量占全球比重连续5年超过一成，2020年占20.2%；存量占6.6%。2020年中国双向投资基本持平，引进来走出去同步发展。截至2020年底，中国2.8万家境内投资者在全球189个国家(地区)设立对外直接投资企业4.5万家，全球80%以上国家(地区)都有中国的投资，年末境外企业资产总额达到7.9万亿美元。

中国企业已经以一批世界级领军企业为头雁，形成了一大批具有全球竞争力的中国企业集群，整体力量不断凸显，如中国航天、中国核工业、中国高铁、中国军工、中国水电、中国通信、中国互联网等，通过独立自主建设一系列重大工程和大国重器充分展示了中国企业领先的综合实力和强大技术能力，形成了引领一些行业可持续发展的能力和行业竞争优势，并具备了基于这种优势的产业整合力、资源重塑力和跨界赋能力，形成了以中国企业为枢纽网络覆盖全球、能够发挥各国企业比较优势、互利共存、环环相扣、交叉立体的全球供应链、产业链和价值链，成为促进贸易自由化、经济全球化的坚定支撑者、捍卫者和引领者。

中国企业的跨越式发展必须在国家和全球市场的共同作用下形成和完成，如果这种顺应外部趋势的发展只是被动作用的结果，只能称其为"进步"而不是"蝶变"。中国现代企业的诞生和中国企业历史性整体发展蝶变的实现，虽然离不开经济全球化的外因促成，但最重要的还是自强不息、自力更生、奋斗拼搏的民族精神作为内因的推动。从新中国成立初期接受社会主义国家援助，到改革开放后打开国门"引进来"开展"三来一补"，到2001年加入世界贸易组织成为世界工厂，再到2010年超越美国成为世界第一制造大国，中国企业从低端接入全球供应链、产业链和价值链，经过70年来不断积累发展的产能、技术、资本和市场优势实现了向全球"三链"中高端的跃升，从全球化的旁观者、后来者、参与者升级为推动者、支撑者和引领者，这不仅是中国企业的非凡成就，也是中华民族不屈不挠、自立自强的民族精神彰显，更是中国共产党带领中国人民创造的伟大成就。

五、作用力量之变

无论时局如何变换，中国企业作为一个整体，在关键的历史时期始终没有放弃过实业报国的使命。随着中国企业历史性整体发展蝶变的完成，中国企业作为一个整体已经成为支撑国家经济发展、推动国家崛起强大和推进经济全球化进程的强大力量。

据美国学者阿瑟·恩·杨格在《1927年至1937年中国财政经济情况》一书中的统计：截至1937年，中国拥有了近4 000家现代工厂、1万余千米铁路、11.6万千米公路、12条民航空运线路、8.9万千米的电话线和7.3万个邮政局。中国废除了所有的不平等条约，还清了大部分外债，开始独立行使关税主权。中国基本形成了规模可观的工业格局。然而，仅靠中国企业的自身拼搏也很难挽救一个风雨飘摇的国家。抗日战争全面爆发后，中国企业自近代以来半个多世纪的积累和努力几乎被战火屠戮殆尽。

新中国的成立开辟了中国历史的新纪元，也翻开了中国企业的新篇章。改革开放后，中国经济的飞速发展极大推动了中国企业的发展蝶变，中国企业的发展蝶变也有力推动了中国经济的持续繁荣、全面改革的持续深化、对外开放的持续扩大、民生福祉的持续提升，中国企业成为中国特色社会主义的基石和坚强保障。

1978年，中国国内生产总值占全球国内生产总值的比重不到5%，人均国内生产总值不到全世界平均值的1/4，出口额占世界出口总额的比重不到1%，属于贫困、封闭的发展中人口大国[1]。2010年，中国超越日本成为全球第二大经济体，完成向中高收入经济体的历史性升级。2021年，中国经济总量达到114万亿元，

---

1 张平，楠玉.改革开放40年中国经济增长与结构变革[J]. China Economist, 2018-01-08.

占全球经济总量的18%，人均国内生产总值超过1.2万美元，超过世界平均水平。2021年，中国税收总额超过17万亿元人民币，其中，企业所得税、出口退税、增值税、资源税等与企业经营直接相关的税收总额就超过14万亿元人民币，在国家税收总额中的占比超过80%，中国企业已经成为支撑中国经济增长和提供国家财政收入的绝对主力。

中国企业的历史性整体发展蝶变有力推动新中国实现了从"一穷二白"到企业大国、工程强国、制造强国的发展跃升，成为支撑中国崛起强大不可替代的重要力量，中国企业的历史性整体发展蝶变也折射出一个落后的农业大国、人口大国迈向市场经济大国和工业化、信息化、现代化强国的坚定步伐，在全世界面前展示了一个古老民族的崭新面貌，也展示了一个社会主义大国改革开放后的强大力量，为其他发展中国家提供了重要参照。

中国企业的历史性整体发展蝶变深刻影响并重构了全球产业结构和经济秩序，为推动经济全球化、促进贸易自由化、维护世界一体化、构建人类命运共同体等方面作出了重大贡献，中国对全球国内生产总值新增总量的贡献超过了30%，成为拉动世界经济增长的重要引擎，中国已是最大货物出口国、最大外汇储备国、最大能源进口国、最大粮食进口国、世界第二大经济体、第二大货物进口国、第二大对外直接投资国，中国企业已经从经济全球化的"因变量"跃升为影响世界经济发展趋势的重要"自变量"。

中国企业的历史性整体发展蝶变在深度影响全球"三链"的同时，也成为推动经济全球化普惠各国的重要力量。21世纪之前，西方企业长期垄断高新技术产业和高端制造业，通过对知识产权的保护和定价权的控制持续获取超额垄断利润。例如，超大直径盾构机是开凿隧道所必须的大型关键基建设备，被誉为"机械之王"，其国际市场长期被欧美日企业垄断，1997年，中国首次从德国引进两台盾构机用于挖掘西康铁路秦岭隧道，一台进口盾构机的售价高达3亿元人民币。直到2008年之前，中国的盾构机一直严重依赖进口。2006年，中国企业生产的首台盾构机下线，依托中国基建产业的快速发展而迅速做大做强，制造成本价格也不断降低，中国企业制造的盾构机已经占据了全球市场份额的60%以上，甚至迫使国外同类产品价格下降了40%，不仅畅销亚洲等广大发展中国家，更直接打入欧美等发达国家市场。

今天，中国企业已经成为全球工业品的生产中心之一，中国与世界各主要工业国之间已经形成了紧密的互补关系，中国有1 798项产品在全球市场出口份额排名第一，位列德国（668项）、美国（479项）、意大利（201项）和日本（154项）五大出口强国之首。中国企业已经不可能被其他任何国家排挤出全球供应链和产业链之外。在中国企业历史性整体发展蝶变的推动下，中国企业中已经涌现出一批世界级产业链"链长"企业、供应链"链主"企业和价值链"链顶"企业，以这些企业为核心形成了独具特色、优势显著、连接世界、惠及全球的中国产业集群。

中国企业的成长壮大打破了西方企业的技术壁垒和价格垄断，改变了不公平的国际贸易关系，为全世界特别是发展中国家和不发达国家带来了更加普惠的发展机遇。通过中国企业的连接，许多发展中国家和欠发达国家都已经主动绑定在中国这艘大船上，享受着更加公平、普惠、平等的经济全球化，中国企业也因此担负起维护世界经济健康发展的责任。

"远东"曾是英法等西方资本主义大国以欧洲为中心，人为地将中国、日本等东亚和越南、菲律宾等东南亚国家所划定的政治经济区域，流露着西方国家以自我为中心的傲慢。第二次世界大战后，审判日本战犯的法庭就被称作远东军事法庭。但是今天，"远东"这个词在国际上已经鲜有使用了，因为世界政治经济格局的重心已经发生了改变，在以中国企业为代表的中国影响的撬动下，西方也不再是世界的中心，中国也不再是世界版图的边缘。

中国自古就是世界大国，也因此天然地承担着对国民、对周边地区、对全世界的责任，这种责任是中国企业自诞生就天然地继承而不可能推卸的责任。中国企业与国家、世界三者之间已经构成相互影响、相互促进、相互塑造、相互成就的关系，中国企业的历史性整体发展蝶变天然地承载着国家使命，也必然对世界产生重要影响。

六、本质内涵之变

中国企业的本质内涵和功能定位实现了质的变化和拓展提升。中国企业作为一个集体代称，它所指代的群体已经从新中国成立初期的民族企业到改革开放前的国有工厂，再到改革开放后多种所有制的现代企业，中国企业已经摆脱了作为国家行政机构的附属单位和工厂的定义，成为独立承担经济法律责任的法人主体和市场独立主体。随着中国加入世界贸易组织等国际经贸组织，中国企业的完全市场主体地位得到了越来越多国家的普遍认可。

中国企业的品牌和形象实现了从无到有、从少到多、从弱到强，从本土品牌到区域品牌到世界品牌，从个体品牌到行业品牌到国家品牌，中国企业创造的国际标准从零到数百项，这是中国企业历史性整体发展蝶变的又一有力证明。今天的"中国企业""中国制造""中国品牌"已经不再是仿制、廉价、低端的固有刻板形象，而是代表了不断迭代的新技术、高可靠性以及优质的服务、独特的文化底蕴和富有竞争力的价格。

中国企业的身份、地位、功能也已经发生了深刻变化和全面提升，从行政附属机构到独立的市场主体，从全球产业链中低端的一环到整条产业链，从偏安一隅到走向全球，从近代以来的企业兴国到新中国成立时的企业立国，从改革开放之初的企业富国到进入新时代的企业强国，中国企业肩负的使命已经从建设国家、支撑国家发展强大到维护经济全球化、服务人类命运共同体建设和促进世界经济繁荣发展。

中国国有企业的综合实力明显增强，成为中国共产党执政兴国的重要支柱和依靠力量。国有企业是中国企业的骨干和支撑，坚持党的领导、加强企业中党的建设，形成了国有企业的本质特征和独特优势。但曾有一段时期，一些国有企业在市场经济的浪潮中迷失了主责主业功能定位，国有企业党的领导虚化弱化淡化边缘化，"四风问题"突出，甚至由风及腐、利益输送和设租寻租，严重损害了国有企业的整体形象，阻碍了国有企业的发展。

党的十八大以来，党中央将坚持党的领导、加强党的建设作为国有企业强"根"铸"魂"的重要举措，党的领导和建设深入工厂车间、项目工地、钻井平台、万吨巨轮和蓝色航线，以党建引领、使命聚力和精神传承为主旋律，"国企姓党"的政治本色有力凸显，国有企业党风、作风持续好转，为国有企业在新时代实现高质量发展提供了坚强保障，也让国有企业的社会形象焕然一新，成为党和人民信赖依靠的重要力量。

今天，当人们谈论"德国制造""日本制造"时，首先会想到技术领先、品质优良、价格昂贵，但就在几十年前，德国企业和日本企业在市场上的口碑却与今天大相径庭。人们形成对某个国家企业形象的认知可能需要一代人的时间，这是人类概念思维的天然本能，但是改变这种认知往往需要几代人的时间。

华为目前已经成为中国科技企业的象征，它是全球领先的ICT（信息与通信）基础设施和智能终端提供商，致力于把数字世界带入每个人、每个家庭、每个组织，构建万物互联的智能世界。提到中国华为，国人心里无不充满着骄傲，华为并不仅仅是一家中国民营科技企业，也是中国科技创新的代表，中国自主研发实力的佼佼者，代表着中国企业的自强、自立和自信精神，彰显着中国人砥砺奋进的创新精神和不屈不挠的奋斗精神。

中国企业以怎样的面貌展示给世界，世界就将怎样认识今天的中国企业，认识今天的中国。中国企业本质内涵的变迁和品牌形象升级的背后，是中国企业所经历的百年沧桑和百年奋斗，是中华民族实现伟大复兴的必然规律。

七、草根成功之变

中国中小企业的数量、质量、功能、作用和贡献实现了整体性发展跃升，成为中国经济不可替代的重要组成部分。中国企业的历史性整体发展蝶变不仅体现在作为"梁柱"的大型企业数量多和单个企业规模大，还体现在数以万计的大型企业和数以千万计的中小企业共同构建的产业多元、系统稳定、活力充足、韧性强大的企业生态系统上，众多的中国中小企业群体为孕育中国大企业提供了沃土，大企业又是引领中小企业发展的"头雁"，大企业和中小企业相互依赖、相互影响、相互塑造，共同形成了中国企业的特殊生态。

1976年在中国的农村和城市中，大约存在10万家左右的社队工厂和街道工厂，专门从事简单的食品加工、农机维修和家具制造等行业。但在改革开放后的10年间，这些出身草根、毫不起眼的社队工厂和街道企业成为启动中国企业加速发展蝶变的一股澎湃力量，成为改革开放大潮中最受人瞩目的群体。这些由公社、街道或生产大队创办的社队工厂独立于国家计划经济体制之外，在资产关系上，它们属于公社、街道或生产大队集体所有，被统称为乡镇企业，企业经营活动却操控在某些具备专业技术才能或经营才能的"能人"手中。改革开放后，随着中国市场经济和消费市场被激活，城市的大型国营企业受体制约束的惯性仍无法展开手脚，这些出身草莽的乡镇企业竟"意外"地成为活跃农村和城市市场推动计划经济体制变革的有生力量，逐步成长为具备现代企业条件的乡镇企业，成为推动中国企业蓬勃发展乃至整体蝶变的"草根英雄"。

乡镇企业曾经对中国经济发展作出过重大贡献。在中国企业的地理版图里,乡镇企业是一个非常特殊的存在,它们处于城市经济的边缘,又是乡村经济高点,在很多方面兼具城市和乡村的特点,在中国市场经济大循环体系中,乡镇企业承担了承上启下、连接城市和农村的重要作用。向下,乡镇企业成为解决"三农"问题的重要突破口;向上,乡镇企业在推动中国城镇化建设和乡村发展的进程中发挥着独特的重要作用。改革开放初期,乡镇企业成为中国经济最有活力的一部分,20世纪八九十年代,对中国经济增长的贡献高达三分之一。从更高的层面来看,中国当前经济面临的许多问题,比如大型国有企业缺少生产配套、城乡消费品供给不足、城市和农村人口就业不充分、城乡之间贫富差距较大等问题,乡镇企业和乡镇经济都可以起到重要的缓冲、消化和调节作用。乡镇企业的兴起让中国市场经济的种子落地生根,为后来中国经济的改革开放和蓬勃发展打下了重要基础。

1978年以后,随着中国农村经济体制改革的开始,中小企业首先以乡镇企业的形式开始迅速发展壮大。根据1995年全国工业企业普查资料,1995年全国中型工业企业数量超过1万家,小型工业企业数量达到10.2万家,中小型企业数量占中国企业总数的99.7%。1978年至1994年全国乡以上中小企业由34.7万个增加到52.7万个,增幅达52%。1995年全国乡及乡以上工业小型企业56.91万家,比1978年增加52%,并且数量达到历史最高水平[1]。截至2018年底,中国中小企业的数量超过3 000万家,个体

---

1 建国以来中国中小企业的发展历程[J].中国中小企业,2017,(07).

工商户超过 7 000 万户，贡献了全国 50% 以上的税收，60% 以上的国内生产总值，70% 以上的技术创新成果和 80% 以上的劳动力就业。

这些中小企业不仅是中国市场的重要组成部分，也是重要的"世界工厂"所在。江苏扬州杭集镇，常住人口只有 3 万多，却是全球最大的牙刷生产基地，这里年产牙刷 75 亿支，远销全球近 100 个国家和地区，占据全球市场的三成以上。像杭集这样的特色产业小镇在中国还有数以万计，中国之所以被称为"世界工厂"，就在于中国的中小企业不仅能够生产纽扣、衬衫、领带和牙刷，也能研发制造高铁、航天等重要工业品的配套零部件乃至整装。到 2019 年底，中国已注册的商业航天领域公司 194 家。民营企业已经成为中国商业航天企业的重要组成部分，民营航天企业达 176 家，占国内已注册的商业航天公司的 90.72%。中国中小企业的加入，极大丰富和强化了中国的航天产业链，从上游卫星制造、发射到下游卫星运营、应用等多个环节都有中国企业特别是中小企业的参与。据统计，截至 2019 年底，国内已注册 50 家卫星制造企业，33 家卫星发射企业，46 家卫星运营企业，65 家卫星应用企业。

中国是全世界人口最多的国家，因而中小企业在增加就业、促进经济增长、科技创新与社会和谐稳定等方面都发挥着不可替代的基础性作用，是实施大众创业、万众创新的重要载体，显然，中国的中小企业对国民经济和社会发展具有重要的战略意义。千万家中小企业在每一个细分市场都精耕细作，有效弥补了大型企业无法覆盖的市场缝隙和业务盲区。中国中小企业对于劳动者技能和素质具有比大企业更高的适应性，因此能够吸收大量社会劳动力，是稳定社会的压舱石、扩大就业的蓄水池。

2020年，中国平均每天新登记的企业数量近2万户，为中国企业这个庞大群体提供着源源不断的新鲜血液，不断促进着中国企业生态新陈代谢。当我们翻看华为、海尔、腾讯、阿里巴巴、比亚迪等众多已经蜚声国际、享誉全球的中国大企业档案，这些企业无一不是在30年前从中小企业发展蝶变而来的。正是这些企业的成功，凸显了中国企业生生不息、不断发展蝶变的生命力和无穷活力。

比亚迪成立于1995年，初创团队只有20人，创始资金不过250万元，是一家以锂电池研发制造为主业的企业，是深圳特区数以万计的中小科技企业中再平凡不过的一员，却在短短几年内就成为了世界第二大电池制造商，并成功转型进入汽车、轻轨和电子信息产业领域，成为与华为齐名的"中国制造"骄傲。今天，比亚迪不仅是中国市值最高的汽车制造企业，创造了中国第一个涡轮增压发动机、中国第一台双离合变速箱、中国第一个ESP系统、中国第一个安全气囊、全球第一辆插电混动、全球第一辆纯电动大巴、全球唯一不燃烧的铁锂电池等多项中国和世界纪录。在汽车产业的核心——车用功率芯片领域，比亚迪的市场份额已占20%左右，排名第二。在电子产品制造领域，比亚迪是仅次于富士康的全球第二大电子产品代工企业。在2020年新冠肺炎疫情期间，比亚迪从零起步，成为了全球最大的口罩生产企业。2022年3月，比亚迪宣布停止燃油汽车整车生产，专注于纯电动和插电式混合动力汽车业务，成为全球首个正式宣布停产燃油车的车企。同年6月，比亚迪市值突破1万亿元，超越德国大众集团成为仅次于美国特斯拉和日本丰田的全球第三大汽车企业。

成就中国美丽富饶的不仅是长江、黄河等大江大河，还有数以千万计的湖泊、河川和溪流。无论是大企业还是中小企业，它们都在各自擅长的领域发挥相互之间不可替代的作用，共同滋养着这片富饶、充满生机的土地。

八、全球影响之变

2018年以来，美国对中国企业的围堵打压也从侧面证明了中国企业的快速发展蝶变。面对中国的快速崛起强大，美国已经深刻意识到美国长期在实力地位上领先世界各国的绝对优势已经日薄西山。特别是以美国为首的西方经济体对中国企业的持续围堵打压更是成为其围堵打压中国经济发展的直接行动，这也从另一个角度证明了中国企业已经实现历史性整体发展蝶变，已经成为美国等西方国家企业最大的竞争对手和忌惮对象，已经成为撼动美国经济霸权、重构经济全球化新秩序的一种强大力量。

美国今天到处发动对中国企业的围堵、遏制和打压，其真实意图就是为了打压其潜在的竞争对手，这与20世纪八九十年代美国打压日本企业的手段如出一辙。美国为维护自身全球唯一超级强国的地位，打压他国具有竞争优势的企业是其一贯的行径，德国的西门子、日本的东芝、法国的阿尔斯通都曾是美国政府打压的重点企业。从目前的情况看，中国企业遭遇到的情况跟德国、日本企业当年的遭遇没有本质区别。2018年以来，美国政府分10批次对近30家中国企业实施制裁，包括中国的华为、字节跳动、中芯国际等全球领先的中国科技企业都已成为美国制裁打压的重点对象。美国的做法就是在逼迫美国企业和西方跨国公司在中美之间选边站队，在美国政府划定的领域孤立中国企业，进而实现对中国企业的脱钩，通过制约中国企业发展来阻碍中国的崛起强大。

中国企业越是发展强大就越会引起美国企业和政府的焦虑和不安，他们甚至不惜代价地阻止中国企业走向世界舞台中央，企图永远独占聚光灯下的位置。美国对中国企业的围堵打压充分证明了中国企业的成功和潜力，充分彰显了中国企业实现历史性整体发展蝶变的事实，也充分说明了中国企业必须进一步加快发展强大的必要性和紧迫性。

中国企业在新中国成立后重生，在改革开放后特别是党的十八大后发生了历史性的整体变革，完成了系统性的深刻蝶变，不仅改变了中国，也影响了世界，彰显了中国特色社会主义制度的伟大力量，展示了中国特色现代企业制度的巨大潜力和强大生命力，中国企业用自身的发展蝶变成就和实践证明了习近平总书记提出的坚持"两个一以贯之"和坚持改革开放的真理伟力。

"历史是现实的根源，任何一个国家的今天都来自昨天。只有了解一个国家从哪里来，才能弄懂这个国家今天为什么会是这样而不是那样，也才能搞清楚这个国家未来会往哪里去和不会往哪里去。"[1]如果说中国企业是一滴水，那么中国企业的百年发展蝶

---

[1] 出自中国国家主席习近平2014年4月在比利时布鲁日欧洲学院发表的演讲。

变所折射的就是中华民族走向伟大复兴的光明前途，它所记录的是中国共产党领导下的新中国依靠自身努力实现繁荣富强的光辉岁月，它所彰显的是中国人民自强不息、自力更生、奋发图强的光荣奋斗。中国企业的发展蝶变是新中国繁荣富强的真实写照，标记中国企业历史性整体发展蝶变的可识别要素和显著特征正是中国发展强大的直接体现，是中国的崛起强大成就了中国企业的发展蝶变。

历史的作用不仅在于总结过去，更在于预测未来。中国企业的发展蝶变是中国过去一段历史的总结，更是中国新时代的序章。只有知道中国企业经历过怎样的艰苦奋斗与曲折探索，才能深刻知道中国企业未来能够创造怎样的伟大奇迹和卓越成就；只有知道中国企业得到了来自国家和人民怎样的举国支持与民族期望，才能更加明确中国企业未来将为中国承担起怎样的职责和使命。

第二章
蝶变密码

从1872年诞生第一家现代企业到企业数量全球第一，从没有一家世界级企业到上榜《财富》杂志世界500强企业数量全球第一，从经济全球化的旁观者、因变量到推动者和重要自变量，从世界工厂到全球"三链"链长，从实业报国、立国、强国到改变中国、影响世界、塑造未来的强大力量，中国企业书写了现代企业发展史上的奇迹。数学物理之美，美在简约公式背后所揭示的宇宙规律；昆虫蝶变之美，美在化茧之后不为人知的生命蜕变；中国企业所书写的奇迹之美，美在发展蝶变之后所揭示的成功密码，这是世界其他国家企业难以复制和模仿的关键所在。

在中国企业完成历史性整体发展蝶变的光荣时刻，我们这一代中国人无疑是最幸运的，不仅见证了中国企业发展蝶变的奇迹，而且有幸成为这段奋斗历程的亲历者，如果能够以今人的视角去尝试解读中国企业独一无二的蝶变密码，那更是时代赋予的荣幸。

20世纪70年代中期,中国科学院外籍院士李约瑟[1]在其编著的《中国科学技术史》中正式提出一个著名的问题:"尽管中国古代对人类科技发展作出了很多重要贡献,但为什么科学和工业革命没有在近代的中国发生?"美国经济学家肯尼思·博尔丁称之为"李约瑟难题"。同样的问题也可以通过中国企业的视角来发问,"为什么现代企业制度在19世纪就已经引入中国,但中国企业真正做大做强、实现历史性整体发展蝶变却要历经一百多年的曲折奋斗直到今天才能实现?"中国企业为什么能够成功,怎样才能继续成功?与英美日德等发达国家企业的整体跨越式发展相比,是什么力量推动中国企业在新中国、在社会主义新时代完成了历史性整体发展蝶变?

历史都是由多个相互作用的力量所产生的合力最终形成的[2]。将中国企业的历史性整体发展蝶变放在国家进步、民族复兴和经济全球化的进程中去观察,也会得出相同的结论。中国企业的历史性整体发展蝶变是由多种力量共同推动作用的结果,其中最重要的是中国共产党的领导,领航中国特色社会主义道路,坚持中国特色社会主义制度和市场经济体制有机结合;其次是为民有为政府治理效能和国家规划、政策的指引,坚持改革、持续开放的

---

[1] 李约瑟(Joseph Needham,1900年12月9日—1995年3月25日),出生于英国伦敦,生物化学和科学史学家,美国国家科学院外籍院士,中国科学院外籍院士,剑桥大学李约瑟研究所首任所长。李约瑟关于中国科技停滞的思考,即"李约瑟难题",引发了世界各界关注和讨论。李约瑟所著《中国的科学与文明》(即《中国科学技术史》)对现代中西文化交流影响深远。
[2] 合力论思想是恩格斯晚年特别注重阐发的思想,恩格斯借用力学平行四边形法则的原理和合力概念,来比喻和描述社会历史运动过程中的各种因素的相互关系及其作用,揭示人类社会历史发展中内在的动力机制。他把历史的发展,看成是由无数个相互交错的力量和意志最后融合成为一个总的合力所产生的结果,从而既说明了历史发展是不以人的个人意志为转移的客观历史过程,又充分肯定了个人意志在历史合力中的积极作用。

政策赋能；还在于中国超大统一市场的培育驱动，以及健全的工业体系，合理的企业结构。在这个过程中都彰显着中国企业自强不息、持续奋斗的坚定信念。

一、中国共产党的领导伟力

现代企业制度在晚清引入中国，以"富民强国"为使命的中国企业在旧中国的清政府、北洋政府、国民党政府不同执政主体领导下走过了艰难曲折的发展历程，但却在中国共产党领导的新中国取得了前所未有的发展成就。中国企业命运的转折点在于新中国的成立，在于中国共产党成为中国人民的领导核心，为中国找到了一条符合中国国情和人民意愿、有利于国家发展富强和民族崛起复兴的正确发展道路。

旧中国的政府和执政党没有能力和条件为中华民族找到一条独立自主的发展道路，旧中国的国营和民营企业绝大部分都沦为官僚特权阶层赚取私利的工具。旧中国政治派系众多、各自为政、相互掣肘的国家治理体系无法将中国庞大的市场资源有效配置和合理整合，极大限制了中国超大规模市场优势的形成和发挥。

从近代德国、美国和日本等大国崛起的历史经验看，加强中央集权是完成国家内部统一并建立国内共同大市场的前提，也是培育发展现代企业的先决条件。中国从晚清政府开始，中央政权就已经失去对地方政府的有效控制。民国军阀阎锡山把持下的山西省铁路轨道间距比全国标准轨道窄 435 毫米，山西铁路与外省铁路无法接轨，从而达到划地割据的目的。旧中国这种强枝弱干、分裂割据、各自为政、以邻为壑的局面一直持续到中华人民共和国成立才彻底结束。在中国共产党的领导下才真正实现了全国一盘棋，特别是成立全国统一市场为中国企业的快速发展扫清了壁垒和障碍，培植了发展蝶变的沃土，铺设了快速发展进步的轨道。

中国企业之所以能够在社会主义新中国呈现出爆发式的快速发展，在新时代完成历史性整体发展蝶变，最根本的关键原因就在于中国共产党的领导伟力。回望中国百年历程，中华民族的抗争与图强，中国企业的奋斗与崛起，都与中国共产党的发展、成熟、壮大和坚强领导高度相关、紧密交织。

中国共产党是中国人民和一切事业的领导核心。中国共产党有崇高的革命理想和坚定的共产主义信仰，有伟大的奋斗目标和与时俱进的创新理论，有鱼水情深的为民情怀和坚定不移的宗旨意识，有强大的组织体系和领导机制，有严明的组织纪律和优良作风，有强大的斗争精神、自我革命精神和选贤任能机制，是一个吸纳了中国各社会阶层先进分子的政党，是一个有着自强不息的艰苦创业史、不畏牺牲的革命斗争史、百折不挠的改革发展史的政党。中国共产党经过百年的艰苦奋斗和不懈探索，为中国找到了一条符合国情、富民强国的中国特色社会主义道路，这是新中国开创一系列伟大事业，中国人民创造一系列伟大成就的大前提，也是中国企业实现重生和历史性整体发展蝶变的大前提。

中国共产党以中华民族伟大复兴事业为使命追求，因此得到最广大的中国人民和社会各阶层的共同信赖和拥护。中国共产党从成立起，就把实现共产主义的远大理想与实现中华民族伟大复兴的历史使命结合并统一起来，把党的命运与中国的命运和中华民族的命运紧密联系在一起,这与中国企业的实业报国、实业兴国、实业强国的使命初衷高度一致。正因为中国共产党代表了中国最广大人民的根本利益,为中国找到了正确的发展道路,赢得了中国人民的信赖拥护,必然成为中国人民的领导核心,从而汇聚起海内外中华儿女的磅礴力量,也成为点燃中国企业创业奋斗激情、推动中国企业实现历史性整体发展蝶变强大内生动力的精神力量源泉。

中国共产党是一个勇于斗争和自我革命的马克思主义执政党。一个长期执政的党需要经常搞好自身的"大扫除",才能永葆党的先进性和纯洁性,与执政能力相比,先进性和纯洁性的问题更具基础性和关键性,必须放在优先位置。20世纪60年代初,中国共产党就提出"党要管党",改革开放以后又提出"从严治党",党的十六大把"党要管党,从严治党"写进党章。党的十八大以来,中国共产党把"全面从严治党"纳入"四个全面"战略布局之中,努力建设世界上最先进、最强大的执政党。中国共产党用勇于自我革命引领社会革命,为中国企业的健康发展作出了示范和引领,使中国企业在党的领导下,依法合规经营,科学治企兴企,不断实现更高质量的发展。

中国共产党对经济工作实行集中统一领导,是中国改革和发展沿着中国特色社会主义道路前进的根本保证。中国共产党以实现最广大人民群众根本利益为使命追求,将做大做强做优中国企业作为提升中国人民群众获得感的直接抓手;中国共产党致力于解放和发展社会生产力,将推动中国企业实现历史性整体发展蝶变作为增强综合国力的现实路径。中国企业是中国经济的主体和基石,同时也扮演着支撑和发展国民经济的社会主角。深知为谁发展、靠谁发展、谁享有发展成果等重大原则问题，这是中国企业的根本立场所在。也只有在中国共产党的领导和确定的道路指引下，中国企业才能成为一个有价值、有追求、有内涵的有机整体和强大组织，才能有实现历史性整体发展蝶变的理想追求和精神动力。

中国共产党根据国内外形势发展变化和中国经济发展阶段性需要和社会主要矛盾变化，适时提出了中国每一个不同发展阶段的指导思想和发展理念，引导中国企业不断突破传统的思想观念束缚，不断解放思想，转变观念，逐步迈入高质量发展轨道，以不断创新的科学发展理念引导中国企业发展方式创新并推动中国企业实现历史性整体发展蝶变。

20世纪六七十年代，针对东亚、拉美地区一些国家片面强调人均GDP增长而漠视全面发展所造成的"有增长而无发展""中等收入陷阱""贫富差距扩大""生态环境恶化"等现象，中国共产党深刻认识到完善发展理念的重要性，在1982年制定"六五"计划，根据中国社会发展实践先后提出"社会进步""协调发展""人的全面发展""可持续发展""建设和谐社会""建设生态文明"等一系列发展理念，并形成全面、协调、可持续的科学发展观。中国共产党在十八届五中全会上又进一步提出创新、协调、绿色、开放、共享五大新发展理念，这些新发展理念的提出是关系中国发展全局和长远的指导思想和战略谋划，是指引中国到2050年实现全面建成社会主义现代化强国的行动指南。

中国共产党提出的一系列发展理念从根本上规范指引了中国企业的整体发展思路、发展战略和发展行动，进而决定着中国企业的发展成效乃至成败。在经济新常态下，中国企业的发展环境、条件、目标、任务、使命、责任都发生了新的深刻变化。中国经济逐步向形态更高级、分工更优化、结构更合理的发展阶段演进,同时资源环境的瓶颈制约更加突出,发展的成本代价日益增加,传统粗放的规模速度型发展方式已经不适应新的发展要求,必须以新发展理念为引领,实现发展方式、发展动力、发展导向、发展路径的全面变革。新发展理念集中体现了中国共产党对市场经济和全球发展规律认识的新成果,展现了中国共产党领导新中国经济建设的卓越智慧。提出创新驱动的发展、协调平衡的发展、环境友好的发展、开放共赢的发展、包容共享的发展的新发展理念,对中国企业实现历史性整体发展蝶变具有决定性的影响。新发展理念深刻揭示了中国企业实现更高质量、更有效率、更加公平、更可持续发展的成功必由之路,推动中国企业发展全局实现了深刻变革。新发展理念的提出,为中国企业的健康发展提供了根本的道路遵循和指导思想,只要中国企业认真贯彻落实新发展理念,就一定能够实现高质量发展,延续历史性整体发展蝶变的成就,进而实现新发展跨越。

二、中国特色社会主义制度优势

制度和体制是决定中国企业发展兴衰和成败的关键。集中力量办大事是中国特色社会主义制度的重要优势之一,在中国建设现代化强国进程中发挥了重要作用,也是中国企业实现历史性整体发展蝶变的重要制度和体制保障。中华人民共和国成立以来,依靠集中力量办大事的制度优势，新中国进行了史无前例的现代化建设和改革发展，仅用了几十年时间就走完了西方发达国家几百年才走完的现代化历程，使中国从一个贫穷落后的农业国家发展成为世界第二大经济体，创造了世所罕见的经济快速发展奇迹和社会长期稳定奇迹。在新中国成立初期，中国特色社会主义制度帮助中国企业克服了初始资本短缺的先天不足，通过国家力量配置资源、筹集资本，快速建立了中国企业的初始发展架构体系；改革开放后，中国特色社会主义制度有效化解了来自国内和国际的各种重大风险和挑战。这一显著优势来源于中国共产党的集中统一领导、多党合作和人民当家作主的政治制度，来源于以公有制为主体、多种所有制共同发展的基本经济制度，来源于民主集中制的组织原则、人民群众广泛参与的机制，来源于集中力量办大事的独特优势，这是只有在中国这片土地上才能孕育产生的伟大制度力量。

中国共产党领导中国人民创建了以公有制为主体、多种所有制经济共同发展的基本经济制度和独特的社会主义市场经济体制，为中国企业坚定选择了市场化的改革发展方向，让市场在资源配置中发挥决定性作用，让社会主义集中力量办大事的体制优势与市场经济的效率优势相结合并形成新的整体性优势。实践证明，中国特色社会主义制度与市场经济体制完全可以实现有效融合，中国的基本经济制度和独特的市场经济体制对中国企业实现历史性整体发展蝶变挥发了关键性和决定性的作用。

中国共产党十四届三中全会通过的《中共中央关于建立社会主义市场经济体制若干问题的决定》，提出了构建社会主义市场经济体制的基本框架，包括必须坚持以公有制为主体、多种经济成分共同发展的方针，进一步转换国有企业经营机制，建立适应市场经济要求，产权清晰、权责明确、政企分开、管理科学的现代企业制度；建立全国统一开放的市场体系；建立以间接手段为主的完善的宏观调控体系；建立以按劳分配为主体，效率优先、兼顾公平的收入分配制度；建立多层次的社会保障制度。经过改革开放以来的实践探索与理论创新，中国特色社会主义制度和市场经济体制已经逐步完善成熟，中国经济持续保持高速发展，中国企业在整体上实现了发展蝶变，在很大程度上要归功于日趋完善成熟的中国特色社会主义市场经济体制。

中国特色社会主义市场经济体制的日益成熟和逐步完善，为中国企业做大做强做优提供了制度体制保障。从所有制基础看，中国已经由单一的公有制转变为多种所有制并存，市场活力得到了充分发挥；从企业制度看，国有企业改革成效显著，"两个一以贯之"进一步厚植了国有企业做强做优做大的原则、方向和基础，民营企业在国家政策的支持下蓬勃发展，一大批民营企业成长为世界级企业；从市场体系看，中国的市场化程度不断提高，市场机制逐步完善，中国已经从缺乏充分市场竞争，转变为建立起比较完整、统一、开放、竞争的市场体系，商品、要素和资本实现了高效流通；从市场体制机制看，中国已经由国家集中统一的计划管理转变为以市场调节为主、政府进行宏观调控和非指令性的规划的中国特色社会主义市场经济体系。

近30年的理论和实践都已经证明，中国的社会主义市场经济是市场经济的新发展，同时也是兼顾高效与公平的市场经济新形态。市场经济是指市场在资源配置中起决定性作用的经济形态，它的本质要求在中国特色社会主义市场经济中已经实现，中国企业生产什么、生产多少、怎样生产、为谁生产不是国家计划规定，而是由市场调节，而正因如此，社会主义市场经济不仅是现代市场经济的创新，而且是符合中国国情和中国企业发展强大所需要的经济体制。

社会主义市场经济体制的确立对中国经济体系进行了深度改革，大幅度提高了国家资源的配置效率，解决了前期发展遗留的一系列问题，提高了中国经济与世界经济的对接效率，而且充分释放了中国巨大的国内市场活力、消费潜力和创造动力，为中国企业的发展壮大提供了重要体制机制保障、市场资源配置、发展成长空间、试错创新余地和回旋调整纵深，特别是为中国中小企业的发展提供了源源不断的"活水"，一大批改革开放初期的个体工商企业、乡镇企业在市场经济的沃土中逐步蜕变为应用现代企业制度的规范化中小型企业，有些还发展成为行业头部的大企业，这种充满活力的市场经济体制也推动和倒逼了国有企业坚定地推行市场化改革，从而有力促进了中国企业实现历史性整体发展蝶变。

中国企业的历史性整体发展蝶变证明，中国特色社会主义制度和市场经济体制不仅能够有效结合，而且两者优势在结合后还能形成新的更大的发展优势，并形成了中国特色社会主义市场经济体制，使中国市场更加充满活力，实现了效率与公平的有效统一，有效促进了中国经济的持续快速发展和长期繁荣稳定，为中国企业实现历史性整体发展蝶变创造了良好的制度体制基础和健康稳定的发展环境。

三、为民高效政府的服务指导

中国政府是中国共产党领导下的人民政府、强大政府、有为政府、法治政府、负责政府,是中国企业持续做大做强的独特优势和实现历史性整体发展蝶变的坚强后盾。中国企业的历史性整体发展蝶变体现出明显的国家意志,中国政府始终在中国企业发展蝶变过程中发挥着引导、推动、服务、保障、支持、纠错等重要作用,始终在重要变革期和关键历史节点指导中国企业把握好发展方向,帮助中国企业始终朝着正确的方向前行,但从不代替市场和企业,中国政府始终只在市场管不到、企业做不好的领域主动作为发挥重要作用,是市场之手和现代企业制度的重要补充,是中国企业最重要的支持者和培育者。

中国政府通过制定五年发展规划和重大国家方针政策,引导中国企业主动融入国家中长期发展战略,使中国企业在当前以及未来的定位和战略与国家战略目标一致,有效避免了中国企业的短期行为和无序发展。曾有一位西方政要对中国的五年规划羡慕不已,他说,每隔五年能思考一下国家未来的发展路径,既有延续性也有前瞻性,放在自己的国家简直难以想象,毕竟西方政府的任期届满后,谁来接手还未可知,又怎么去考虑五年后、十年后的事呢?这也从一个侧面深刻解释了西方资本主义国家发生周期性经济危机的深层次体制原因。

五年规划是中国政府最重要的公共政策。新中国成立后,中国政府已经连续编制实施了十四个五年计划,每个五年计划都明确了国家一个时期的发展目标和重点任务以及需要采取的重要战略举措和政策措施,并通过制定五年计划科学有效地处理经济、政治、制度、机制、道路、政策之间的关系,对推动中国经济社会发展发挥了极为重要的指导作用和牵引作用,也为中国企业健康持续发展提供了长期不间断的政策方向指引。

"一五"规划的实施,为中国的工业化奠定了初步基础;"三五"至"五五"规划的实施,为建立比较完整的中国工业体系和国民经济体系作出了巨大贡献;"七五"规划后,中国基本上解决了温饱问题;"九五"期末,中国人民生活总体达到小康,进入世界银行划分的下中等收入国家行列;"十一五"时期,中国实现了从下中等收入国家行列到上中等收入国家行列的跨越。"十三五"时期,中国全面建成小康社会,并为开启全面建设社会主义现代化国家新征程奠定了扎实基础。"十四五"时期,中国将加快构建新发展格局,推动高质量发展,为全面建设社会主义现代化国家编制了宏伟蓝图。正是因为有了国家连续的五年计划和国家重大政策,为中国企业可持续健康发展奠定了长期稳定的政策环境和可靠预期,这是中国企业能够实现历史性整体发展蝶变的重要经济环境和政策条件。

从新中国崛起强大的历史发展脉络来看,五年计划是国家总体发展战略的阶段性任务目标和具体工作安排,每个五年计划都是在分阶段落实国家总体发展战略。五年计划在凝聚发展共识、引领发展方向、配置公共资源、实现战略目标等方面发挥着独特和不可替代的作用,有利于保持国家政策的连续性、稳定性和权威性,进而促进中国经济持续健康发展,推动社会全面进步,引导中国企业在服务践行国家战略的过程中持续做大做强做优。

新中国的发展历史和经验都证明，坚持编制国家五年规划，体现了中国共产党对国家经济发展的战略思想和大政方针，体现了中央政府的权威性，确保了中国宏观政策的连续性，使中国经济社会长期稳定发展，是中国道路、中国制度、中国体制和中国模式优越性的集中体现，也表明了中国作为一个负责任大国的守诺重践，中国桥、中国路、中国高铁、中国港口、中国深海钻井、中国5G、中国北斗、中国航天……这一个个带有中国标记的重大基础设施，在一个又一个五年计划的接力中变成现实并深刻改变了中国。

五年计划也是中国政府向中国市场各类主体释放有效信号，让中国企业和外资企业都能正确了解中国政府期待中国社会向怎样的方向发展进步，需要企业提供什么样的产品和服务，作出怎样的努力和贡献，并且也为企业明确将得到政府怎样的政策支持和规划引导，进而更科学地引导中国企业围绕国家宏观发展规划开展业务布局和生产经营，使中国企业更加被全球市场所信赖和期待。同时，有稳定预期的中国企业和中国市场也是值得跨国企业和外国资本信任、投资并进行长期合作的伙伴。五年计划和相应配套的国家政策是解释中国发展奇迹的一个重要视角，也是中国企业发展壮大直至蝶变区别于其他国家的政策环境保障和发展优势。

中国政府通过不断制定完善的规划政策体系，构建公平健康有序长期稳定的市场环境，为中国企业的持续健康发展创造了良好的制度政策环境和未来预期。市场经济如同水，水滋养万物，孕育生机，也泛滥成灾，吞噬一切。治水，要用工程的大坝，洪水疏、枯水存，水涨一尺，坝高一丈；政府治理市场经济、扶持企业健康发展，需要用好政策的大坝，市场瞬息万变，政策要疏堵结合。既要保护市场自主竞争的活力，也要强调公平竞争、反垄断，特别是防止资本无序扩张，以此促进创新和规范市场经济持续健康发展。

经过改革开放40多年来的快速发展，中国国内超大规模市场已经形成，中国特色社会主义市场经济体制日趋成熟完善。与此同时，随着中国经济的快速发展，市场主体大幅扩容，线上线下市场加速融合，企业规模和产业集中度不断增加，市场力量的竞合关系和竞争程度发生了深刻变化，垄断和竞争失序风险日趋凸显。

进入新时代以来，中国政府围绕反垄断、反不正当竞争作出了一系列重大决策部署，完善市场公平竞争政策，改革市场监管体制，加强反垄断监管，推进高标准市场体系建设，推动形成统一开放、竞争有序的市场体系。针对一些新兴互联网平台企业存在的野蛮生长、无序扩张等突出问题，中国政府加大反垄断监管力度，依法查处有关平台企业垄断和不正当竞争行为，防止资本无序扩张初见成效，市场公平竞争秩序稳步向好，为中国企业的健康发展营造了良好环境。与此同时，针对世界新冠肺炎疫情的反复冲击，中国政府又及时采取降准、退税、减费等疏纾解困政策，帮助中国企业渡过难关，持续经营发展。

中国企业的整体蝶变和发展实践证明，有为政府、为民政府、权威政府和市场经济能够很好地有机结合，这是中国特色社会主义市场经济体制的一大优势，也是中国企业实现历史性整体发展蝶变的独特优势和国家条件。政府有为、市场有效、企业有活力，三者之间相互协同、相互补充、相互促进和相互监督，使中国的市场机制能够稳健地发挥好优化资源配置、提升经济运行效率、营造公平竞争环境、创造更多社会价值等功能，有力促进和推动了中国企业的历史性整体发展蝶变。

四、改革开放的政策赋能

改革是时代发展的主旋律，是社会进步的动力源，改革开放使中国企业实现了一次集体伟大觉醒。改革开放是改变中国命运的关键举措，是一次伟大的革命和中国人民的自我觉醒，它冲破了构建社会主义市场经济体制和中国经济高速发展的思想中，观念中，政策和机制中的障碍，为开创中国特色社会主义道路，发挥党的领导伟力和社会主义制度优势，实现中国企业历史性整体发展蝶变和国家的崛起强大奠定了坚实基础！在实现中华民族伟大复兴的时代背景下，在全面深化改革的时代大潮中，主动融入改革、持续推进改革是所有中国企业最大的发展机遇和必须把握的时代大趋势。

中国企业几十年来的持续改革从未停下脚步，而且始终作为中国全面深化改革的重要组成部分，是中国共产党在经济领域、社会领域的重要治国抓手。中国企业的改革不仅是国有企业的改革，也是包括国有企业、民营企业、混合所有制企业等所有中国企业在内的系统性改革。改革贯穿中国企业历史性整体发展蝶变的全过程，是中国企业的过去、现在和未来，是动力、路径和目标，不仅事关中国企业的发展兴衰，更事关党和国家的前途命运，事关百姓民生福祉，事关民族复兴大业。中国企业始终坚信改革，践行改革，在历史性整体发展蝶变的过程中不断深化改革，在持续深化改革中实现新发展跨越。

从封闭走向开放、从孤立走向连接是人类文明发展进步的大趋势，只有顺应这种趋势才能发展，只有维护、引领这种趋势才能持续发展。中国实行全面开放让中国企业实现了与全球一体化接轨，完成了与全球供应链、产业链和价值链的接驳，为中国企业打开了国际视野，提供了全球发展机遇和跨国经营平台。中国企业的历史性整体发展蝶变是经济全球化浪潮推进现代企业快速发展历史大趋势的一部分，也是国际政治经济格局不断重构和再平衡的结果，其中，最具历史性意义的就是中国的改革开放和中国加入世界贸易组织。

经济全球化和贸易自由化是中国企业实现历史性整体发展蝶变的重要催化剂和加速器。1870年，由英法主导的埃及苏伊士运河成功贯通，这一年也被普遍认为是经济全球化的元年。1871年，从伦敦到上海的海底通信电缆铺设成功，中国也被牢牢嵌入到全球经贸体系之中。从某种意义上说，正是因为以英国为首的西方列强以武力和霸权强行将中国等国家纳入工业时代的经济全球化体系，进而推动了现代企业制度引入中国并生根发芽，发展孕育了中国现代企业。

中国企业实现历史性整体发展蝶变得益于经济全球化浪潮所带来的强大推动力量，也离不开一系列国际政治经济格局调整所带来的历史机遇,更离不开国家给予中国企业的坚定支持和正确引领。

经济全球化是西方发达国家为推动本国产业转型升级所逐步形成的,其本质和初衷是实现西方跨国集团的利益优先和西方发达国家对世界经济发展的主导,但也极大推动了包括中国在内的世界各国产业升级和进步。中国企业的快速发展蝶变很大程度上得益于经济全球化带来的先进技术、充足资本和全球市场红利,如果没有经济全球化的发展,仅靠国内市场和自力更生很难支撑和实现中国企业历史性整体发展蝶变。

20世纪冷战期间,美苏对峙给改革开放初期的中国和中国企业提供了相对宽松的外部发展环境。冷战结束后,欧盟宣告成立,亚洲和南美洲的发展中国家相继崛起,促成了全球政治经济格局自第二次世界大战结束后的又一次深层次调整、重构和再平衡,尽管局部政治军事冲突不断,但和平与发展始终是世界不可抗拒的时代主流,中国企业也在这种长期和平稳定的环境中不断积淀了发展壮大所需要的能力和实力。

中国自改革开放以来,特别是1992年确立社会主义市场经济体制以来,经济实力明显增强,在诸多领域已经具备了参与国际分工与竞争的能力,但因长期被排斥在世界多边贸易体系之外,不得不主要依靠双边磋商和协议来协调对外经贸关系,使中国企业和产品在进入国际市场时受到了许多歧视性或不公正待遇。加入世界贸易组织,中国不仅拥有了分享经济全球化红利的权利,还能够参加制定贸易规则,在建立国际经济新秩序中把握主动权，并且可以利用世界贸易组织争端解决机制在国际贸易战中占据有利位置。同时，世界贸易组织也需要中国。作为世界上最大的发展中国家，中国拥有占世界 1/5 的人口，经济总量和进出口总值均位居世界前列，吸收外资连续多年居发展中国家之首。其中，与世界贸易组织成员间的贸易额占中国外贸总额的 90%。显然，没有中国加入，世界贸易组织将有失完整，不能真正体现其世界性。

中国企业的历史性整体发展蝶变分享了经济全球化的红利，同世界各国企业一起共同经历了几次全球经济危机的洗礼，不断加深了中国企业对经济全球化的理性认识，全面历练了中国企业的集体抗风险能力，倒逼了中国企业不断加强企业的现代化治理与管理，也提升了中国企业在危机中发现和捕捉海外机遇的能力，这些能力的形成是中国企业实现历史性整体发展蝶变不可或缺的重要因素。

五、超大规模市场的机遇红利

1881 年，美国工程师詹姆斯·邦萨克发明了自动卷烟机。美国企业家詹姆斯·杜克获知这一发明后，马上找到一张世界地图并很快锁定了一个拥有 3.4 亿人口的"超大市场"——中国。97 年后，在中国共产党十一届三中全会召开前 5 天，美国可口可乐公司就迫不及待地回到阔别近 40 年的中国市场。西方企业已经习惯将中国作为其工业品倾销获取超额利润的市场，它们在乎的只是中国能够买多少产品，这也从一个侧面说明，中国的超大规模市场天然地对于世界有着不可抗拒的吸引力，这是一个不断增长且无法估量的市场，也是一个不断发展成熟的市场，强大资源协调机制和公允价值评估体系共同促进了中国市场的有序发展和可持续繁荣，这是中国企业得天独厚的发展优势。

世界超大规模的单一国内市场是中国作为人口大国的天然优势。早在30多年前，中国就已经迈入"10亿级人口规模"行列，但当时国家的整体实力不强，居民消费水平较低，市场规模有限。经过40多年的改革开放，中国逐步发展成为全球最具成长性的消费市场。来自国家统计局的数据显示，目前中国中等收入群体已达4亿多人，超过美国总人口，随着中国社会财富的积累、共同富裕目标的逐步实现、城镇化率的不断提高、乡村振兴的全面推进以及城镇居民收入的稳步增加，中国的中等收入人群数量和比重将持续增长，中国消费增长的基础将越来越稳固。

与此同时，中国国内消费拉动经济增长的作用越来越明显，特别是在国际环境复杂、外部需求波动的情况下，内需特别是国内消费对于稳定经济运行的压舱石作用更加突出。据统计，2019年，中国内需对经济增长贡献率为89.0%，其中最终消费支出贡献率为57.8%，比资本形成总额高26.6个百分点。社会消费品零售总额首次突破40万亿元。与中国过去低成本生产要素这一比较优势不同，超大规模市场正在成为中国经济发展的新比较优势和独特战略资源。

中国已经是世界上最大的单一市场和统一市场，并且还处于不断增长和发展成熟的趋势中。根据测算，中国国内市场规模已经超过6万亿美元，超过美国市场规模。中国超大规模市场优势涵盖了从经济总量、市场容量、产业体系、人力资本等多个方面，这些优势叠加发挥、相互赋能，让中国经济更具韧性和活力，也形成了中国企业独具特色的发展优势和竞争优势。

目前，中国多层次消费市场正在加快形成，其中消费升级和中高端需求在持续增长，未来将对高品质产品和高端服务供给产生强大推动力量。从经济总量看，2021年中国国内生产总值达114万亿元，稳居世界第二；同时，中国经济增速保持在预期目标区间，且明显高于全球增速，对世界经济增长的贡献率超过30%。从市场需求看，2019年中国人均国内生产总值突破1.2万美元，已经迈入高收入国家门槛。从产业体系看，中国是全球工业门类最齐全的国家，220多种工业产品的产量居全球第一。与此同时，中国服务业的支撑能力不断增强，特别是近年来先进制造业与现代服务业的深度融合，有望让中国制造业增加值长期稳居世界首位。从人力资本看，中国拥有近9亿劳动力人口，虽然人口老龄化的加速减弱了人口红利，但人口素质提升带来的"人才红利"将成为中国经济高质量发展的有力支撑。

中国的超大市场规模是中国企业历史性整体发展蝶变的战略资源、牵引机制和推动力量，超大市场规模为中国企业创造了宽广的成长空间，也为中国企业吸引了全球资源，构建了中国企业整体蝶变的发展基础，中国企业实现历史性整体发展蝶变又促进了中国市场的进步成长扩大，形成相互依托、相互促进和相互成就的良性互动关系。

六、健全工业体系和合理企业布局

中国企业已经实现了以完整的产业系统接入全球化产业体系，构建了多个层次的供应链、产业链和价值链枢纽，能够有效应对各种内外部系统性风险，这是中国企业实现历史性整体发展蝶变的又一关键因素和成功密码。

中国企业的特殊发展经历、庞大的国内市场空间和中国不同层次的多样化消费需求共同形成了中国企业有别于其他国家的独特企业"结构系统"。从各产业链高中低端、产品上中下游、企业大中小型都配套兼备，资源、资本、劳动力和技术等不同要素密集型或主导型企业都有分布，既能形成国内市场的"小循环"又能和国际市场形成"大循环"，抗风险能力和内生创造力显著增强。

中国企业的特别成功之处还在于没有像阿根廷等南美洲国家一样固守擅长的产业链位置，也没有像日本、韩国那样在完成向产业链高端跃升的同时全部淘汰中、下游产业，而是依托国内巨大的市场资源和多样化的消费结构，在保留并提升中下游产业发展质量的同时不断发展上游产业，中国企业是以完整的产业系统嵌入到更大的全球产业系统，而不是以单个企业或单一产业在全球经贸体系中孤军奋战。中国企业既在一定程度上保持相对的独立自主性和自我循环，又可以和世界系统随时互动、并行不悖。

中国企业形成了以大型国有企业为支柱、多种所有制企业、中小企业协同发展的合理结构与科学布局，这是中国企业实现历史性整体发展蝶变的系统结构性基础。

中国国有企业以"共和国长子"的责任担当，为国民经济发展提供了能源、交通、通信等重要基础设施保障，率先支撑国家实现了工业化，国家的工业化是发展市场经济的重要基础和多种所有制企业共同发展的沃土，国有企业在自身做大做强做优的同时，也为其他所有制企业的萌芽和发展提供了市场、机会、资源，提供了前提、基础和条件，带动了全体企业协同发展，是中国企业当之无愧、不可替代的支柱和骨干。

国有企业是新中国政治制度和经济基础的重要基石和支柱，为国家政权稳固、推动国民经济社会发展立下了不朽功勋，成为中国共产党带领中国人民建设社会主义新中国的重要依靠力量。建立在社会主义公有制基础之上的国有企业是中国的立国之本、强国之基，中国国有企业一直牢牢保持着对整个国民经济的控制力和影响力，长期处于主导地位并发挥着骨干、支撑和托底作用，是中国企业整体做大做强实现历史性整体发展蝶变的中坚力量。

中国民营企业从改革开放初期的"小散乱"的"个体户、乡镇企业"迅速成长为国民经济的重要组成部分、社会经济发展的重要支撑力量和大众创业、万众创新的主力军。

外资和中外合资企业从中国改革开放的象征、接入全球化的窗口到成为中国经济的重要组成部分，以及先进技术和国际化、现代化企业管理理念的传播者，成为中国企业历史性整体发展蝶变的重要内容和特殊亮点。

国有企业和其他非公有制企业之间存在着彼此不可替代并且合作、竞争、生存和发展的条件，形成了多元共生、相互依赖的中国企业生态系统,这种生态系统的优势在于,中国企业既有建设"高速公路"的铺路者(如国家电网、国家管网、三大电信运营商、五大电力集团、三大石油化工企业等大型国有企业和金融企业),还有能够制造高性能"赛车"的造车者(如腾讯、阿里、华为、小米、大疆、比亚迪等非公有制的科技企业和制造企业),还有搭乘大企业"便车"实现快速发展的广大中小企业,基于这些大型支柱性国有企业的头雁效应、高新技术企业的鲶鱼效应和千千万万家中小企业的蝴蝶效应,共同推动了中国企业历史性整体发展蝶变和大中小企业集群蓬勃发展。

七、自强不息、创新拼搏的奋斗精神

中国企业自诞生起就始终肩负着国家使命、民族责任,始终将企业的发展与国家和民族的命运紧密联系在一起,这是中国企业百年持续奋斗的不竭动力。中国企业背负着中华民族特有的历史记忆和时代情感,这种历史记忆和时代情感来自于鸦片战争以来的民族屈辱,来自于新中国成立时的艰难困苦,来自于对民族复兴的坚定信心和集体信念。

在过去的100多年里,中华民族所经历的苦难让中国人民凝神思索,切肤之痛使中国人更敏感地感受外部世界的变化,细细体察所历之事,对千年历史进行更严苛的观察。自1840年鸦片战争之后,"强国"覆盖了中华民族所有民族话语的主题,成为国人的毕生理想。在被"强国梦"激励着的100多年时间里,中国企业的演进一直是国家进步和民族雪耻的重要方向，正是在这一进程中，中国企业崛起为一支独立的强大力量。

"非富无以保邦，非强无以保富"[1]。中国企业自诞生起就背负着复兴民族、富强国家的使命。晚清洋务运动，中国近代企业起源，第一代中国企业试图用企业振兴这个古老的民族，照亮这个东方古国晦暗的前路。在中国企业萌芽和成长阶段，就始终饱受着西方列强的围堵打压。但围堵打压也造就了中国企业与中国人民患难与共的民族共情，也造就了中国企业不畏强权、从不屈服的民族性格。

在国困民穷的旧时代，是中国企业启动了中国的工业化和近代化的启蒙运动；当君主立宪浪潮启发民智的时候，中国企业是背后最积极的鼓动者；在俄国十月革命的炮声传入中国前，中国企业已经为中国孕育了无产阶级；在日本军国主义悍然侵华的时候，中国企业在宜昌大撤退中帮助转移了重要的机床设备，延续了国家的工业血脉；在1949年新中国成立的黎明前，中国企业义无反顾地选择留下建设这个新生的人民共和国；在建设新中国的浪潮中，中国企业以"共和国长子"的担当挥洒汗水，在被西方帝国主义孤立封锁的日子里，咬紧牙关、自力更生建立起全世界最齐全的工业体系；在改革开放的春雷中，中国企业在蛇口炸山填海建设了新中国第一个经济特区，在经济转轨的阵痛中，含泪选择破产下岗，将改革的重担扛在自己肩头；在跨入新世纪的钟声中，中国企业为中国加入世界贸易组织激动地彻夜难眠；在新

---

[1] 郑观应（1842—1921），中国近代维新思想体系的理论家，启蒙思想家，也是实业家、教育家、文学家、慈善家和热忱的爱国者。著有《盛世危言》《易言》等。

时代的征途上，中国企业以中国速度、中国制造、中国品牌推动这个东方大国成为世界第二大经济体、第一大工业国；在百年未有之大变局中，中国企业连续三年超越美国企业蝉联《财富》杂志世界500强上榜企业数量之冠，用发展蝶变向全世界展示了中国崛起强大的伟大成就。中国企业从历史长河中走来，它们的贡献应当成为国家历史和民族记忆的一部分。

中国自古以来信奉"哀兵必胜"，中国企业和中华民族一样，除了有强烈的自我反省和忧患意识外，还有一种与生俱来的悲情感，善于从过往的苦难中汲取力量和智慧。将这种在困境中奋起、在逆境中自强、在绝境中重生、在改革中蜕变的民族精神内化为中国企业传承百年的独特气质，成为中国企业实现历史性整体发展蝶变的信念支撑。正是这种独特、高尚、伟大甚至悲壮的使命感激发出中国企业的感性共情和理性自觉，推动中国企业实现了跨越百年的历史性整体发展蝶变。

中国企业不同于其他国家的企业，在追求经济效益的基础上，中国企业还肩负着社会责任、民族责任、环境责任等多重责任，遵循着经济逻辑、政治逻辑、技术逻辑、创新逻辑等多种逻辑，中国企业在发展蝶变中用自己的特殊使命责任和智慧能力实现企业了经济效益与社会责任、国家使命的统一，进而实现了多目标的统一。中国企业只有深深扎根于国家发展进步的沃土中才能枝繁叶茂，只有实现综合效益的最大化才能实现中国企业效益的最大化，这是中国企业实现高质量发展的前提和历史性整体发展蝶变的逻辑。

判断一项事物的价值不在于有了它是多么的锦上添花，而是没有它就寸步难行。解读中国企业历史性整体发展蝶变的成功密码就是解读其中独一无二、缺一不可的充分必要条件。中国企业的历史性整体发展蝶变是中国共产党领导的中华民族百年伟大复兴和新中国改革发展奇迹的一部分,这一特殊的经济现象和社会事实很难用西方的政治经济学理论概括,也无法用东方传统的叙事逻辑来细致描述,我们尝试用中国共产党的领导伟力、中国特色社会主义的制度赋能、为民高效政府的服务指导以及自强不息、富国强邦的信念使然等要素来解读、描述中国企业历史性整体发展蝶变的密码,这些要素充分体现了中国企业整体蝶变背后的强大推动力量和关键要素,可以为解读中国这段奋斗历程提供一些观点和思路。相信随着时间的推移,将会再次证明这些蝶变密码的价值和意义。在未来推动中国企业实现新发展跨越的进程中,不断总结发展完善中国企业历史性整体发展蝶变背后的成功密码,把推动企业蝶变、国家富强、民族复兴的力量一代代传承下去。

第三章
蝶变经验与启示

以史为鉴,可以知兴替。历史记载着人类的活动及其结果,蕴藏着民族兴衰、国家存亡、改革成败的规律,是最好的教科书、生动的启示录。华夏文明是延续五千多年而从未中断的古老文明,中华民族不仅是一个重视记述历史的民族,更是一个善于从历史中总结经验、启示未来、具有历史纵深思考的民族。历史的价值不仅在于记录传承,更在于从中总结经验、求索规律、启迪未来、照亮前路。时代发展是一个连续不断的过程,对经验启示的认识越深刻,对前途的掌握就越自信。重视历史、学习历史、研究历史,始终是中华民族走向未来、把握未来、创造未来的独特优势。

伟大的事业,总会沉淀出宝贵经验;伟大的实践,总会收获重要启示。中国企业的历史性整体发展蝶变提供了现代企业制度与中国特色社会主义市场经济深度融合发展的独特路径,也构建了中国企业高质量发展的新优势。中国从全球市场大国到全球经济大国有英美等国的经验可以借鉴,但中国要从世界企业大国跻身全球企业强国,中国企业必须自力更生地总结过去的历史经验,揭示出蝶变背后的经验启示,这是属于中国企业的宝贵财富,也是中国企业实现新发展跨越的重要经验。

一、坚持党的领导

中国国有企业是中国共产党领导的国家治理体系的重要组成部分,是构建中国特色社会主义市场经济的基础性保障力量,是中国企业不可替代的重要支柱,也是中国企业实现历史性整体发展蝶变的引领者和推动力量。国有企业强则中国企业强,国有企业在改革发展中先行一步,探索形成的独特优势和示范效应是中国企业实现历史性整体发展蝶变的重要优势和宝贵经验。在中国企业历史性整体发展蝶变的历程中,国有企业书写了其中最重要的篇章,也积累下许多宝贵经验;在中国企业当下和未来的新发展跨越中,具有巨大价值和重要意义。

在不同历史时期,中国共产党创立的不同形式的公有制企业,为中华民族取得从站起来、富起来到强起来的发展成就中作出了重大历史贡献,建立了不朽功勋。

在新民主主义革命时期,中国共产党创办的军工企业和商贸企业,为保障新民主主义革命、推动抗日救亡运动、服务国家解放发挥了重要作用,也为新中国成立后党和国家发展公有制经济、发展国有企业提供了宝贵经验,特别是形成了在党的领导下,由厂长、党支部代表和工会代表组成的"三人团"领导体制。

在社会主义革命和建设时期,通过继承解放区公营经济、没收官僚资本、赎买民营企业、推动公私合营、新建国有企业等方式,构建起能够控制国家经济命脉的国营企业和国有经济基础。中国国有企业初期学习借鉴苏联"一长制[1]"模式,但很快出现了"水土不服"。之后,中国国有企业结合中国实际形成了"党委领导下的厂长负责制",典型的管理模式是"鞍钢宪法"。"鞍钢宪法"强调民主管理,实行干部参加劳动、工人参加管理,改革不合理的规章制度,工人群众、领导干部和技术人员三结合,即"两参一改三结合"的制度。

在改革开放和社会主义现代化建设新时期,党和国家领导国有企业进行改革,形成了"要治厂、先治党"的重要经验。1993年3月,八届全国人大一次会议通过的宪法修正案,将宪法有关条文中的"国营经济"和"国营企业"分别修改为"国有经济"和"国有企业"。"国营"到"国有"仅一字之差,却充分体现了全民所有制企业所有权与经营权的分离,"产权清晰、权责明确、政企分开、管理科学"16字方针成为中国国有企业改革的重要路径,为探索建立具有中国特色的现代企业制度奠定了重要基础。

进入中国特色社会主义新时代,党对深化国有企业改革作出了重大部署,2016年10月10日,习近平总书记在全国国有企

---

[1] "一长制"是苏联国有企业中实行的企业领导制度。国有企业及其所辖单位只有一个领导人。企业领导人由上级委派,在国家计划和苏联法律规定的范围内,对企业的一切工作全权负责。企业的全体人员必须服从这个领导人的命令和指挥。一长制思想是列宁在1918年3月关于铁路的集中管理、护路和提高运输能力的法令中提出来的。1920年俄共中央肯定了"一长制"原则,但直到1934年才得到全面实行。

业党的建设工作会议上提出"两个一以贯之"原则[1],指出:"中国特色现代国有企业制度,'特'就特在把党的领导融入公司治理各环节,把企业党组织内嵌到公司治理结构之中,明确和落实党组织在公司法人治理结构中的法定地位,做到组织落实、干部到位、职责明确、监督严格。"习近平总书记的重要论述深刻揭示了国有企业的政治属性,从根本上解决了长期以来国有企业领导体制中党组织和行政"中心"与"核心"之争的问题,为实践中正确处理国有企业各治理主体关系、提升治理效能提供了科学指南。

"两个一以贯之"是中国共产党在领导国家经济建设领域的重要理论和实践创新,是将现代企业制度与中国国情和发展需要紧密结合的"中国化方案",实现了坚持和加强党的领导与完善国有企业治理的有机统一,为做强做优做大国有企业、推动中国企业实现历史性整体发展蝶变奠定了根本和基础。中国企业历史性整体发展蝶变的实践证明,党的领导与现代企业制度完全能够深度融合,而且能够形成中国特色的现代企业制度,并赋予中国企业更加强大的制度力量和发展竞争优势。

中国国有企业肩负着引领中国企业共同建设现代企业强国的重大使命,也肩负着现代企业制度中国化创新的探索责任。从1995年至2021年,中国国有企业上榜《财富》杂志世界500强企业数量从2家增长至82家,中国国有企业成功走出了一条坚持党的领导和现代企业制度、不断做大做强的改革创新之路。

---

[1] 两个一以贯之是坚持党对国有企业的领导是重大政治原则,必须一以贯之;建立现代企业制度是国有企业改革的方向,也必须一以贯之。

中国海洋石油集团自1982年成立以来，一代代海洋石油人始终高扬"我为祖国献石油"的主旋律，以兴海强国的使命担当推动中国海洋石油工业成功实现了从产业链上游到全产业链、从浅海到深海、从国内到国外的三大发展跨越，先后在中国近海探明10余个亿吨级大油田和千亿方大气田，获得200多个油气发现，探明油气地质储量超70亿吨油当量。40年来累计为国家供应油气近15亿吨油当量，特别是近三年来国内原油增产量在全国总增量中的占比超过70%，为保障了国家油气安全稳定供应和经济社会发展作出了重要贡献。

中国海洋石油集团的改革发展成就是坚持党的领导，以党建引领保障国有企业高质量发展的典型。中国海洋石油集团走过的每个关键历史节点都离不开中国共产党的坚强领导。以大庆精神、铁人精神为代表的石油精神是中国石油工业的精神旗帜，也是新中国国有企业的力量之源。40年来，中国海油始终坚持对党忠诚、热爱祖国，努力把一切力量都充分调动起来，把国有企业政治优势转化为发展优势。特别是党的十八大以来，中国海油大力推进党建与生产经营改革发展融合深化工程，紧密结合海洋石油实践传承弘扬石油精神，铸就了"爱国、担当、奋斗、创新"的海油精神和"碧海丹心、能源报国"的海油文化，公司先后涌现出"抢险英雄"李纪扎、"焊接国手"刘桂芝、"海上铁人"郝振山、央企楷模"深海一号"项目组等一大批先进典型，引领激励着一代代中国海洋石油人不断开拓进取，为保障国家能源安全、建设海洋强国日夜打拼奋斗。

中国国有企业的高质量发展实践已经证明，坚持党的领导、加强党的建设，是国有企业的"根"和"魂"，是中国国有企业的独特优势、重要力量和宝贵经验。只有坚持党对国有企业的领导，贯彻落实党的创新理论和路线方针政策，才能确保国有企业改革发展的正确方向；只有坚持党管干部党管人才原则，建强企业领导班子和职工队伍，激发广大党员、干部、职工的创业精神和内生动力，才能促进人的素质和能力全面提升，才能真正解放和发展社会生产力；只有健全建强国有企业基层党组织，才能充分发挥基层党组织战斗堡垒作用和党员先锋模范作用，凝聚起党员干部和广大职工群众建功立业的磅礴力量，而党的领导伟力和独特优势、国企人的使命担当和主人翁精神则是中国国有企业最澎湃、最持久、最独特的动力，这是其他任何因素都难以取代的。

二、坚持现代企业制度

现代企业制度是人类一项伟大的制度发明和组织创新，没有现代企业制度的引进，就没有中国现代企业的萌芽、工业化肇始和现代商业启蒙。没有现代企业制度在中国的发展、创新和本土化，就没有中国企业组织的发展壮大和社会主义市场经济的蓬勃兴盛，就没有中国人民的福祉提升，没有国民经济的稳步发展和科技文化的昌明进步。现代企业制度的引入和创新不仅改变了中国企业的命运，更成为改变中国、推动时代、塑造未来的重要力量。

强国须重企，重企必强国。现代企业是强国富民最现实、最有效的经济组织和强大力量，任何一个国家的发展强大都必须高度重视现代企业，真心依靠现代企业，有效利用现代企业。而现代企业必须依靠国家、跟随国家、服务国家才能不断发展壮大，这也是被世界各国企业检验过的真理。

中国企业的历史性整体发展蝶变是现代企业制度中国化的重要成果。现代企业制度赋予每一家中国企业持续发展强大的内生动力、科学的治理结构和高效的运行机制，为中国企业完成历史性整体发展蝶变提供了组织制度基础，现代企业制度对企业的赋能没有大小之差，没有所有制之别，也没有行业之分，使中国企业形成了 N+N>2N 的整体合力，这种来自发展本能、制度驱动和集体意识的力量推动了中国企业长期持续的市场竞争和优胜劣汰，促进了资源不断向优势企业集中并加快头部企业做大做强的效率，从而推动中国企业快速发展壮大，最终成就了中国企业历史性整体发展蝶变。

培育建设具有全球竞争力的世界一流企业，是现代企业制度的发展规律，也是催动中国企业实现历史性整体发展蝶变、加快做优做强的动力机制和重要经验。

中国企业从诞生起就承担着比西方企业更多的国家使命和民族责任，是推动国家崛起强大的重要力量。从维护国家安全的需要看，中国企业已经成为打造军工强国、航天强国、网络强国、能源强国、海洋强国和生态强国的主力军，是维护国家利益、保障国家安全、巩固国家地位的有力支撑，是中国回应任何挑衅和挑战的底气和自信。从推动国家发展进步的视角看，中国企业以建设一批世界一流企业和强国重企来推动国家实现高质量发展，作为推动产业升级、破解关键核心技术受制于人的发展瓶颈、化解转型风险的重要路径。从中国走近世界舞台中央、实现大国崛起的全球视角看，中国企业已经成为"一带一路""人类命运共同体"等倡议、理念和主张的重要载体和实施者，是代表中国维护世界多极化、经济全球化等使命责任的主力军，是让崛起强大的中国得到全世界的认可、接受、尊重和欢迎的重要名片。

中外历史反复证明，国家强则企业强，企业兴则国家兴，重企能够强国，重企必将强国。在英国、美国、德国、日本等经济强国渐次崛起的发展历程中，一大批企业在国家的重视培育和自身的努力奋斗下，成长为各自行业领域的世界一流企业，为国家拓展发展空间、延长发展时间作出了不可替代的重要贡献。在经济全球化、贸易自由化的时代，世界一流企业已经同人口、疆域、军事、科技、文化等要素共同构成了衡量大国综合国力的重要指标，在国家经济、社会、科技和政治中扮演着不可替代的重要角色。

中华人民共和国成立后，党和国家把打造一批世界一流企业和强国重企作为共和国求富图强的重要路径；改革开放以来，中国企业的快速做大做强和跻身世界一流企业，成为国家持续强盛、民族走向复兴的重要标志。进入新时代，党中央明确提出"培育具有全球竞争力的世界一流企业"，使其基业长青、服务国家、贡献社会、造福世界，成为中国在百年未有之大变局中重点求索实践的发展命题。而创建世界一流企业就是坚持现代企业制度的关键举措和重要实践。

以做大为路径，以做强为目标，从大走向强大，是中国企业坚持现代企业制度，实现历史性整体发展蝶变的重要经验之一。在做大做强的使命感召下，中国企业将建设一批世界一流企业、打造更多强国重企，作为义不容辞的使命担当，也成为中国企业发展蝶变的重要使命、战略目标和重要经验。从大到强是所有现代企业遵循现代企业制度的内在本能和发展需要，中国企业在整体上实现了"从无到有、从少到多、从小到大"的跨越发展，但还没有实现整体上的强，在某些关键领域还存在受制于人、依赖于人的短板弱项，存在被"卡脖子""撤梯子"的风险，与西方世界一流企业在核心竞争力、发展质量、发展方式和结构布局方面还存在较大差距。2018年以来，美国蓄意挑起对中国的贸易摩擦，已经给中国企业以极大警醒，中国企业仅单纯依靠规模和体量并不足以震慑对手、维护国家权益，决不能因为中国的世界500强企业数量超越美国就妄自尊大，也不能因为中国已经成为世界企业大国就停滞不前。中国企业做大做强做优之路没有终点，世界一流企业之路没有尽头，中国企业需要继续坚持现代企业制度、培育世界一流企业、打造强国重企。

三、坚持做大做强核心主业

成就中国企业历史性整体发展蝶变的不仅仅是中国企业规模上的庞大，更重要的是中国企业在全球产业链、价值链和供应链上的不可替代性。

日本经济新闻社发布的《2020年主要商品与服务份额调查》显示，在被调查的70个品类中，中国企业所生产的17个品类居全球市场份额首位，分别在移动通信基站、车载电池、个人电脑、锂离子电池隔膜、光伏面板、大型液晶面板等领域占据全球市场份额首位。

当我们列出一些中国知名企业的名录，紧跟着每一个企业品牌映入我们脑海的必然是其核心主业以及其在全球市场的重要地位。华为在窄带通信领域是当之无愧的全球第一，从5G设备市场来看，华为一家企业就占有全球35%以上的市场份额。大疆创新是全球顶尖的无人机研发制造企业，在消费级无人机市场的份额超过65%，全球每卖出3架无人机就有1架是大疆生产。截至2021年，福建宁德时代动力电池系统连续五年全球排名第一，成为世界最大的电动汽车电池制造商。中国交建的核心优势是路桥建设、港航工程，是目前国内最大的国际工程承包商，中国交建旗下的上海振华重工是全球最大的港口机械制造商，集装箱起重机的全球市场占有率约为80%，在全球集装箱市场拥有绝对的主导权。

中国企业能够实现历史性整体发展蝶变，一条重要经验就是始终坚持持续做强做优做大核心主业。新中国成立后，每一家中国国有企业都被赋予了主责主业，在国家选定的赛道上跑好自己最擅长的一棒。改革开放后，面对外国产品的涌入和全球市场的激烈竞争，国有企业坚守主责，不断做强主业，认真履行好国家赋予的使命职责。对所有的中央企业来说，核心主业都是国家赋予的，核心主业的竞争优势都是举国家之力逐步积累形成的，核心主业也成为核心主责,将核心主业做强做优做大、做成世界一流,是中央企业存在的意义和奋斗的价值所在,是对党、对国家、对人民肩负的崇高使命和责任所在。

民营企业的发展蝶变历程比国有企业更多了一分艰难,它们从社队工厂、手工作坊起步,从模仿到自主,从来料加工到全产业链自主化,一步步从产业链的最低端向高端奋进,不断培育并做强自己的核心主业,并以一技之长和核心主业代表中国企业参与全球竞争。福耀玻璃的前身是一家生产水表玻璃的福建乡镇小厂,1987年开始转型专注研发制造汽车玻璃,今天福耀玻璃已经成为全球最大的汽车玻璃生产商和供应商。

中国企业的发展蝶变实践证明,只有围绕核心主业做强做优,形成核心能力,打造一流产品和服务,掌握关键核心技术,才能形成企业强大的竞争优势,只有将关键技术、核心能力转化为核心资产,通过将核心资产资本化,不断将核心主业打造成为支柱产业,才能将企业的核心竞争力转化为市场的价值创造力和持续发展的推动力。中国企业的关键技术和核心能力主要体现在企业的核心主业上,在此基础上实现业务板块化、板块专业化、专业市场化、市场国际化,坚持用市场的手段、效益的标尺、国际的竞争检验企业的核心主业优不优、关键技术硬不硬和核心能力强不强。

无论国家还是企业,在时代的洪流中都时时刻刻面临着变与不变的抉择。一边是充满不确定性的变革趋势,一边是现代企业制度内生发展的固有逻辑。面对变革,中国企业坚持定力、培养睿智,深刻理解"不变",灵活把握"转变",适时推动"蝶变",

在坚守中大胆地发展与创新，在发展与创新中坚定地将做强做优做大主业作为中国企业的发展之基。

已经实现历史性整体发展蝶变的中国企业未来仍然面临巨大的挑战，要在全球市场劈波斩浪，必须拥有可以作为中流砥柱的核心主业。对所有的中国企业来说，无论其规模多大、实力多强，突出优强的核心主业始终都是企业长期立足的基石和可持续发展的依托，是企业基业长青的根本所在，是企业的压舱石、安全区、护城河和根据地。打造世界一流的强大核心主业不仅是中国企业开展多元化经营的依靠、开拓全球市场的基础，也是一种使命格局，一份家国情怀，因为核心主业就是中国企业竞争力，中国企业的竞争力就是国家竞争力。

四、坚持弘扬新时代企业家精神

企业家是现代企业的重要组成部分，是企业经济活动的主导者和组织者，是市场经济中的特殊人才群体。中国市场经济的活力来自于企业，企业的创造力来自于企业家和企业家精神。

新中国改革开放的光辉历程和中国企业历史性整体发展蝶变的光荣奋斗，也是新中国企业家群体和企业家精神孕育、发展和成熟的过程。改革开放以来，一大批具有创新创业胆识的中国企业家在改革开放的沃土中成长起来，形成了具有鲜明时代特征、民族特色、世界水准的中国企业家队伍。中国企业家队伍不仅秉承发扬了自强不息、拼搏奋斗的中华民族特质，更具备爱国、创新、诚信的新时代企业家精神以及以天下为己任和放眼全球的胸怀。中国企业家群体和企业家精神极大促进了中国经济和中国企业的跨越式发展，中国企业与中国企业家之间形成了相互影响、相互依托、互相成就的紧密关系。

中国企业家怀着对国家、对民族的崇高使命感和强烈责任感，把企业发展同国家繁荣、民族兴盛、人民幸福紧密结合在一起，主动为党分忧、为国担当，顺应时代发展，勇于拼搏进取，为积累社会财富、创造就业岗位、促进经济社会发展、增强综合国力作出了重要贡献，在波澜壮阔的民族复兴伟业中书写了中国企业家精神的华彩篇章。尊重企业家、坚持与弘扬企业家精神是中国企业实现发展蝶变的宝贵经验。

中国企业家首先是懂企业的政治家，讲政治的企业家，充满家国情怀和使命责任感，有崇高的理想信念和坚定的政治立场，始终将企业的发展战略、长远目标和持续追求与国家需要联系在一起。中国的企业家精神有着超越西方企业家精神的内涵和外延，这种独特的精神内涵主要包括以下几个方面：

炽热的爱国情怀和社会责任感。近代以来，第一代中国企业家以实业救国为己任，致力于发展中国民族工业，涌现出了主张"实业与教育迭相为用"的张謇、抗战期间组织"宜昌大撤退"的卢作孚等爱国企业家。新中国成立后，以荣毅仁为代表的民族企业家带头推动公私合营，积极投身社会主义新中国建设。改革开放后，以改革先锋招商局集团的袁庚、海尔集团的张瑞敏、华为集团的任正非、福耀集团的曹德旺等为代表的中国新一代企业家，为实现中华民族伟大复兴的中国梦苦干实干、拼搏创业，在爱国情怀和社会责任感的双重感召下，中国企业家带领中国企业自立自强、奋力拼搏，实现了中国企业的历史性整体发展蝶变。

自强不息的拼搏奋斗精神。中国古代哲人通过观测宇宙的变动不居，提出"天行健，君子自强不息"的思想。从古至今，自强不息的拼搏奋斗精神始终深深熔铸于中华民族的文化血脉之中，是中华民族传承不息的精神底色。自强不息的奋斗精神是一种具有强大张力的进取精神，也是一种面对困难挫折永不服输的斗争精神，它发源于我们这个古老民族与自然抗争、不向逆境屈服的强大韧性，这一古老的民族精神普遍存在于中国各行各业的人群之中，在中国企业家群体中，自强不息的奋斗精神也格外闪耀。他们不畏于创业初期白手起家的艰难困苦，不惧于经营过程中来自各方面的风险挑战，不屈于"走出去"拓展海外市场所面对的巨大压力，自强不息所展现的不仅是在顺境中的奋斗，更可贵的是在逆境中的拼搏。一个富强的国家需要有一批世界一流的伟大企业，而伟大的企业需要一股拼搏奋斗精神作为支撑。毫无疑问，自强不息的拼搏奋斗精神是中国企业能够屹立于世界企业之林的精神特质，同时也是中华民族走向伟大复兴的强大支撑和持久动力。

勇于开拓的创新精神。中国企业家的创新活动是推动中国企业历史性整体发展蝶变的关键。勇于开拓创新，做创新发展的探索者、先行者和引领者，才能使中国企业在激烈的竞争中不断脱颖而出。在中国市场经济地位尚未确立、社会整体商业生态不成熟的环境下，中国企业家积极推动中国企业的崛起成长和市场发展，为中国经济建设注入了强大的发展活力，并形成了温州模式、苏南模式、晋江模式等，推进了中国区域经济的快速发展。在此期间，一些优秀的乡镇企业家抓住改革机遇，不断探索和创新经营管理模式，从小规模乡镇企业发展成为国际知名企业。正是因为有一代代甘于奉献、百折不挠、勇于创新的优秀企业家，中国的改革开放事业才能稳步推进，中国企业才能实现从落后到跟跑、从并跑到超越的成功蝶变。如今，勇于开拓创新已成为新时代中国企业家精神的基本内核，成为推动中国企业不断发展壮大、实现突破和超越的重要因素。

放眼全球的国际视野。改革开放40多年来，中国企业已经成为世界经济舞台上的主角，以自身强大的经济实力为经济全球化提供了重要推动力。与此同时，中国企业家在国际市场竞争中不断成长成熟，从最初的"三来一补"、以创办中外合资合作企业等方式参与全球分工发展，到以引领产业链、供应链、价值链的成熟体系深度融入全球化。在这一过程中，涌现出许多具有国际视野的企业家，他们以敢为人先、锐意进取的精神，不仅在国内带领企业不断发展壮大，同时在国际竞争中不断探索，最终领导中国企业成长为具有全球竞争力的世界一流企业。

国有企业领导人员特质。在中国社会主义现代化进程中，国有企业的稳步发展，对保证公有制的主体地位不动摇和社会主义经济的性质和方向起着举足轻重的作用。因此，弘扬国有企业领导人员精神特质，做强做优做大国有企业具有重要意义。国有企业的重要地位和功能作用决定了国有企业领导者必须具有特殊属性和更高的要求。正如习近平总书记所强调的，"国有企业领导人员必须做到对党忠诚、勇于创新、治企有方、兴企有为、清正廉洁"。为国家的经济发展和中华民族的伟大复兴而治企兴企，是衡量国有企业领导人员是否能担大任最重要的标准。国有企业领导人员必须始终牢记自己的身份是党和国家赋予的，必须忠党报国，勇于担当作为，无私奉献，必须不断自我锤炼、自我加压和自我提升，善于利用组织的力量、团队的帮助、事业的平台，不断补齐专业短板，提高政治站位，拓展视野格局，全力以赴为党尽忠职守，为国家殚精竭虑，为企业拼搏付出，不辜负党的培养，无愧于党和国家给予的平台和信任。

面对新挑战、新跨越、新变局，中国企业家需要适应发展形势和发展格局的变化，弘扬新时代中国企业家精神，发挥现代企业作为中国市场经济主体的作用，不断推出符合国家、市场和人民需要的产品和服务，满足人民对日益增长的美好生活的需要，在立足中国的同时放眼世界，在诚信经营的基础上不断拓展国际市场。进一步增强中国企业的国际竞争力，通过打造高品质产品、提供优质服务在国际市场上展示中国形象，助力新发展格局的构建。

五、坚持优先发展实体经济和制造业

制造业是立国之本，实体经济是强国之基。中华民族伟大复兴，需要夯实物质基础，筑牢大国制造这个坚实支撑。中国企业实现历史性整体发展蝶变，离不开中国制造企业和实体经济提供的强大支撑。没有中国实体经济和制造业的发展强大,就没有中国企业的第一次发展蝶变。

马克思深刻指出:"纸币的发行限于它象征地代表的金(或银)的实际流通的数量……如果今天一切流通渠道中的纸币已达到这些渠道所能吸收货币的饱和程度,那么明天这些渠道就会因商品流通的波动而发生泛滥"。如果缺少实体经济的有力支撑,虚拟经济便会失去发展根基。

从中国现代企业诞生起,坚持发展制造业和实体经济一直是中国企业发展进步的主旋律。从清政府官办的汉阳铁厂、金陵兵工厂到民国时期民族企业家张謇创办的大生纱厂,中国企业的发展重心始终保持在涉及国计民生的基础制造业。中华人民共和国成立后,国家首先恢复的是机械制造、冶金、纺织等基础工业,并优先发展以"156项工程"为代表的基础重工业企业,为中国制造业打下了坚实的基础。改革开放之初,与西方发达工业化国家相比,中国的工业基础仍然薄弱,但中国企业的产业配套、工人技术水平和基础管理水平在亚洲国家中具备基础优势,并形成了中国制造业的低成本和低价格优势,为中国企业承接西方制造业转移奠定了基础条件。

改革开放40多年来,中国经济所实现的高速发展堪称人类经济发展史上的奇迹,中国企业所实现的发展蝶变也是现代企业制度发展史上的奇迹。经过40年的高速增长,中国已经成为世界第一制造业大国和世界第一大商品出口国,中国制成品出口额占世界制成品出口总额的比重接近20%,是美国的两倍多,其中电子产品和服装、纺织品、通信设备、办公设备出口额占世界出口额的比重接近或超过40%，中国对世界经济增长贡献率超过30%[1]。作为实体经济核心的制造业在"中国奇迹"形成过程中发挥了关键性的作用。

最新发布的《财富》杂志世界500强企业榜单中，中国制造业企业有73家入围，数量位居全球第一。同时，中国还培育了4万多家专精特新企业、近600家制造业单项冠军企业。中国制造业在全球产业链供应链中的影响力持续攀升。2020年，面对错综复杂的国际环境，特别是在新冠肺炎疫情和美国围堵打压的冲击下，中国制造业经受住了巨大考验，实现了世界主要制造强国发展指数最大增幅，在中国、美国、德国、日本、英国、法国、韩国、巴西、印度九大世界制造强国对比中，充分彰显了中国制造业的强大优势：规模优势唯一稳增，质量效益持续稳定，创新动能活力提升，强基固本成效明显，绿色低碳践行有力。2015—2020年，中国制造业增加值由20.03万亿元增长到26.6万亿元，年均增速5.84%；制造业增加值占全球比重由26.29%提高到28.61%，在世界各主要经济体中位居首位；连续11年成为全球货物贸易第一大出口国，制造业出口占全球比重由18.45%提升至18.7%，特别是2020年首次超过德国成为世界最大的机械设备出口国，制造大国地位进一步巩固[2]。

在新冠肺炎疫情全球蔓延、经济全球化遭遇逆流的背景下，中国是全球经济大国中国内生产总值增长最早由负转正的国家，中国企业也是第一个恢复产能的企业群体，其根本原因在于中国

---

[1] 李晓华，李雯轩.改革开放40年中国制造业竞争优势的转变[J].东南学术，2018-09-01
[2] 操秀英.2025年我国将迈入制造强国第二阵列[N].科技日报，2022-01-07.

拥有全球最完整的制造业产业链，最扎实的实体经济基础，最庞大的制造实体企业。从这个角度看，制造业和实体经济是提高产业链、供应链抗风险能力和自主可控能力的重要保障。

当前，中国正在构建以国内大循环为主，国际国内双循环相互促进的新发展格局，实现从国际大循环到双循环的转变，尤其更加注重国内大循环，构建国内统一大市场，提出这一战略目标的前提就是中国制造业企业的整体实力和中国作为全球制造大国的现实地位。构建国内大循环的基础在于中国制造业，只有中国制造业整体实力提高，才能生产出高质量的产品，为流通、分配和消费提供高质量的载体，从而使国内大循环实现完整闭合。因此，始终坚持制造强国的理念和优先发展制造业企业是中国经济和中国企业持续保持全球竞争力的一条重要经验，也是从中国企业实现历史性整体发展蝶变过程中得到的重要启示。

六、坚持大力发展科技信息产业

随着人工智能、大数据、云计算等新技术的不断发展与成熟，以及物联网时代的开启，以数字信息产业和数字经济为代表的新一轮产业革命已经开始，不仅加速了全球产业升级的步伐，同时加速了中国企业的历史性整体发展蝶变，成为中国企业在新世纪加速实现弯道超车的重要推动力量。在世界各企业强国中，德国率先提出了工业4.0概念，美国提出了发展工业互联网的理念，而中国则开启了产业互联网时代。

中国是上一轮全球工业革命、产业革命和能源革命的后来者，在西方国家已经完成工业化、电气化的时候，中国仍然是以手工业和农业为主的封建小农经济国家，因而中国企业在传统产业上长期落后于西方。但互联网信息产业革命的兴起正好和中国改革开放的时间点重合，在中国向世界敞开大门的时候，中国企业也第一时间抓住了这个机遇，快速融入了世界信息革命的浪潮，这大大缩短了中国与西方的发展代差，1987年，中国向全球发出的第一封电子邮件，标志着中国正式叩响了全球互联网产业的大门；1997年，中国互联网用户为62万；2001年，中国互联网用户猛增至5.13亿，普及率达到38%；到2021年，在移动互联网迅速普及的助推下，中国互联网用户已经达到10.11亿，互联网普及率到达71.6%，并且构建了全球领先的信息产业基础设施，《数字中国发展报告（2020年）》显示，"十三五"时期，中国信息基础设施建设规模全球领先，建成全球规模最大的光纤网络和4G网络，截至2022年6月，中国已建成5G基站超过150万个，5G终端连接数据超过3亿，贫困村和深度贫困地区贫困村通宽带比例达到98%。这些成就创造了全球最大的互联网用户群体和丰富的数字经济应用场景，为中国企业借助信息产业革命实现历史性整体发展蝶变提供了发展沃土和强大动力。

中国企业实现工业现代化和历史性整体发展蝶变的一个重要特征就是传统产业与信息产业加速融合，再加新兴的数字化、网络化、智能化。与西方发达国家不同，中国在改革开放后经历了全球化、工业化和信息化的"三化"机遇的同步推动，绕过了西方国家完成工业化和全球化之后再去走信息化的传统的发展道路,中国庞大的市场规模可以迅速"摊薄"信息基础设施的投资成本,进一步提升了中国企业借助信息化"弯道超车"的效率和成功率,中国的网络建设和信息产业发展已经实现了五个"全球领先",即网络范围覆盖之广、传输速度之快、资费水平之低实现了全球领先;数字经济场景应用之丰富全球领先;信息科技人才数量之多全球领先;互联网企业之多全球领先;信息产业对传统产业影响改造效率之高全球领先。

中国企业在信息产业和数字经济领域已经形成了一定的领先地位,并且这种优势还将随着中国市场的不断扩大和传统产业的不断进化而得到进一步加强,这是中国企业历史性整体发展蝶变之后所形成的先发优势,也是中国企业实现发展蝶变的一条重要经验。

数字经济与实体经济的本质不同在于实体经济由于受劳动力、属地化的工厂生产等因素限制,形成了不同地区的市场分割,数字经济则不受这些因素的影响。数字经济依托的是国界的虚拟空间,这是其全球竞争的物理基础。因此,数字经济天然具有国际竞争态势。数据的重复利用、零边际成本复制和使用的非竞争性是数据资源的最根本特征,其通用性的特征引发了世界各国对数据的争夺。数字经济和信息产业的迭代和颠覆性创新速度远远高于传统经济,同行业与跨行业企业间的竞争同样激烈,比如,取代美国柯达相机的并不是日本的佳能相机,而是手机;抢占方便面市场的不是食品企业而是网络外卖平台企业。

中国企业在信息产业领域的优势甚至在很多领域实现了领跑,也引起了美国企业的高度警觉,美国政府也于近年来频繁制裁中国华为、字节跳动等信息科技企业，妄图延缓中国企业的科技发展速度，维护美国企业的行业主导地位，这也恰恰说明中国企业选对了发展路线，选对了新一轮产业革命的方向。因此，中国企业需要加强战略定力，不断提升创新驱动能力，锚定数字化转型的战略方向，建设良好的产业生态，发挥国有企业引领示范和辐射带动作用，大中小企业协调融合发展格局，推动中国经济数字化转型和高质量发展。

中国企业的历史性整体发展蝶变是中国百年历史巨变的一个生动缩影，是新时代中国快速崛起强大的重要载体和成功佐证，是中国企业自诞生以来发生的重大系统性变革，是现代企业制度中国化创新的发展成果，具有重大历史性意义和全球影响。中国企业历史性整体发展蝶变不仅具有许多可识别要素和显著特征，具有许多发展蝶变的密码和成功经验，还给我们留下了许多有重要价值的深刻启示。

现代企业制度是人类的一项伟大发明创造，中国自建立现代企业制度以来，特别是改革开放进入新时代以来，中国企业充分发挥了中国特色社会主义制度的优越性，创造性地利用了现代企业制度的规则，全面吸收了中华民族优秀传统文化的精髓，主动肩负起国家崛起强大和民族伟大复兴的使命责任，使中国企业长期保持了特有的发展活力和旺盛生命力，逐渐发展成为能够改变国家、进步社会、促进文明、造福人民的强大力量。中国企业跟随国家发展而发展，通过自身发展推动国家发展，已经成为富民强国的不可或缺的特殊经济组织。

中国的快速崛起强大和民族的伟大复兴得益于高度重视现代

企业，不断培育中国企业，持续发展中国企业，坚持做强做优做大中国企业。中国企业强则中国强，中国经济的发展强大根本在于中国企业的发展强大，今天中国企业的重要性无需言表，中国企业的作用影响无法替代，中国企业的强大力量无与伦比，中国企业的价值功能无法估量。

中国企业的历史性整体发展蝶变改变了中国，影响了世界，以前所未有的力量促进了中国经济发展方式的转变、发展形态的重塑和发展效率的提升。实现历史性整体发展蝶变的中国企业已经形成了连接全球的产业链条和企业生态结构，企业之间相互依存、相互促进、相互成就，在此基础上形成了中国特有的产业集聚、城市集群和技术集成，从整体上提升了中国的产业效率、经济效率、社会效率和国家效率，而国家间的效率差异决定了国家发展优势和国家先进程度的差别。

中国企业历史性整体发展蝶变的成功实践证明了中国特色社会主义制度和社会主义市场经济体制的优越性，证明了社会主义与市场经济能够深度结合，党的领导与现代企业制度能够有机融合，而且能够形成中国企业新的发展优势，在中国特色社会主义制度和市场经济体制条件下，国有企业的经济属性和政治属性、中央企业的多责任、多目标、多效益能够实现协同统一，能够使中国企业保持长期发展活力，实现可持续发展。

中国企业实现历史性整体发展蝶变的经验和启示之所以宝贵，在于其付出的巨大努力、历经的曲折磨难甚至是试错和牺牲，在于其已经取得了巨大成功，而且只要坚持这样做，还能继续取得成功。经验会给战胜未来的艰难险阻提供力量，启示会标识出未来前行的方向。中国企业历史性整体发展蝶变的重要意义不仅在于创造了辉煌成就,取得了巨大成功,还在于积淀形成了来之不易的宝贵经验和深刻启示,为中国企业在新时代的新发展跨越提供了重要的起点和平台。

经验启示是最好的教科书,是取得伟大成就之后最好的清醒剂,也是面对艰难险阻最好的兴奋剂。中国企业的百年蝶变为当代中国企业提供了战胜新风险挑战,在危机中育先机,于百年未有之大变局中开新局的重要法宝。中国企业在内忧外患中萌芽,在封闭围堵中成长,在战胜挑战中壮大,在应对危机中成熟。危机、失败、困难、风险,中国企业在各个历史时期都曾遇到过,中国企业需要充分领悟 150 多年来在应对各种苦难、逆境、挫折、压力中所积淀总结的重要经验启示,并将其转化为勇气、意志、智慧和力量,增强战胜困难和障碍、风险和挑战的定力和自信。

第四章
中国企业时代已经到来

中国企业在实现历史性整体发展蝶变后已经站在了世界企业舞台中央,在支撑、推动、引领中国经济发展的同时,也对世界经济发展的趋势产生重大影响,未来还将改变中国、影响世界、塑造未来。中国企业的角色、地位和影响将在新的经济全球化格局中发挥前所未有的重要作用,成为与美国企业、欧盟企业、日本企业并驾齐驱的世界经济主导性力量,而且将在世界许多重要产业和领域发挥引领作用,我们将此称之为"中国企业时代的到来"。

一、具有全球竞争力的产业集群和企业生态

国际贸易的蓬勃发展,使全球化的供应链、产业链、价值链体系应运而生,并形成了一种全新的经济形态。中国在2001年加入世界贸易组织之后,中国企业融入全球产业链体系的步伐进

一步加快，成为全球供应链、产业链、价值链的重要参与者和受益者。随着中国综合国力的快速提升，中国企业已经形成了具有全球竞争力的产业集群和企业生态系统，在全球供应链、产业链、价值链中的地位和影响不断巩固提升，中国企业已经从经济全球化的因变量升级为影响全局的重要"自变量"。2018年以来，全球产业链和供应链"断链"的紧张情况频繁发生，全球产业链和供应链上、中、下游企业之间不断出现停工停产，中国企业的产业集群价值和功能作用愈发凸显。今天，中国企业已经形成了具有全球竞争力的产业集群和企业生态。

21世纪初以来，中国继英国和美国之后成为"世界工厂"，这是全球制造中心在21世纪的一次重要转移。当全球主要制造业大量聚集在一个国家，就会形成惊人的产业集聚效应，使生产效率和资源配置效益达到最大值。中国已经完成了中低端产业链整合，相同的产业都由外资和本土企业同台竞争。以"制造业晴雨表"汽车产业为例，中国在新能源电动汽车领域已经实现"弯道超车"，比亚迪、吉利、蔚来、理想、小鹏等中国自主品牌已经实现了从设计、制造到智能驾驶系统的全产业链自主和数字化，国产汽车品牌的后发领先优势已经形成，中国技术正在深刻渗透到全球产业链生态中，形成了独特的中国产业竞争力。

中国的产业集群和企业生态链优势不是其他国家可以复制的，中国企业所打造的世界制造中心地位也不是其他国家能够轻易取代的，它不仅要求具备巨大的市场需求、完善的工业基础、国有的土地制度，还要求庞大的人才队伍和高素质产业工人队伍。中国拥有全球最大的市场、全世界最完备的工业体系、全最多的研发人员和劳动力储备,最高效的土地所有制和最完备的基础设施,这些都为中国产业链集群和企业生态发展提供了独一无二的基础条件。中国是全球唯一拥有联合国全部工业门类的国家,能够在短时间内完成全部主要商品制造所需要的所有配套工作。同时,中国科技人才资源总量已经达到 1.01 亿,连续七年蝉联世界第一,完全能够满足中国产业链集群发展的需要。

二、中国进入大企业主导时代

中国企业时代的到来标志着中国企业特别是中国大企业在中国国民经济中的支柱作用和主导地位已经形成,在经济、社会和国家中的地位越来越高,发挥着其他社会主体无法替代的功能作用。

2021 年,中国国内生产总值为 114 万亿元。同一年,中国本土企业 500 强实现营业收入近 90 万亿元,即中国 500 家最大的本土企业创造了近 89% 的国内生产总值,充分说明中国已经进入了由大型和超大型企业主导的时代。

兼并重组是促成中国进入"大企业"时代的重要推手。在西方企业和日本企业的发展历程中,曾经掀起过五次企业兼并浪潮。每次企业兼并重组浪潮的兴起都有力地促进了西方现代企业的规模化发展和资本等要素的集中。过去几年,中国企业 500 强中的 154 家大企业共并购重组了 1 000 多家企业,并购重组活动持续活跃,不仅在国内,而且中国企业在全球经济危机后的跨国兼并重组也越来越密集和成功。可以预见,第六次世界企业兼并重组浪潮将由中国大企业带动完成,兼并的主角是中国大企业。在中国,中央企业、大型国有企业和民营高科技企业毫无疑问是大企业兼并重组浪潮的主流和主力军。

中国建筑集团是全球最大的建筑承包商,排名2021年《财富》杂志世界500强第13位,中国企业500强第3位,中国建筑集团的建设项目工地遍布国内及海外100多个国家和地区,业务布局涵盖投资开发、工程建设、勘察设计和新业务等板块。在中国,中国建筑集团投资建设了90%的300米以上摩天大楼、3/4的重点机场、3/4的卫星发射基地、1/3的城市综合管廊、1/2的核电站。中国建筑集团不仅拥有8家上市企业和100余家控股子企业、35万员工,还有230万农民工和20余万家中小企业集聚、绑定在中国建筑集团的产业链条上。

中国石油天然气集团是全球主要的油气生产商和供应商之一,是集国内外油气勘探开发和新能源、炼化销售和新材料、支持和服务、资本和金融等业务于一体的综合性国际能源公司,在国内油气勘探开发中居主导地位,在全球35个国家和地区开展油气投资业务。2021年,中国石油在《财富》杂志世界500强排名中位居第四。为中国石油提供服务的外部从业人员数量达231.9万;为中国石油提供服务的外部企业达2.8万家。

数以万计的中小企业因为与中石油集团和中国建筑集团的合作关系,具备了参与国家重大工程和国际工程建设的能力和素质。中石油集团和中国建筑集团都是中国进入大企业时代的重要代表。"大企业时代"的发展形成对中国发展有里程碑式的意义,中国进入"大企业时代"具有五大特征:

特征一：中国进入大企业时代意味着中国将再次诞生一批世界级企业和行业领军企业，一些独角兽企业将快速成长为超大型科技企业，中国将成为世界级企业孵化成长的沃土、合作的舞台和竞争博弈的战场。在过去的二十多年里，《财富》杂志世界500强排行榜不仅记录了美国、日本、德国等传统全球企业强国的辉煌时代，同时还展示了中国企业的集体崛起历程，中国企业不断改变着这份榜单的行业构成和数量占比，从一家中国企业上榜到一条产业链上的中国企业上榜，中国企业时代的到来将推动更多中国企业加速挺进《财富》杂志世界500强榜单。

特征二：中国进入大企业时代加速了中国企业的产业集聚、技术集成和资本集中的趋势。这些大企业往往控制着一个或多个行业的发展规范、发展方向、技术水平和利润分配格局，中国各个产业的头部超大型企业已经成为影响产业链、供应链、价值链、技术链、创新链、数据链的关键变量，发挥着影响全局的"挥鞭效应"和引领主导作用。

特征三：中国进入大企业时代标志着中国市场的国际化和国际市场的中国化，中国企业全面进入国际化竞争时代。国际化竞争往往是各个国家大企业集团之间的竞争。在经济全球化时代，一个国家的经济竞争力从根本上体现为大企业的竞争力，跨国公司已经成为配置全球资源，参与国际竞争的主要载体。国家的竞争优势体现为本国企业的产业链和企业集群优势，而产业链控制能力越强，企业集群实力越大，国家的竞争力、影响力和话语权就越大。

特征四：中国进入大企业时代预示着中国的生产力水平将实

现新的跨越式发展。大企业或优势企业通过强强联合，形成具有更加强大综合竞争力的超大型企业集团，产业链上下游企业通过合并重组，加快业务链条整合。人才、技术、资本等要素将在大企业时代加速完成从聚合、整合到融合的链式化学反应，将极大提升中国企业的生产力水平和价值创造能力。

特征五：中国进入大企业时代将不断涌现出颠覆性的商业模式、产业形态、企业组织、制度机制和新经济生活方式，推动现有的社会生产关系发生深刻变化，大企业将孕育产生并形成改变人民日常生活和社会关系的新需求、新群体、新结构和新范式，推动社会文明向更高层次发展。

中国企业要抓住中国进入大企业时代的机遇，充分发挥大企业的骨干、引领和支撑作用，通过大企业股份的社会化，将大企业发展的红利普惠于民。同时，中国企业也要警惕大企业主导所带来的市场垄断、活力减弱、创新不足、无序发展等弊端，需要在一些领域做好反垄断措施。

三、国有企业支柱引领作用日益凸显

新中国成立以来，中国国有企业为国家政权的巩固和经济社会的发展立下了不朽功勋。数以万计的国有企业为中国综合国力提升、社会经济发展和人民生活水平提高作出了卓越贡献，一代又一代国有企业人为中国特色社会主义事业历尽千辛万苦，作出重大贡献。国有企业为中国经济社会发展、科技进步、国防建设、民生改善作出了历史性贡献,功勋卓著。

改革开放以来,特别是进入新时代以来国有企业改革三年行动的深入实施,有力破除了一批制约国有企业做强做优做大和高质量发展的体制机制障碍,有效解决了一批长期想解决而没有解决的问题,在许多重要领域和关键环节实现系统性重塑、整体性重构,中国国有企业在宏观层面和整体层面都发生了前所未有的重大变革,推动中国企业的历史性整体发展蝶变进入了加速期和深度变革期。国有企业三年改革行动的主要成就体现在以下三个方面。

其一是形成了更加成熟更加定型的中国特色现代企业制度和国有资产监管体制。党的领导与公司治理有机统一,国有企业全面完成"党建入章",绝大多数企业制定了党委(党组)前置研究讨论重大经营管理事项清单,实现了董事会应建尽建、外部董事占多数,各治理主体权责法定、权责透明、协调运转、有效制衡的治理机制正在形成。国有企业的公司制改制全面完成,从法律上、制度上进一步厘清了政府与企业的职责边界,企业独立市场主体地位从根本上得到确立。国有资产监管体制更趋成熟完善,把全面履行国有企业出资人职责、专司国有资产监管职责,负责国有企业党的建设职责三项职责统一起来,推动管资本与管党建相结合,履行出资人职责与履行国有资产监管职责相结合,党内监督与出资人监督相结合,充分发挥专业化、体系化、法治化的监管优势,打造业务监督、综合监督、监督追责"三位一体"的出资人监督闭环,构建形成全国国有资产监管大格局,切实做到全面履职、高效履职。

其二是国有经济布局优化、结构调整、战略性重组和专业化整合取得明显成效。国有经济的布局主要集中在战略安全、产业引领、国计民生、公共服务等领域，通过大力推进战略性重组和专业化整合，中央企业数量从十年前117家调整至97家。全面完成"僵尸企业"处置和特困企业治理，建立压减长效机制，累计减少法人户数占总户数的38.3%，管理层级全部压缩到五级以内。全面收官剥离企业办社会职能和解决历史遗留问题，全国国有资产系统监管企业2万多个各类公共服务机构、1500万户职工家属区"三供一业"基本完成分离移交，超过2000万退休人员基本实现社会化管理，有效解决了长期以来政企不分、社企合一的问题。

其三是国有企业市场化经营机制和活力效率取得明显成效。劳动，人事，分配三项制度改革在更大范围、更深层次破冰破局，中长期激励政策工具广泛应用。混合所有制改革有力促进了经营机制转换，2013年以来，国有企业改制重组引入各类社会资本超过2.5万亿元，目前中央企业和地方国有企业混合所有制企业户数占比分别超过了70%和54%，一大批企业以混促改，完善公司治理，提高规范运作水平，深度转换机制，活力和效力显著提高。

今天，中国国有企业在规模体量、功能作用、市场影响、支撑保障等方面发挥着无法取代的重要作用，国有企业在核心竞争能力、资源配置能力、科技创新能力、企业治理能力、价值创造能力、产业变革引领能力和实现高质量发展能力都有了突破性的提升，国有企业已经发生了历史性的历史性整体发展蝶变。

中国不能没有国有企业，中国企业对国有企业的地位、功能、作用和影响应当有充分的自信，这是中国企业历史性整体发展蝶变的重要经验，也是中国企业区别于其他国家企业的重要标志，更是中国企业实现新发展跨越的重要优势。中国企业需要继续倚重国有企业，自信地做大做强国有企业，创建一批具有全球影响力的世界一流企业。

中国宝钢集团和武钢集团重组，是中国国有企业实现强强联合的创新典范。中国宝武集团先后重组了马钢集团、太钢集团、重庆钢铁和八一钢铁等多家地方大型国有钢铁企业，托管了中钢集团和昆明钢铁控股有限公司，已成为全球第一大钢铁企业，从宝武联合重组到2020年，中国宝武集团用三年的时间实现了"亿吨宝武"的历史性突破，产量由6 539万吨提高到1.15亿吨，相当于为共和国再造了一个宝武钢铁，走出了一条高质量发展之路，建设世界一流伟大企业之路和钢铁强国之路。

回顾宝武钢铁集团一路走来的四个主要历史阶段，折射出中国国有企业一段自强不息的奋斗历程和锐意进取的改革篇章，中国宝武集团是百废待兴的新中国走向工业化的标志，是改革开放的中国面向世界一流水平建设现代化企业的标志，是一个落后的农业国一跃成为全球工业强国的标志，是中国国有企业做强做优做大的成功典范。

今天的中国宝武集团是中国涉及国家安全和国民经济命脉的国有重要骨干企业，是中国钢铁工业的中坚力量和关键核心材料产业的明珠，并且已经完成从产业集团向国有资本投资公司的成功转型。

中国宝武集团创造了全球钢铁企业产业规模的发展奇迹。中国宝武集团的年钢铁产量占中国全国钢铁产量的10%，占全球钢铁产量的6%，相当于排名全球第二的印度全国的钢铁产量，是名副其实的"大可比国"。中国宝武集团创造了全球钢铁企业生产效率的奇迹。中国宝武集团作为中国钢铁产业的"定海神针""压舱石"，引领中国钢铁产业实现了二十年"不涨价"。为"中国制造"和"中国基建"提供了物美价廉的"工业粮食"，有力地支撑了中华民族迎来了从站起来、富起来到强起来的伟大飞跃。

中国宝武集团引领了以兼并重组推动企业实现跨越式发展的奇迹。以宝钢、武钢重组为标志，中国宝武集团引领中国钢铁企业进入了"大钢企"时代，也加速了全球钢铁产业进入中国企业主导的时代。

中国宝武集团实现了以科技创新为核心竞争力的转型升级。今天，以宝武为代表的中国钢铁产业已经建立了超越全球任何一个国家完整的钢铁产品品种结构体系，普碳钢、合金钢、不锈钢等22大类钢铁产品实现了自给，汽车用钢、大型变压器用电工钢、高性能长输管线用钢、高速钢轨、建筑桥梁用钢等稳步进入国际第一梯队，第三代高强度汽车钢、高钢级管线钢、手撕钢已实现跟随向领跑的跨越，中国宝武集团生产的钢材品种和钢材品质都已经达到世界一流水平。

中国宝武集团已经实现了从传统制造向智慧制造的转型升级。中国宝武集团充分利用大数据、人工智能等前沿技术将产业互联网与流程型制造紧密结合，智能制造和智能管理全面推行，一键炼钢、远程运维、无人工厂、工业机器人等逐步普及，装备水平和自动化程度完全可以和欧美日钢铁企业"掰手腕"。

今天的中国宝武集团已经从只能制造粗钢、低品质钢材，成长为具备研发制造特种钢材、高性能金属材料、轻金属材料、新型碳材料、新型陶瓷基复合材料等关键功能性材料能力的骨干央企，是为国家掌握大量关键新材料研发锻造能力、铸造更多大国重器的领军企业，是推动中国成为世界基建强国、制造强国、能源强国、军工强国的中坚力量，执行着推进中国生产和消费革命的时代任务，肩负着保障国家材料安全和特殊需要的国家使命，承担着为国家冶金工业解决"卡脖子"技术难题的长子责任，作为产业集团具有强大的产业变革引领能力，作为国家资本投资集团具备卓越的投资并购和资本培育控制能力，是当之无愧的强国重企!

回顾中国宝武集团在中国共产党的坚强领导下不断做强做优做大的改革发展历程，我们看到了中国钢铁工业从"追赶"到"引领"的砥砺奋斗，看到了一家中国国有企业从"模仿"到"自主"的自强不息，看到了一家传统钢铁企业向打造以绿色精品智慧的钢铁制造业为基础，新材料产业、智慧服务业、资源环境业、产业园区业、产业金融业等相关产业协同发展的"一基五元"多元化发展方向的开拓进取，看到了一家传统钢铁企业向智能制造引领、科技创新引领、产业变革引领和资本投资引领转型升级的坚定决心，更看到了中国宝武集团的国家民族意识，无论过去还是将来，中国宝武集团都将企业的发展与国家民族的命运紧密结合在一起，并从中汲取精神、力量和智慧。

中国宝武集团只是中国国有企业以自身做大做强推动国家发展强大的一个典型。在交通、航天、电力、石油、化工、航运等许多重要基础性产业中，中国国有企业作为"国家队"还有许多这样的典型和生动事例，它们以自己的奋斗、贡献和成功证明：中国国有企业始终是中国共产党和国家最可信赖的依靠力量，始终是中国企业强大的坚强支柱。

四、世界经济增长的主要推动力量

中国企业在世界百年未有之大变局中已经成为重要的自变量，其作用越来越显著，影响越来越广泛，肩负的责任越来越重大。中国企业正在世界经济舞台上扮演着主导、引领行业发展方向的主角。

改革开放以来，中国企业在市场经济和全球化的催动下，逐渐成长为推动中国经济增长、支撑中国经济发展的主要支柱。

回顾新中国改革开放以来的40多年，消费、投资和出口始终是拉动中国经济增长的"三驾马车"。政府、企业和百姓支出的每一分钱，都由中国企业转化成为推动中国经济快速发展的动力，转化为夯实中国经济社会发展基础的保障。中国企业也因此成为支撑和推动世界经济增长的重要力量。

中国企业的发展强大和整体蝶变推动中国成为全球经济增长的主要动力引擎。2008年美国次贷危机引发的国际金融危机，使美欧日等主要发达经济体深陷萎缩之中，中国经济率先于2009年第二季度复苏，并始终保持中高速增长，有效带动了全球经济复苏。统计数据显示，美国经济于2009年第四季度才开始复苏，欧盟经济直到2010年才开始复苏。据IMF统计数据测算，2009年至2018年，中国对全球经济增加值增量的贡献率高达34%（按市场汇率核算），稳居世界第一。

中国企业的历史性整体发展蝶变离不开经济全球化，经济全球化也无法离开中国的庞大市场需求。中国经济的繁荣、中国人民生活水平的提升、中国企业的发展以及生产能力的升级也为世界各国创造了巨大需求，而中国企业则是沟通中国市场与全球市场的重要桥梁。据统计，2009年至全球新冠肺炎疫情暴发前，中国商品进口额增长了1.12倍，达到2.14万亿美元，高于商品出口额的1.07倍；服务进口额增长了3.3倍，达到5 258亿美元，高于服务出口额的1.63倍。需要特别指出的是，中国的服务进口额中旅游服务占了一半以上，按照统计口径，旅游服务进口中相当一部分是属于中国消费者在境外直接购买各类商品的支出，对旅游目的地经济拉动作用十分明显。

中国企业为优化全球生产要素配置、扩大全球生产可能性曲线作出了巨大贡献。中国加入世界贸易组织以来，其主要比较优势集中于熟练普通劳动力、良好的基础设施以及完善的制造业体系，因此在全球价值链分工中主要承接了最终产品制造等直接面向消费者的环节，在全球生产要素总投入不变的情况下，既提升了中国本土生产要素的使用效率，也有效提升了美国、欧盟、日韩乃至广大新兴国家生产要素的使用效率。这种密切分工协作关系一旦被割裂，全球生产效率将大幅度下降，产业链条上的各国企业利益均将受损。

五、中国企业时代的机遇与挑战

中国企业时代的到来意味着中国崛起强大和中华民族伟大复兴已经进入加速期距离最终目标将越来越近,预示着中国特色现代企业制度和治理结构日趋完善和成熟,也预示着中国企业将面临前所未有的机遇和挑战。

20世纪80年代以来,世界见证了中国在世界舞台上的快速崛起,而21世纪的前30年毫无疑问将是中国完成崛起强大的关键时期。"中国的崛起是我们这个时代最重大的事件。一个占世界人口五分之一的国家实现复兴,其影响是深远的,使全球重心从西方转移到了东方。"这是英国《金融时报》对中国崛起的论断。中国正在日益走近世界舞台中央,而在经济领域和全球企业的舞台上,中国企业已经站在了聚光灯下。

需要指出的是,中国企业时代的到来并不是中国企业独自起舞、唱独角戏的时代,而是中国企业跻身成为世界经济的主角之一,但不会谋求成为唯一的主角。20世纪80年代,在日本经济快速发展的带动下,世界也曾惊呼过"日本企业时代"到来,但事实是,"日本企业时代"并没有延续多久,世界经济又回到了美国企业"唱独角戏"的时代。因此,中国企业时代的到来注定充满机遇与挑战,我们必须深刻而理性地思考其中的重大影响和深远意义。

中国企业的时代将是一个充满更多机遇的时代,是一个中国企业与世界各国企业平等分享发展红利的时代。中国企业作为连同中国与世界的枢纽,不仅将全球五分之一的人口带入了世界贸易体系和经济全球化体系,也向世界敞开了中国广阔的市场空间,将全球市场潜力和一体化程度提高到了一个史无前例的水平。而由不断扩大的世界市场带来的规模更大和深度更广的国际分工则为促进世界生产、就业和消费以及提高各国福利水平提供了新的机遇。

中国企业时代是中国企业不断拓展朋友圈的时代,也是中国企业要扛起更多责任的时代。当中国企业站在世界舞台中央,需要比以往任何时候都更加清醒地认知自己,中国企业有哪些优势,还存哪些短板弱项,世界对中国企业有哪些期待,中国企业能为世界经济带来怎样的改变。中国企业不再只是国际经贸体系的参与者,而是一个贡献者、建设者,这是中国企业历史性的角色转变。"亲诚惠容"的周边外交理念,义利兼顾、以义为先的义利观,结伴而不结盟的伙伴关系,合作共赢的新型国际关系,同舟共济的人类命运共同体……这些理念与倡议,既是中国调试自身与世界关系的因应之举,也是中国企业在新时代需要传递给世界的中国声音、中国责任和中国智慧。

中国企业时代是中国企业自己奋斗出来的时代,中国企业时代的延续也需要中国企业持续地奋斗。中国经济的快速崛起和中国企业的发展壮大,加速了全球范围内经济活动主导权的重新分配,这使得中国与美国在对外贸易和政治关系上的摩擦不断增加,并将引起一些全球性外部效应,这是中国企业时代必然要面对的主要挑战和长期环境。一方面,新冠肺炎疫情仍在蔓延,经济全球化的正常交往流动仍面临严峻挑战,本就抗风险能力较弱的中国中小企业还将受到疫情的持续冲击;另一方面,美国"去中国化""实体清单"制裁等逆全球化的举措将会严重破坏全球产业链，影响全球供应链安全，恶化国际经济合作环境，将对全球各大经济体产生不同程度的负面影响，给中国企业的发展预期增加了诸多不确定因素，但这些都无法阻止中国企业时代的到来！

中国企业的发展蝶变是中国企业百年积淀和探索的成就，中国企业所经历的任何一个历史时期，即使是中国企业的至暗时刻也是蝶变历程中不可忽视忘怀的重要组成部分。与美国、日本、德国等其他企业大国、经济强国相比，中国企业的发展蝶变历程经历了更多的曲折和磨砺，而成就中国企业今天荣耀，恰恰是这一百年来它所经历的挫折、苦难和奋斗成功。

中国企业的历史性整体发展蝶变是改变中国的大事件，也是影响世界的重要变量。世界正处于百年未有之大变局中，以中国为代表的新兴经济体力量渐次崛起，正是改变两百多年来以西方为中心的全球政治经济格局的重要变量，而中国企业的崛起强大也是撬动全球经济重心转移的重要杠杆。

我们对于中国企业实现历史性整体发展蝶变的认知还尚显粗浅，难免会有不成熟的主观臆断，对于上述的可标识性要素和显著特征的提炼也难免还会有疏漏。我们只是希望中国企业能够以一个整体的概念引起全社会的广泛关注和普遍认知，中国企业的发展强大应当被更多地深入解读和系统研究，因为只有这样，才能更加了解中国企业、尊重中国企业、支持中国企业、发展中国企业，中国企业的力量才能够更好地汇聚成为一股改变中国、影响世界的整体性力量。

重企强国②

第二部分

中国企业的新发展跨越与时代新使命

★ 第五章　从"大"到"伟大"
★ 第六章　补齐短板弱项　增强核心能力
★ 第七章　大变局与新挑战
★ 第八章　中国企业的新使命

世界已经进入百年未有之大变局,中国已经进入新时代,中华民族伟大复兴已经开始第二个百年奋斗目标,中国企业已经完成历史性整体发展蝶变并跻身于世界企业舞台中央,中国企业必须加快实现从追赶时代、影响时代到引领时代的转变,才能在世界百年未有之大变局中牢牢掌握发展主动权。

中国企业历史性整体发展蝶变是中国崛起强大的重要组成部分和重要标志,是中华民族伟大复兴的重要阶段性成就,是中国企业发展新跨越的序章而不是过往奋斗的谢幕。中国企业肩负的国家崛起强大和民族伟大复兴的使命责任,对加快做强做优做大的内在发展需要,对创建具有全球竞争力的世界一流企业的目标追求,其自身促进世界经济持续繁荣发展和构建人类命运共同体的责任担当,对有效应对美国围堵打压和全球新冠肺炎疫情引发世界经济深度调整的迫切需要,都在鼓舞、指引、催动和倒逼中国企业必须尽快启动,加速实现新发展跨越。中国企业通过集体奋斗实现新发展跨越,成为国家崛起强大和民族复兴的重要支撑力量。中国企业进一步提升服务国家重大战略的能力、科技自立自强的能力、国际化经营的能力、重大风险防控的能力、引领产业变革创新的能力、价值创造和持续盈利的能力、现代企业科学治理的能力和构建国内国际双循环的能力,以自身核心能力提升构建实现新发展跨越的强大支撑。

中国企业在百年蝶变中所展现的自强不息和拼搏奋斗精神已经成为中华民族复兴之路上的共同记忆、宝贵财富和成功保障。中国企业已经站在新的发展起点和历史交汇处,将面临怎样的严峻挑战和发展机遇,应当承担怎样的国家使命、民族责任与时代任务，直接决定了中国企业未来的前途命运、地位作用和发展成就，也直接影响着中国的社会进步乃至世界的经济发展，需要中国企业有新的深入思考和创新实践。

我们聚焦中国企业自身发展需要，中国企业所肩负的国家使命和民族责任以及面对世界百年未有之大变局的机遇与挑战，尝试提出中国企业必须尽快启动新发展跨越的时代命题。

中国企业当前面临的内外部发展环境已经发生了巨大而深刻的变化。中国企业已经实现了历史性整体发展蝶变，在多个产业领域处于全球引领地位，成为推动国家发展进步最有效的杠杆，成为繁荣社会主义市场经济最重要的主体，成为推动国家富强、民族复兴、社会进步的主要力量之一。与此同时，中国企业快速发展所积累的问题和短板已经显现，源自西方的企业治理理论已经不能指导中国企业的新发展实践，美国等西方国家已经开始遏制中国企业进一步发展强大。中国企业必须在探索创新中勇毅前行，肩负起时代赋予的新使命，实现新的发展跨越，作出新的伟大贡献。

中国企业实现新发展跨越是中国企业遵循现代企业发展规律服务国家富强和民族复兴的需要，是把握时代机遇与迎接挑战的主动作为和集体行动自觉，具有明确的目标方向和实现路径，是使命使然、理性自觉和智慧之举。中国企业实现新发展跨越的本质是在历史性整体发展蝶变的基础之上，系统性补齐短板弱项，集中解决前期发展遗留问题，突出提升核心能力，聚焦高质量发展，实现从大到强大、从优秀到卓越的发展跨越。

第五章
从"大"到"伟大"

面对世界百年未有之大变局,中国企业所面临的挑战和压力并不因为已经实现历史性整体发展蝶变就会变得更小,时代也不会给中国企业以特殊的眷顾。如果中国企业不能在第一次实现历史性整体发展蝶变的基础上持续推动新的发展跨越,那么第一次历史性整体发展蝶变所形成的优势将无法保持,成功也将难以继续。

从"大"到"伟大"是中国企业实现新发展跨越的内在要求和根本目标。中国企业在完成第一次历史性整体发展蝶变后,需要重新审视自身的地位与定位,以全新的视角明确自身优势与成功经验,以更高的视野格局认知中国企业所肩负的使命责任,同时也需要深刻地认识到中国企业已经具备了推动和实现新发展跨越的优势和条件,中国企业推动和实现新发展跨越是世界百年未有之大变局背景下的使命必要性。

一、发展是现代企业的基因和本能

企业的一切都是为了发展，发展是为了企业的一切，企业只有永不停息地发展进步才能对抗衰败和消亡。现代企业承袭并放大了人类本性中对发展的渴望与追求。它以制度的方式将发展写入了现代企业的章程，融入了现代企业的文化血脉，现代企业也成为人与人以发展为目的所形成的共同体。正是基于这种共通的发展需要和本能追求，现代企业制度才能打破国界、民族、文化和意识形态的壁垒在不同的国度和民族文化土壤中落地生根，才能承载着全人类对发展、对进步、对美好生活的共同向往和追求，从西方走向世界，从历史走向未来。

现代企业制度及其三大核心制度（法人制度、股份制度和有限责任制度）把"发展"制度化并内生构造为企业的核心功能与本能需求，追求发展强大是现代企业的基本规律、根本任务和存在价值。放眼世界，纵观历史，没有一家现代企业在章程中限制企业自身的发展壮大，也没有一个国家的法律限制企业的合理发展。对中国企业而言，发展是现代企业创业、创新、创效、创富的初衷，是回报股东、员工、社会、国家的途径，是主动连接资源、要素、契约、权利的动力，是主动应对风险、危机和不确定性的保障，是实现自我迭代的前提和长期存续的基础。

在发展的问题上，中国企业有着特殊的深刻认知。在改革开放前的计划经济时代，中国企业都是单纯的生产单位，计划经济体制切断了企业与市场的直接联系，企业也没有发展的自主权。这段经历对于新中国和中国企业而言并非都是消极和负面的，它受制于当时的生产力发展水平、生产资料所有制、计划经济体制、居民消费能力等诸多方面的因素,并且这种对于企业功能和作用的认知偏差为中国后来的改革开放奠定了思想解放的基础,也为探索建立社会主义市场经济体制凝聚了共识,扩展了对中国经济体制和社会管理体制深度改革的空间,为现代企业制度在中国的重新回归积淀了重要基础,也让中国企业更加坚定地崇尚发展和信仰发展!

改革开放使中国企业焕发了现代企业制度赋予的发展本能、重新拥抱全球市场,中国企业更加坚信发展永远是决定企业前途命运的第一要务。中小企业渴望发展,因为只有发展才能存续;大型企业必须发展,因为只有发展才能跻身世界一流;世界一流企业更要发展,因为只有发展才能不会被后来者超越。对任何企业而言,从来没有一劳永逸的奋斗和积累,只有不断提升的目标、永无止境的发展和不间断地改革蝶变。文明的现代商业社会依然延续着原始的丛林法则,遵循着优胜劣汰、适者生存、强者主导的规律。从企业个体到企业群体,失去对发展强大的渴望和拼搏,也就意味着滑入了衰败和消亡。

自2019年中国上榜《财富》杂志世界500强的企业数量历史上首次超越美国,中国企业也将竞争目标定位于全球头号企业强国——美国。但是,我们同时也忽略了一个十分重要的企业群体——日本企业。日本企业曾一度与美国企业并驾齐驱,但随着日本经济陷入停滞和中国企业的快速发展,日本企业的地位逐渐被中国企业所取代,日本企业在全球企业舞台的崛起与衰落也生动证明了发展对于现代企业的重要性。日本是举世公认的经济强国、制造强国和企业强国，《财富》杂志从1995年开始统计世界500强企业，当时的日本GDP高达5.45万亿美元，人均GDP达4.3万美元，日本经济的辉煌直接体现在日本企业的整体实力和日本大企业的规模上，这一年有149家日本企业上榜《财富》杂志世界500强，仅比美国少两家，而且世界500强前10大企业中有6家是日本企业，美国企业只有3家，而当时中国大陆只有2家企业上榜。日本上榜企业的收入占世界500强总收入的比例达到37%，名列全球第一。但之后，随着日本经济发展陷入长期停滞，日本世界500强企业数量也一路下滑，到2015年只有54家，大约为1995年的1/3，近几年基本保持了稳定，到2020年为53家。

近年来，日本的世界500强企业无论从营收还是利润在与中美两国同行业企业的横向对比中都在下滑，并且日本上榜企业大多集中在传统的金融、汽车制造、电信、电力、能源等行业，而中美早已提前布局新兴的信息与通信技术产业并且分别培育了一大批世界级企业，中国、美国各自都有数家利润超过100亿美元的信息与通信技术企业，特别是美国，苹果和微软两家企业的利润比世界500强榜单上所有日本企业的利润之和还要高。同时中国、美国的新兴产业企业也在抢占日本传统产业企业的市场，最为典型的例子就是美国苹果、中国华为等智能电子产品企业的兴起抢占了日本佳能、尼康和奥林巴斯等传统消费电子企业的市场，中国的华为、腾讯、百度等纷纷与中国汽车企业联合开拓新能源汽车智能驾驶业务，这也给日本丰田、本田等传统汽车制造企业形成了直接的竞争压力。

日本现在仍然是极具国际竞争力的企业强国，在汽车、冶金等传统制造和半导体材料、电子元器件等信息科技领域依然占据全球领先地位，但日本企业的整体发展速度和大企业的发展效率已经落后于中国企业和美国企业。这充分说明，全球企业的舞台是零和博弈，没有强者恒强、大者恒大的定律，一个国家的企业一旦减缓发展进步的速度，就将被竞争对手甩在身后。

我们也应当看到，并不是日本企业主观上不想继续发展，而是日本企业的强势崛起撼动了美国企业的霸主地位，作为日本"盟友"的美国用一系列手段限制了日本企业的发展，而日本企业也不得不接受"广场协定"这样的城下之盟。即便是日本这样的全球企业强国，其发展的主动权仍将长期受制于美国。对许多国家的企业而言，最难的是自主发展，很多国家的企业不是缺乏发展的需要和动力，而是缺乏发展的环境和条件，像中国企业这样能够主动发展、自主发展、持续发展是让许多国家企业羡慕的重要优势。

中国企业的发展既需要有本能的驱动也需要有目标的指引，中国企业的发展本能就是不断做大做强做优，发展目标就是力争成为行业领军企业、世界一流企业和强国重企，这是中国企业最崇高的理想追求。

二、伟大企业与基业长青

"大"到"强大"再到"伟大"是现代企业的崇高追求。探求推动事物发展背后的动因往往是复杂的,当我们研读那些被视为行业标杆、以产品改变世界并被世人称颂的伟大企业传记时,最想探求的答案莫过于是什么力量驱使它们完成了一次又一次从"大"到"强大"再到"伟大"的连续蝶变,续写百年长青基业的传奇。

1915年,经营家族木材生意的美国富商威廉·波音第一次乘坐了水上飞机。由于没有乘客座舱,威廉·波音被绑在机翼上完成了人生的首次飞行。由于当时的飞机主体都是木质结构,这让威廉·波音极为兴奋,因为能够飞上天的木头就不再是普通的"木头",威廉·波音坚定了企业未来的发展方向——航空产业将是一个改变人类未来的新产业。于是,威廉·波音于1916年创办了"太平洋飞行产品公司",并于次年更名为"波音飞机公司"。一百多年来,波音公司经历了激烈的行业竞争、残酷的分拆重组、战争的重重考验,也经受了多次空难的打击和质疑。今天,历经百年的波音公司已经成为人类航空工业的代名词,成为举世公认的世界一流企业。

波音公司的创业发展历程不仅生动演绎了企业是如何从"大"到"伟大"的,更诠释了企业如何持续"伟大"。在车库起家的美国惠普电脑公司,从代理销售交换机开始创业的中国华为公司,从制造电饭锅、收音机起步的日本索尼公司……这些世界级企业从籍籍无名走向行业巅峰,它们创造的不仅是改变世界的产品,书写的不仅是励志的创业故事,更用事实说明了一个朴素的真理——没有天生的强大企业,只有坚持不懈才能做大做强。

与人成长过程中的"马斯洛需求"[1]类似，现代企业在不同的发展阶段也有不同的发展目标和成长需求。在中小企业阶段，发展是为了满足企业最基本的盈利和存续需要，实现对股东和员工的回报。当企业做大做强，具备了一定的抗风险能力和发展基础，几乎是所有的大企业都有了一个共同的新目标和崇高追求：成为行业的领导者，实现基业长青，在更长的时间尺度上和更宽广的空间范围内创造更大成就，成为世界一流企业！当大企业开始自觉或不自觉地承担起对行业、对社会、对国家的责任，企业发展的目标开始从经济效益拓展到政治影响、社会效益和国家地位，以强大的核心竞争力和卓越的影响力支撑企业不断进步强大，以改变世界、影响未来的伟大创新和伟大产品推动人类共同发展进步，以一次又一次的发展跨越蝶变获得永续的发展动力，企业从此走上了从"大"到"伟大"的跨越蝶变之路。

无论是企业还是国家，"大"只能引起世人的惊叹，"强大"才能把握并决定自身的命运发展轨迹，"伟大"才能赢得敬畏和尊重。从"只有工厂、没有企业"到全球企业大国，中国企业创造了现代企业制度诞生以来的伟大成就和发展奇迹。今天的中国已经拥有一批世界级大企业、大工厂、大产业，这是中国改革开放的伟大功绩，是中国崛起强大的必然结果，也是中国企业奋斗拼搏的自豪成就。

"大"并不等于"强大"，"强大"也并不一定都能成就"伟大"。"大"是"强"的准备，"强"是"大"的归宿。百年的历史积淀、

---

[1] 马斯洛需求理论由美国社会心理学家马斯洛提出，需求层次理论是心理学中的激励理论，包括人类需求的五级模型，通常被描绘成金字塔内的等级。从层次结构的底部向上，需求分别为：生理需求，安全需求，社交需求，尊重需求和自我实现。

四十多年的改革开放成就，共同促成了中国企业的第一次历史性整体发展蝶变，中国已经解决了现代企业有没有、够不够和大不大等基础问题。现在中国已经不缺大企业、大产业，但缺少掌握关键技术具备全球竞争优势并拥有世界知名品牌和全球影响力的世界一流企业，中国企业必须完成从"大"到"强大"再到"伟大"的新发展跨越，如果没有一批"强大""伟大"的世界一流企业做支撑，中国企业的"大"就不可能持续，中国就只能是全球企业大国而不能真正成为世界企业强国。

并非所有的中国企业都有条件有能力和意愿成为世界一流企业。但是，缺少一批世界一流企业的中国企业在整体结构和功能作用上就不完整，在企业生态系统上就会有风险，在经济全球化中的影响就无法全面发挥，因此必须有一批具备条件的中国企业为所有的中国企业站出来、扛起来、走上去，加快建成世界一流企业，有更多的中国企业跻身世界一流是评价中国企业新发展跨越成功的重要指标之一。

对中国企业而言，实现新发展跨越是一种自我鞭策、自我升级和自我激励，只有不断提出更高的目标，才有不断发展向前的方向、动力和决心。企业寻求外延式扩张最终都会触碰到技术瓶颈、行业边界、利润天花板和市场壁垒，这就需要中国企业始终向内寻求发展质量的提升，向外跨界拓展新的发展领域，向上打破已有的行业天花板，不断提升企业的核心能力和竞争优势，实现从"大"到"强大"再到"伟大"的蜕变和迭代，中国企业才能不断增强综合实力和发展能力，提升影响力和竞争优势，打造长青基业，实现可持续发展。

三、止步于"大"是潜在结构性风险

从"大"到"强大"是事物实现长期存续发展的内在需求和基本逻辑。"大"是企业发展过程中的特定阶段而不是最终"结果",如果企业仅仅以追求"大"为最终目标,那么企业也将止步于"大",终结于"大"。

人类历史上的奥斯曼土耳其帝国、奥匈帝国等疆域广袤的大帝国,美国安然集团、雷曼兄弟银行等名列世界500强、显赫一时的大型跨国公司都印证了一个事实,无论是国家还是企业,止步于"大"是危险的状态。大而不强会暴露出结构性隐患,引发系统性风险,还会给觊觎超越或酝酿兼并的竞争对手以可乘之机。

2000年1月,美国在线宣布以1810亿美元的"天价"收购时代华纳,两家企业将合并组建全世界最大的跨媒体集团。美国在线是当时美国风头正劲的互联网内容提供和接入服务企业;时代华纳则是历史悠久的老牌传媒企业,其事业版图横跨出版、电影与电视产业,包括《时代》周刊、《体育画报》《财富》杂志、CNN、HBO等具有全球影响力的媒体品牌和积淀百年的内容资源。当时,传媒行业、互联网行业和金融资本行业都普遍看好这种新旧媒体结合、打通全产业链的模式。人们普遍认为,新兴的互联网企业需要具有吸引力的海量内容资源,而传统媒体则需要互联网这个21世纪最具发展潜力的新媒体平台,美国在线和时代华纳的合并代表了传媒业未来的发展方向:渠道服务商和内容供应商的结合方式,意味着传统与现代产业相融合的可能。

然而,这艘"传媒航母"却并没有人们想象的那样"强大"。据《财富》杂志统计,美国在线和时代华纳在2001年正式合并后，新公司在"《财富》杂志世界 500 强企业"的排名中从第 271 位迅速跃升至第 37 位，但美国在线—时代华纳公司在 2002 年的第一个季度就出现 542.2 亿美元的大幅亏损，创下了美国企业历史上季度亏损的最高纪录。2002 年，美国在线—时代华纳公司排名跌至第 80 位，亏损额高达 987 亿美元，相当于智利与越南的 GDP 之和。2003 年，时代华纳反客为主，将公司名称中的"美国在线"抹除。2009 年，曾雄心壮志收购时代华纳的美国在线公司被彻底剥离。美国在线 - 时代华纳这艘传媒航母从起航到被分拆甚至还不到十年，从令人称羡的"世纪并购"演变为 21 世纪"最为失败的合并范例"。

美国在线与时代华纳的合并已经成为 MBA 教学的经典案例，分析两家企业成败得失的文章有很多，比如互联网泡沫的破灭、错失了向宽带业务转型的机遇、企业文化对立冲突等等。但是，如果我们仅从美国在线的视角去回看，那么美国在线与时代华纳并不是"强强联合"，而是财"大"气粗的美国在线对百年"强"企时代华纳的强行兼并，美国在线只是被资本吹嘘、膨胀起来的互联网"大企业"，它并不具备主导、包容、发展成一家全媒体产业集团的能力。

中国有句古话："德薄而位尊，知小而谋大，力少而任重，鲜不及矣。"[1] 这句话对于企业也同样适用，企业对自身的优势、劣势和发展能力的认知应当始终清醒，特别是在成为"大企业"后对资本市场的诱惑尤其要冷静。企业要做大，只需要在资本市场上用几个小时就能实现体量规模的翻倍；但企业要做强，通常需要

---

[1]《周易·系辞下》孔子说过：德行浅薄而地位高贵，智能低下而心高志大，力量微弱而身负重任，这样的人没有几个是不遭受祸害的。

十几年甚至几十年如一日地坚持主业，做强做优，潜心创新、做精产品、培育人才，持之以恒地实施科学管理才能成功。

有人曾经做过统计，50年前的世界500强榜单，现在依然留在榜单中的企业已不到10%。10年前的世界500强企业，至少有20%已经跌出了榜单。中国企业在整体上已经实现了"从无到有、从少到多、从小到大"的跨越式发展，并且在许多领域具备了"从弱到强"的引领优势，但我们必须清醒地认识到，中国企业还没有实现整体上的"强"和"优"，仍然存在一系列的短板弱项，在一些关键领域还受制于人，存在不少"卡脖子"的风险，与西方的世界一流企业在核心竞争力、发展质量、发展方式、科学管理和战略布局方面还存在较大差距。如果中国企业不能尽快完成从"大"到"强大"的新蜕变，不能树立打造"伟大"企业的集体目标并为之共同奋斗，那么中国企业也将止步于"大"完结于"大"。

四、大国须重企，重企必强国

中华民族在近代以来的第一次觉醒是鸦片战争后，第一次集体觉醒是中日甲午战争后，民族危机激发了中华民族的觉醒，也促成了中国民族工商企业的萌芽，中国企业自诞生起就背负着富强国家和复兴民族的使命，这是中国企业与生俱来的民族基因，也成为中国企业与西方企业最大的不同。

对中国而言，在洋务运动时期将现代企业制度引入中国的初衷是因为现代企业具有能够富强国家的工具属性，在于企业能够在旧中国科技和教育尚不发达的条件下倍增国家当时所能拥有的生产力。

新中国成立后,特别是改革开放以来,中国的发展强大成为全世界有目共睹的事实,与新中国成立时相比,中国的领土面积和资源禀赋没有改变,但中国的人口却从4亿增长到14亿,从一个落后的农业国一跃成为消灭绝对贫困的全面小康国家,因为中国的商品供应极大丰富,粮食产量极大提升,中国不仅能够养活14亿多的人口,还能以庞大的工业、农业和服务业产品出口供应世界所需,这背后离不开中国企业的强大生产能力和高效资源配置能力。中国的常备军队从新中国成立初期的550万、抗美援朝后的627万裁减到现在的200万,中国的军事影响力和威慑力不但丝毫没有减弱,反而达到了前所未有的高度,军事实力仅次于美国和俄罗斯,位居世界第三,强大的人民军队正是在中国强大、健全的工业制造体系和装备研发生产制造能力和健全的军工产业体系保障下,不断发展强大成为世界一流军队,充分彰显了新中国的强大!

中国企业是中国与世界相互连接的重要枢纽。在历史上,中国与周边国家和全世界沟通联系的途径是多种多样的,既有和平的商贸往来、文化交往、政治朝贡、宗教传播,也有非和平的军事扩张、战争冲突,这些都是中国与世界相互连接的枢纽,也是中国与世界相互认识的窗口。无论是商贸、文化、宗教还是军事,这些枢纽彼此之间都不是孤立的存在,而是彼此紧密联系和交织在一起,比如古丝绸之路的商贸交往,就伴随着汉帝国在河西走廊的军事扩张,与匈奴和西域诸国的政治合纵,中原文明与西域文明的文化交流和宗教传播。今天，和平与发展是时代的主旋律和国与国交往的主流，中国企业扮演着中国与世界联系沟通的重要角色。麦肯锡曾分析了全球186个国家和地区的贸易对象，其中33个国家的第一大出口目的地是中国，65个国家的第一大进口来源地是中国，而构建这种经贸联系的桥梁就是中国企业。大到高铁、水电站、核电站、卫星发射，小到服装鞋帽，中国企业将中国设计、中国制造、中国技术、中国质量、中国文化传播到全世界，也将世界先进的理念、科技和文化带到中国，一个强大的连接枢纽是中国与世界密不可分的关键。

新中国的发展改革实践充分证明，一个能源保障充分、粮食供应充足、商品服务丰富、武器装备独立自主、对外自信开放的国家，没有不富强的理由。为国家提供这种富强底气的正是庞大且伟大的中国企业，能够将现代企业制度成功实践于中国改革发展实践的，就是中国共产党领导的中国特色社会主义制度，正是中国引进、吸收并发展了现代企业这一制度工具，同时结合中国的国情和发展需要进行了深度本土化、时代化和创新实践并取得伟大成就。

中华民族的伟大复兴需要强大的经济、科技、文化和国防力量作为支撑，经济实力是发展科技、兴盛文化和巩固国防的前提和基础，中国的和平崛起也一定以全球经济强国和企业强国的形象被世人所认识和接纳。中国作为世界大国，中华民族作为一个历史悠久并创造了辉煌文明的民族，我们需要不断地深化认知现代企业的特殊工具属性，用好用足并发展好现代企业这个强大的制度工具和重要力量去支撑国家崛起强大和民族复兴。这需要上升为社会共识和民族自觉。

加快推动中国企业实现新发展跨越是所有中国企业的重要使命责任。中国已经是名副其实的世界第一企业大国,但还不是真正意义上的全球企业强国。实现第一次历史性整体发展蝶变后的中国企业比以往任何时候都有条件、有能力,通过新发展跨越培育、发展、壮大一批在各行各业都具有国际竞争力并能够代表中国、服务世界的强国重企。

重企能够强国,重企必将强国。对国家而言,强国重企以其强大能力、独特功能和广泛影响,成为政府、军队之外,又一支能够保障国家安全、维护国家利益、履行国家使命、服务国家战略的重要力量。现代企业的重要价值还在于能够超越国界和意识形态的边界,在政府、军队、政党所无法触及或不便触及的领域发挥重要作用和强大影响。今天,国家的综合实力正在被强大的企业和庞大的市场规模所定义,国家的影响范围正在通过企业的商业版图得到确认,国家之间的角力博弈正在企业之间的谈判桌上进行。强国重企在推动能源革命、信息革命、产业革命等方面扮演着无法替代的重要角色,是打造军工强国、航天强国、网络强国、能源强国、海洋强国、生态强国、金融强国、数字强国的主力军。

中国企业的新发展跨越是为了强企,更是为了强国,有了强大的中国企业作支撑,国家安全才有充分保障,国家利益才能有效维护,国家地位才能更好巩固,中国才能有充分的底气和自信应对任何霸权国家的挑衅。

中国企业的发展命运轨迹与国家和民族的发展命运轨迹高度

重合，国家强盛崛起的上升期也是中国企业做强做大实现发展跨越的重要机遇期。中外历史反复证明：企业与国家的发展紧密相连，国家强则企业强，企业兴则国家兴。一个国家所拥有企业的数量与质量，特别是大企业的数量和质量与国家实力、国际影响力、国际话语权和国际地位呈高度正相关关系，国家与企业之间存在着紧密的共同体关系。

随着中国的发展强大，全球政治经济格局正在经历新一轮深度重构，这背后是中国经济、政治、军事、文化、科技、教育等综合国力的大幅提升，也同样离不开中国企业的强势崛起。中国需要强大的中国企业去支撑，推动国家和民族的持续发展强大，中国企业只有完成从"大"到"强大"再到"伟大"的两次历史性整体发展蝶变，才能承担起新时代所赋予中国企业的国家使命，实现与国家的同频共振、互相支持、共同进步。如果中国企业不能抓住国家崛起强大的历史机遇完成新发展跨越，将是对时代机遇的莫大辜负。

第六章
补齐短板弱项　增强核心能力

中国企业从国营工厂、民营作坊、合资代工厂起步，发展到能够在今天的世界500强榜单中与美国企业比肩"掰手腕"，能够赢得"世界工厂""基建强国"的赞誉，能够在全世界骄傲地打出中国制造的品牌，这样的发展成就值得骄傲和自豪。中国企业既要自信地看到第一次历史性整体发展蝶变后的优势，更应当清醒地认识到与西方世界一流企业之间的差距。中国企业在实现第一次历史性整体发展蝶变后仍然存在一些短板和不足，特别是战略牵引发展能力不足、关键核心技术受制于人、产业链中高端控制力不够、国际经营能力不强、盈利能力不能持续和中小企业风险防控能力较弱等普遍性的短板弱项，需要系统地补齐短板弱项，提升关键核心能力，构建中国企业更加强大的系统能力和关键能力。中国企业的新发展跨越需要调整以规模扩张驱动发展的模式，引导中国企业走中国特色发展之路、高质量发展之路和内涵式发展之路，这是中国企业新发展跨越的目标和路径所在。

一、提升战略牵引发展能力

改革开放以来,特别是中国加入世界贸易组织以来,一大批中国企业迅速做大,被寄予了引领行业进步、代表中国企业走上世界舞台中央的期望。华为、大疆、比亚迪等中国企业不负众望,纷纷成功跻身本行业的世界一流行列。这些优秀的中国企业尽管所在行业和领域不同,但它们的成功都有一个共同点——通过战略引领推动企业实现跨越式发展。其中,华为在3G时代就抢先布局5G通信标准制定,抓住了全球移动通信智能化和普及化的战略机遇,成功跻身全球领先的通信与智能终端设备供应商,成为5G时代的"大赢家";大疆敏锐地瞄准了无人机在民用领域的市场空白,用独辟蹊径的发展新战略打造了全新的民用消费级无人机市场,将无人机做成了像"手机"一样的产业平台,并辐射到农业、教育、工程测绘、应急救援等多个细分市场,从创造产品到创造市场,成功占有全球民用无人机市场70%的份额。比亚迪在传统燃油汽车时代还是普通的中国自主汽车品牌之一,通过抓住新能源汽车产业"弯道超车"的战略机遇,全面转型新能源汽车制造,形成了电池、电机、电控及芯片等新能源汽车全产业链核心技术,连续多年成为中国销量最大的新能源汽车企业。

长期以来,中国企业比较关注短期效益和局部市场,重视短期经营业绩,对企业长期战略目标、转型目标、能力提升目标和质量卓越目标的制定和执行关注重视不够,缺乏长期战略牵引发展和可持续发展动力,在更高层面上和更宽广视野下谋划长远布局发展篇的能力不足。

中国企业在瞬息万变的全球竞争中必须提升生产经营管理的质量，但仅仅依靠生产经营管理能力的提升和按部就班的积累远远不够，仅仅抓住一两次重大的时代机遇也不够，需要通过制定正确的发展战略和战略开拓为企业长期发展和远期目标的实现主动创造机遇。特别是当企业发展达到一定规模和量级后，必须依靠科学的战略引领才能成功实现发展升级和转型跨越。世界一流企业都具有优秀的战略制定能力和战略开拓能力，始终牵引企业发展实现可预期的目标。中国企业要实现新的发展跨越和长期可持续发展，必须始终保持对战略的敏感性，确保企业战略制定、执行和修订都与时俱进，不断实行战略转型和战略拓展，以此形成持续发展能力，通过战略牵引发展、指导经营、配置资源、防范风险，确保企业能够根据内外部条件变化不断调整长期高质量发展。

对中国企业而言，战略谋划水平和战略牵引能力还体现在与国家战略的契合程度上，紧跟国家战略、服务国家战略才能更好地实现中国企业自身的战略牵引发展。无论国有企业、民营企业、合资企业还是外资企业，当企业规模发展到一定量级，就不可能超脱独立，必须主动融入中国的国家战略，并主动成为其中的一部分。

中国企业是国民经济的重要基础和发展支撑，是中国经济建设和国家治理的重要主体，中国企业的发展战略也是国家战略在宏观经济层面和中观行业领域的直接体现。中国企业的发展不能将企业隔绝于国家的战略需要之外，紧跟国家战略、服务国家战略才能抓住做强做优做大的历史机遇，跟上国家发展的步伐和时代发展的趋势。

国有企业作为中国企业中特殊的企业形态和经济组织，其最大的特征之一就是服务于国家宏观经济调控，具有社会基础支撑、国家安全保障、民生福祉托底的政治属性和社会属性。国有企业特别是中央企业的发展战略与国家、社会和民生有着天然联系。世界各国国有企业的存在和发展无一不是以保障国家利益和普惠民生作为企业的重要宗旨。多年来，中国国有企业作为基础保障性资源和产品的生产者和经营者，承担着国家建设、民生保障、国防安全的重要职能，特别是在交通、能源、通信等基础设施领域，为其他中国企业的发展提供着大量"隐性"红利。正是因为这种国家定位和战略抉择，使中国国有企业在第一次历史性整体发展蝶变后成为党和国家信赖依靠的力量。

中国国有企业在实现新发展跨越的战略决策上，应当专心做强做优做大国家赋予的主责主业，在民营企业、合资企业、外资企业做不了、做不好、做不强的产业和领域发挥"国家队"的引领、支撑和托底作用，在能源、交通、通信和粮食等社会保障性资源和服务方面坚持稳定供给，在芯片、软件、航天等重大国家工程和科技攻坚上勇挑重担，在绿色低碳发展和节能降耗减排方面主动担当，在扩大内需、促进就业和保障民生方面坚持以实业为主，为社会提供更多更稳定的就业岗位。

中国企业的第一次历史性整体发展蝶变是多种内外部因素共同推动的结果，中国企业的新发展跨越将更多来自中国企业的主动战略牵引，企业战略日益关系到企业的生死存亡和长期可持续发展，中国企业提升战略牵引发展能力，是"利国"与"利企"

的有机统一,在企业发展战略上"利国"才能在经济效益上"利企",企业做大做强才能更好地"利国"。因此,中国企业在进行战略谋划、战略决策和战略引领时,必须站在国家战略的高度和中长期发展的角度,既积极跟随,服务国家战略,又主动融入,践行国家战略。

二、提升产业创新变革能力

在当今全球化竞争中,谁掌握了关键核心技术,谁就能够形成竞争优势,占据产业链、价值链和创新链的制高点,引领行业发展和产业变革。自工业革命、信息革命以来,全球历次产业变革的起点都是西方发达国家,归根结底是因为西方发达国家的企业不仅掌握了关键核心技术,具备了极强的科技创新牵引能力,而且通过制定标准,把控专利形成了左右产业变革方向和路径的能力,这种能力一旦形成,后来者很难超越。

但"很难"并不等于"不能",以芯片、控制系统和设计软件为代表的关键核心技术严重依赖进口是中国企业目前最大的隐忧和第一次发展蝶变后存在的突出短板,如何加快实现关键领域核心技术的突破,加快形成技术创新驱动发展和引领产业变革的能力,不仅是彻底改变中国核心技术严重依赖国外的关键,也是中国摆脱围堵遏制打压,实现高质量发展的必然要求,是中国企业实现新发展跨越的目标所在和路径所在。

光刻机被誉为"半导体工业皇冠上的明珠",是集成电路制造行业的核心设备。光刻机技术决定了集成电路产业的高度。因此,芯片制造以及背后的光刻机技术成为美国对中国科技企业封锁的焦点。目前,全球光刻机市场是典型的"三分天下"格局:荷兰阿斯麦尔(ASML)、日本尼康(Nikon)、日本佳能(Canon)三家光刻机制造商的市场占有率超过90%,是典型的寡头垄断市场,而阿斯麦尔更是垄断最高端的极紫外(EUV)光刻机市场。阿斯麦尔虽然是一家荷兰企业,却深受美国资本影响。中国多年来积极推动芯片产业链的国产化,但受制于该技术的高壁垒,用于生产芯片的光刻机成为中国半导体设备制造的最大短板。统计显示,中国一年制造11.8亿部手机、3.5亿台计算机、1.3亿台彩电,对IC芯片的需求占据全球市场供货量的1/3。但国产芯片的自给率不足三成,集成电路产值不足全球的7%,市场份额不到10%,中国信息产业和制造业的芯片90%以上依赖进口[1]。

中国是全球第一大手机生产和消费国,除华为公司拥有完全自主知识产权的"鸿蒙"操作系统外,还没有一家中国手机企业能够摆脱对美国谷歌公司"安卓"操作系统的路径依赖。手机已经是中国企业在全球市场最成功、最有竞争优势的产品,但核心操作系统、高端芯片仍然无法实现自主可控,其他行业被"卡脖子"的情况也可见一斑。

美国对中国企业制裁的"实体清单"直接暴露出中国企业科技自主方面的短板,也明确了中国急需集中攻关突破的重点科技领域。通过将"实体清单"变成科研攻关任务清单进行布局,以

---

[1] 胡大立,付毅,胡承嘉.我国企业关键核心技术创新动力机制研究[J].全国流通经济,2019(10).

新型举国体制的优势集中突破短期急迫需求和长远发展中的重大问题。与西方发达国家企业相比，中国企业第一次历史性整体发展蝶变后仍然需要补齐以下突出的短板弱项，集中解决存在的突出问题。

关键核心技术受制于人的问题，仍未得到根本性解决。除了军工、航天、能源等少数产业外，拥有自主关键核心技术的中国企业仍然是少数，关键核心技术、高端芯片、关键工业母机、核心设计软件、智能算法仍然依赖进口和国外企业专利授权，还没有实现完全独立自主可控。

关键材料仍然依赖进口，无法实现完全国产替代。部分关键材料依赖进口是中国工业生产领域又一个突出的问题，是制约中国制造业企业转型升级的突出短板，在中国工业制造所需要的130种全球关键核心材料中，高达84%的材料属于空白或大量依赖进口[1]。

原始创新跟不上。目前大多数中国企业的创新仍然停留在集成创新、引进消化吸收再创新层面，缺乏从0到1的原始创新能力和颠覆性创新能力，中国企业有着让全世界赞叹的科技成果转化能力和生产能力，善于跑好从实验室到柜台的一棒，但是实验室内的原始创新能力仍然是短板。

美国是全球的军事、金融、文化、制造和科技霸主，其中美国企业和美国科研机构掌握的核心科技是塑造其霸主地位的基础和获取大量超额利润的优势。美国政府通过贸易战的手段打压制裁中国企业，其目的在于阻断中国科技企业基础研发能力和产业

---

[1]《2019中国企业500强分析报告》。

化进程，核心是遏制中国实现关键核心技术自主。

2018年，华为研发投入资金为113.34亿欧元，位居世界第5位，超过了美国的苹果和英特尔。另外，华为在欧洲专利授权的数量位居第2位，在美国则排名第16位。研发创新是知识产权的基础，而反复的技术创新也是华为发展的重要驱动力量。在美国看来，中国企业在《财富》杂志世界500强榜单数量上压过美国企业可以勉强接受，但如果中国企业在创新研发投入上超越美国企业则不可接受，因为美国企业与中国企业在营收规模比拼上的失利还可用较高的盈利能力弥补，但在技术研发的创新上一旦落后于其他国家企业，将直接影响美国企业的盈利能力和行业话语权，这才是美国政府和美国企业最担心的。华为最大核心竞争力不是遍布全球的销售网络和全产业链产品，而是华为掌握的核心科技和遍布全球的研发机构；华为对美国企业最大的"威胁"也不是对美国苹果公司、思科公司的市场挑战，而是华为已经成为中国企业以科技创新和科技自立的一面旗帜，华为所引领的科技创新驱动发展模式正在挑战工业革命以来以英美主导的企业领先优势，也正在影响和鼓励中国企业像华为一样信仰创新、投入创新、坚持创新。如果越来越多的中国企业都走上和华为一样以自主创新驱动企业发展之路，那么美国企业的霸权时代将成为历史。

"两弹一星"铸就了新中国的核盾牌，奠定了中国国防安全体系的基石，深刻影响国际战略格局演变，塑造了中国崭新的大国形象，也为向科技创新型国家发展打下了坚实的基础。当前，中国企业所推动的芯片工程、航天工程、探海工程、北斗工程、人工智能等重大科研攻关的意义不亚于当年的"两弹一星"工程，关键核心技术在"市场"和"战场"的战略地位一样重要。"两弹一星"的成功经验和奋斗历程告诉中国企业，越是别国不想让中国企业掌握的，中国企业越是要牢牢掌握在自己手中；越是难度大的尖端核心科技，越是要依靠中国的特殊优势、举国体制和多方合力攻关才能掌握！中国企业的新发展跨越是补短板、强基础、创造新优势的过程，是扭转中国企业在核心技术、关键材料方面受制于人的过程，也是中国企业以科技创新为驱动力实现发展方式转型升级的过程，这一过程注定会充满艰辛、曲折、挑战甚至受到外部势力的围堵打压，但值得中国企业为之付出一代人甚至几代人的努力。

三、提升全球产业链主导能力

与英国、法国等欧洲传统强国相比，美国是一个"年轻"的移民国家，它用了150年的时间完成了工业化，而且在发展质量上超越欧洲国家并遥遥领先于世界各国。今天，美国仍然是全球唯一的超级大国，尽管美国政府为其制造业"衰退""外流""失去竞争优势"而采取了一系列措施，但美国最具竞争优势的关键产业和高附加值环节仍然掌控在美国企业手中。美国所谓"制造业空心化"现状是美国企业遵循产业发展和市场规律以及经济全球化的必然结果，美国拥有竞争优势并保持领先的背后有其复杂的历史原因以及特定的发展规律，如果从产业层面深究会发现，

"对产业链的持续控制"是其保持领先的关键法则之一。

供应链中间进口增值程度是考察一个国家产业链条自给能力乃至对全球产业控制能力的直观指标,供应链进口增值占比越少的国家,产业链和价值链的控制能力就越强。研究发现,美国制造业供应链中进口增值部分仅占10%,世界范围内排名第三;中国制造业供应链中进口增值部分占比为20%,排名世界第七。随着经济全球化的快速发展,各国供应链中间进口增值部分整体呈增长态势,而美国的增长水平明显低于主要发达国家平均增长水平。这也说明美国制造业只是流失了产业链和价值链的中低端产能,而在中高端环节仍然掌握着全球领先的竞争优势和行业控制力,这种控制力体现为美国企业主要布局在全球产业链和价值链的中高端环节。

苹果手机在美国设计,零部件在全球采购,组装在中国完成,以终端售价8 000元人民币计算,中国企业分配到的利润最多为160元,而中国企业为之付出的人力、物力、资源和环境代价远高于所分配到的收益。处于全球供应链、产业链、价值链高端位置的企业都能享受主导权所带来的超额利润,而处于产业链和价值链中低端的企业就只能"陪跑""喝汤",这也是经济全球化无法回避的客观现实。

资本控制、标准约束、创新引领、系统集成和数据贯穿是美国企业控制全球产业链和价值链中高端环节的五大撒手锏。以资本控制为例,2019年,标准普尔全球综合市场指数(BMI)通过跟踪50个发达和新兴经济体的一万多只股票发现,美国上市企业的市值在全球主要制造业行业市值中的占比几乎均超过50%,

其中，在电子信息领域市值占比超过70%，在医疗领域市值占比超过65%，在航空航天领域市值占比超过73%。此外，美国企业还通过资本控制或影响着全球集成电路等高端制造业的产业链和价值链。中国台湾台积电前十大股东基本由花旗银行、摩根大通等美国投资银行组成，美国国际资本集团则作为第一大股东控制着荷兰阿斯麦尔）公司，美国企业通过资本控制全球芯片加工制造的龙头企业，通过控制龙头企业来主导全球电子信息产业。

中美竞争博弈严峻的形势下，中国企业在发展面临更大挑战的同时，也迎来了新技术革命的窗口期和机遇期。中国企业的新发展跨越应当在政府的统筹规划下，与产业链上下游企业通力协作，通过原始创新和标准引领"造链"，打造中国企业在能源、交通、通信等优势领域的全球主导能力；通过关键核心技术攻坚"补链"，加快补齐、强化中国企业当前存在的短板弱项、薄弱的产业链环节；通过资本纽带"强链"，强化中国企业整合产业链中高端环节的关键价值单元，培育更多华为、大疆这样的全球"头雁"企业；通过数字化、智能化赋能"延链"，将中国企业积累的数据优势、产能优势向产业链上游环节延伸，进而影响和掌握产业链中高端环节的主导权。

中国从制造大国到制造强国转变、从企业大国向企业强国迈进，产业链的现代化和高端化举足轻重。目前，中国的大企业主要资产仍然集中在国内市场，以资本手段控制海外产业链资源的能力还不足，控制力还不强，而大量中国中小企业仍处于全球产业链和价值链的低端环节。在美国发起贸易摩擦之前，美国企业就试图绕过中国从东南亚地区扶植新的产业链配套企业，但最终发现,这些东南亚企业的原材料、生产设备等依旧要从中国进口,绝大多数的产业链、供应链最终都通向中国企业。这充分表明,中国在制造业领域已经成为不可或缺的存在。全球供应链格局已经形成美、日、欧牢牢占据高端,中国牢牢把持中端的格局,这是中国全球制造业大国的实力体现和优势所在,也是中国企业第一次历史性整体发展蝶变的成果之一,但中国企业仍然需要向产业链高端跃升,这是中国作为全球制造大国的战略发展需要,是中国企业实现新发展跨越的目标和路径。

四、提升国际竞争能力

中国企业积极实施"走出去"战略,国际化经营取得重大成果,并成为中国企业实现历史性整体发展蝶变的一项重要成就。2018年,中国最大的100家跨国企业海外资产规模超过6万亿元,其中,排名前十的中国企业海外资产规模总量高达4.8万亿元,占比近八成,十大中国跨国企业中有9家是中央企业,中央企业是中国企业"走出去"的主力和"头雁"。这说明中国大型民营企业、地方国有企业和民营企业"走出去"的意愿不强、能力不足,主要原因是大部分中国企业的海外经营能力、国际影响力和抗风险能力较弱。

从海外收入和利润情况看,2018年中国100大跨国企业海外收入总额达到3.9万亿元。其中,排名前三的中国跨国企业的海外收入总额达到1.9万亿元,总体占比约49%。2019年中国企业500强中开展国际化经营的企业,其收入利润率、净资产利润率均低于非国际化经营企业。尽管中国企业海外投资的数量不断增多,但由于部分企业尚处于初期探索阶段,海外业务并没有成为大多数中国企业的核心业务板块,国内市场较好的盈利水平延缓了许多中国大企业参与国际化经营、提升国际影响力和国际竞争力的步伐和积极性。同时也从另一个侧面反映出中国大企业的国际经营能力、国际影响力和国际竞争力与开展国际化经营的付出之间不匹配的现实;反映出中国大企业整体技术水平相对偏低,产品附加值低,不得不依靠相对较低的价格来拓展市场,从而拉低了国际业务的盈利能力。

中国企业的国际业务经营成本和风险普遍高于国内业务,中国企业也因此天然地缺乏西方企业"走出去"的动力,对海外市场机遇不敏感,忌惮海外经营的风险,在海外的影响力、控制力、竞争力和话语权都逊色于同行业、同等规模的西方企业。通常认为,企业的海外收入达到企业总收入的50%才是一家跨国集团,达到70%才是全球化公司,而中国企业中较早"走出去"的中央企业,目前平均海外营业收入也只占到企业总营业收入的17%左右,距离真正意义上的跨国企业仍有一定距离。

提升国际经营能力、国际影响力和在国际市场上的抗风险能力是中国企业实现新发展跨越的重要目标路径。

提升中国企业的国际经营力。在改革开放后,外资企业通常是以绿地投资为主要方式进入中国市场,绿地投资也被中国企业视为开展国际化经营的模式经验,中国企业"走出去"设立分公司也通常是以绿地投资的方式敲开海外市场大门,这有助于中国企业将机器设备、原材料等生产要素作为投入的资本，有利于中国企业自主掌握经营发展主动权，但同时也存在初始投入大、耗时长、进入目标市场较慢的问题。目前，中国企业跨国经营中存在的最大问题就是投资能力不足、抗风险能力不强。在投资规模有限，竞争水平不高的前提下，中国企业可通过战略联盟等方式进入海外目标市场，这种方式能够帮助中国企业掌握跨国经营的技能、经验和资源，能够同世界大型跨国企业共同分享世界市场，能够实现同海外企业的优势互补，通过风险分摊来有效降低跨国经营中的潜在威胁。

提升中国企业的国际影响力。国际影响力、品牌效益和品牌溢价是企业的重要利润来源之一，也是衡量各国企业国际竞争力一个重要指标。2021年，由世界品牌实验室发布的世界品牌500强企业中，美国企业以上榜198家位列第一，并在前10强中独占8席。从现状看，中国企业在国际上的认可度、知名度方面与美国企业仍有较大差距。品牌是重要的概念符号，人们习惯于通过企业品牌快速定位产品品质、企业形象和国家竞争力。中国作为全球企业大国，在全球企业品牌排行中的表现却不尽如人意，这与中国作为世界500强企业最多国家的地位不匹配，也意味着中国企业在开展海外经营时将付出更多的成本，对中国企业开展跨国经营不利。中国企业的国际影响力不仅在于具有竞争力的品质和价格，更在于基于国家精神、民族文化和企业形象的品牌内涵，中国企业要打造有中国特色品质优秀的产品，使中国企业的品牌内涵更加丰富、亲和、友善。

提升中国企业在国际市场上的抗风险能力。中国企业在实施"走出去"战略的过程中，跨国经营和防御风险的能力起到关键的作用。由于中国企业开展海外直接投资的历史较短，制定跨国经营和发展战略方面的经验和能力不足，缺乏成熟的国际化战略规划，对外直接投资决策、项目经营管理等方面存在一些短板。根据商务部统计数据显示，在中国企业跨国并购项目中，有近50%的项目以失败收尾，远远超出了30%的世界平均失败率。这就要求中国企业更多聚焦国家重大战略部署，提升跨国经营的能力，科学布局、合规经营，系统性增强防范风险的能力。

五、提升价值创造能力

企业的盈利能力是指企业能够通过生产经营活动获取利润的能力，是企业赖以生存和发展的基础，是企业所有能力中最基本和最重要的一种综合性能力，它比企业盈利本身要重要得多。一个企业拥有稳定的盈利能力，就具备了企业市场价值创造的基础，不但使企业在市场竞争中能够长久地生存和稳步地发展，而且还能够使企业的市场价值不断得到提高。

中国的世界500强企业是中国大企业中的佼佼者和引领者，代表着中国企业的最高水平，但上榜中国企业与上榜美国企业分别与世界500强企业平均水平相比，在企业实力和经营质量上还存在一定差距。中国大陆上榜企业的平均销售收入比世界500强企业平均销售收入仅高11亿美元，比美国世界500强企业平均销售收入低114亿美元。中国上榜企业平均净资产比世界500强企业平均净资产仅高1亿美元，较美国世界500强企业平均净资产低46亿美元。中国上榜企业平均利润较世界500强企业平均利润低8亿美元，较美国上榜企业平均利润低25亿美元，其中，中国上榜企业的近半数利润来自银行企业。中国上榜企业特别是制造、基建等行业的企业平均销售利润率、平均净资产收益率、人均销售收入等都低于美国同行业上榜企业平均水平。

2019年以来，中国企业虽然连续拔得世界500强上榜企业数量头筹，但中国上榜企业的数量、盈利水平与中国14亿人口规模和超大市场规模并不匹配。2021年，中国本土企业500强的总营业收入为89.93万亿元，利润总和为6万亿元，中国仍然需要更多盈利能力更强的世界一流企业来引领中国企业的持续发展强大。荷兰总人口约1 650万，总面积为4.1万平方千米，但荷兰却诞生了12家世界500强企业，其中不乏壳牌石油、飞利浦、联合利华等全球知名跨国企业，以及阿斯麦尔、恩智浦这类决定全球半导体产业格局的关键企业。《财富》杂志的世界500强排名倾向于企业的销售收入和规模体量，中国上榜企业的辉煌成就主要赢在了企业的发展规模而非盈利能力、创新能力等发展质量的关键指标上，中国企业的发展更多来自于快速的规模扩张而非高质量发展，中国企业的优势更多来自庞大的国内市场而非全球市场资源的有效配置。

中国企业整体盈利能力的提高需要从体制上去完善。现代企业制度具有不断变革的趋势，只有在企业结构性功能不断完善的情况下，中国企业的整体盈利能力才能得到实质性提高，而且这种能力的提高不是静态和阶段性的，需要持续性的发展。

中国企业盈利能力的提升需要完善以盈利为目的的科学治理。企业的盈利过程是在市场交易中形成，但企业的盈利能力却是在企业内部形成。完善中国企业内部治理关系，能够有效降低企业内部运行成本，形成企业持续盈利的合理结构和成长机制。

中国企业盈利能力的提升应当体现在利润平滑和资本结构可持续地优化基础上。理想的企业利润增长曲线不应是大起大落的"波浪式"，也不应当是一平一起的"台阶式"，大型企业集团的利润越来越具有管理性质，跨周期调整的余地很大，完全有能力和条件实现利润曲线的平滑增长。这种平滑式的增长曲线给予市场的不仅仅是对企业未来的乐观预期，更代表了企业的盈利是有目标、可控制、可持续的增长，是企业核心能力优强、市场控制力强大、资源管控能力突出的表现。

六、提升中小企业抗风险能力

根据中国企业联合会的统计数据显示，2021年，中国企业500强累计实现营业收入89.83万亿元，中国盈利最好的10家企业贡献了中国500强企业40.3%的总利润，这10家企业中除了中国移动、腾讯和阿里巴巴外，其余7家企业均为商业银行和保险公司。美国盈利最佳的10家大企业贡献了美国500强企业总利润的24%，这10家企业中有4家银行、3家高科技企业、1家通讯公司和1家能源企业。

从上述中美两国本土500强企业情况对比可以看出，中国企业的整体盈利优势和发展资源基本被金融企业和资源型大企业所掌握，驱动模式是高度依赖头部少数特大型企业的引领拖动，类似于传统的绿皮火车模式，而不是基于大中小型企业群体的共同驱动的高铁模式，值得注意的是，一是中国企业中，实体型大企业、高新技术企业、大量中小型企业对整个中国企业群体发展动能的推动力量有很大的可提升空间；二是一大批中小企业抗风险能力差，无法形成可持续的发展动能。必须指出，中国企业中的中小企业如果不能持续发展，创造盈利，形成类同大企业的实力，则对中国企业的整体生态将产生不利影响。所以，如何维护和提升中国中小企业的发展质量，做强做优中国企业生态，是中国企业实现新发展跨越需要解决的重要课题之一。

截至2021年底，中国市场主体总量达到1.54亿户。2021年新增注册市场主体2 887万户，同比增长15.42%。根据统计显示，中国每年约有100万家企业倒闭，平均每分钟就有2家企业倒闭。中国中小企业的平均生命周期只有2.9年，存活5年以上的不到7%，10年以上的不到2%。在美国，初创公司存活10年的比例为4%。中国和美国同为企业大国，中小企业的存活率低、破产率高是共性问题，这是竞争市场和现代企业优胜劣汰的必然规律。哈佛商学院的研究发现，第一次创业的成功率是23%，而已成功的企业家再次创业成功的比例是34%，这说明尽管企业经营风险一直存在，但具备企业管理经验特别是具有风险防控意识的企业可以有更高的存活率。

风险防控能力薄弱是制约中国中小企业做大做强的主要短

板，这种短板主要表现全面风险管理意识薄弱。中国中小企业由于规模较小，缺乏创业经验，领导者较为关注的是盈利和债务情况，控制和防范市场风险、经营风险和财务风险的意识不强，客观经济波动和国家宏观政策调整会给企业经营带来风险和机遇，也给不能及时调整升级和主动变革的企业发展带来战略风险。因此，中国中小企业需要加强全面风险管理，在聚焦发展的基础上，应对企业面临的多种风险因素进行有效的识别、分析，制定出相应的风险应对和控制措施。中国的中小企业对风险管理的重视程度不够，大多未形成风险管理的有效机制，普遍缺乏系统的全面风险管理流程。不能根据企业的内外部经营环境的变化及时进行风险的识别、分析、应对和控制。往往都是就事论事，等遇到问题了再去解决。

中国经济增长的半壁江山由中国中小企业支撑，这不仅是因为中小企业涉及中国经济社会发展的方方面面和各行各业，而且在活跃市场、就业创业、积累社会财富、增加税收、技术创新等方面都有积极的贡献。然而中小企业受限于实力和能力，抗风险能力弱，易受突发事件影响，需要多措并举，从企业和政府两个方面形成合力，不断提升中小企业抗风险的能力。

中国企业在实现第一次历史性整体发展蝶变之后，大而不强、富而不优是需要引起所有中国企业高度重视的一项隐忧，快速发展和规模扩张遗留下来的一些突出问题和短板弱项仍然急需系统解决和提升，这是中国企业加快实现新发展跨越的题中之义。中国企业从经济全球化的因变量上升为重要自变量，对中国和世界经济的影响越来越显著,必须加快提升中国企业的核心能力以发挥更大的正向作用。中国需要世界,世界也离不开中国,中国与世界的连接需要通过中国企业作为枢纽。基于此,中国企业的新发展跨越承载着比第一次历史性整体发展蝶变更多的使命和期待,这将是中国企业再一次整体性和更高层次的蝶变,是又一次改变中国、影响世界、塑造未来的理性自觉。

第七章
大变局与新挑战

在星际探索中，人造航天器脱离地球引力需要达到第二宇宙速度，靠航天器自身发动机的推力就可以实现。当航天器要脱离太阳系引力远航至更深邃的宇宙空间时，就需要达到第三宇宙速度，这种速度需要利用行星或其他天体的相对运动和引力改变飞行器的轨道和速度，这种加速方式被天体物理学家称为"引力弹弓"，也被公认为是最可行、最经济、最高效的星际探索方式。

无论个人、企业还是国家，在发展过程中要实现从量变到质变的跃升，自身的努力必不可少，但抓住历史机遇、借助时代变革的"引力弹弓"十分必要。对于今天的中国企业而言，这样的历史机遇和时代变革就是世界百年未有之大变局。

世界新兴经济体的快速崛起、西方传统发达国家的日渐式微、新科技革命的快速发展以及新冠肺炎疫情在全球的持续蔓延等多重因素加速了世界政治格局、全球经济秩序和人类社会结构的深刻变革。世界百年未有之大变局的深度变化、中国崛起强大和中华民族伟大复兴是其中最为关键的自变量和重要组成部分，这是时代给中国企业提出的新挑战，也是赠与中国企业的新机遇。

一、世界百年未有之大变局

2017年12月28日，习近平主席在接见驻外使节的讲话中指出："放眼世界，我们面对的是百年未有之大变局。"这是"百年未有之大变局"概念首次提出。中国共产党十九届五中全会指出："当前和今后一个时期，中国发展仍然处于重要战略机遇期，但机遇和挑战都有新的发展变化。当今世界正经历百年未有之大变局，新一轮科技革命和产业变革深入发展，国际力量对比深刻调整。"习近平总书记对"百年未有之大变局"的论述主要着眼于国际环境，特别是国际格局的新变化、全球治理的新趋势和新科技革命的新态势等内容。

从历史观角度看"当今世界处于百年未有之大变局"这一重要概念，其中百年是大历史概念，是指一个相对较长且正在发生巨大变化的历史时期。世界百年未有之大变局的视野在全球，格局在百年，重点在"大"，关键在"变"。世界经济重心和政治格局在发生变化，原来的经济重心开始从大西洋两岸向太平洋两岸转移，传统的美欧七国集团[1]主导世界经济秩序的格局正在发生变

---

[1] 七国集团（Group of Seven），是主要工业国家会晤和讨论政策的论坛，成员国包括美国、英国、法国、德国、日本、意大利和加拿大七个发达国家。20世纪70年代初，在第一次石油危机重创西方国家经济后，在法国倡议下，1975年11月，美、英、德、法、日、意六大工业强国成立了六国集团。1976年，加拿大加入，七国集团（简称G7）就此诞生。

化，20国集团[1]对全球政治经济格局所发挥的影响更大、更广泛、更深远。新的科技革命和能源革命浪潮正催生大批全新产业，许多传统产业正面临淘汰消亡，新的经济形态和发展范式正在酝酿形成，传统的社会关系结构正在重构。尤其是新冠肺炎疫情暴发蔓延以及俄罗斯与乌克兰军事冲突加速了世界之变，对全球化进程、世界经济和政治格局正在产生重大且深刻的影响。

国际格局产生新变化。20世纪以来，在生产力与生产关系、经济基础与上层建筑这两对基本矛盾的作用下，在发展不平衡导致国际权力变化更迭这一基本规律的支配下，全球政治经济格局经历了凡尔赛—华盛顿体系、雅尔塔体系、冷战后"一超多强"等三次国际格局的大重组。进入21世纪之后，发展中国家，特别是新兴经济体国家的话语权大幅度提升，成为拉动世界经济增长的主要力量之一，这是世界近代发展史上的一个重大转变，也是国际格局出现的新变化和新趋势。

全球治理产生新趋势。20世纪以来，全球治理格局基本上是西方方案、西方负责和西方主导。今天，以中国、俄罗斯、印度为代表的新兴经济体已开始积极参与全球治理，推动全球治理体系发生变革。面对百年未有之大变局，中国坚持合作共赢、共同发展，坚定维护和推动经济全球化，坚定维护国际公平正义，积极倡议各国携手共建人类命运共同体，积极参与引领全球治理体

---

[1] 20国集团（Group of 20，G20），由阿根廷、澳大利亚、巴西、加拿大、中国、法国、德国、印度、印度尼西亚、意大利、日本、韩国、墨西哥、俄罗斯、沙特阿拉伯、南非、土耳其、英国、美国以及欧盟20方组成。国际金融危机爆发前，G20仅举行财长和央行行长会议，就国际金融货币政策、国际金融体系改革、世界经济发展等问题交换看法。国际金融危机爆发后，在美国倡议下，G20提升为领导人峰会。20国集团的成立为国际社会齐心协力应对经济危机，推动全球治理机制改革带来了新动力和新契机，全球治理开始从"西方治理"向"西方和非西方共同治理"转变。

系改革和建设，坚定支持多边主义，并开始引领一些重大国际合作，在国际政治经济格局中发挥重要影响。

科学技术爆发新革命。目前，世界正处于从第三次工业革命向第四次工业革命过度的转折期，以大数据、人工智能、量子通信、新能源革命等为代表的第四次工业革命将极大地改变人类生产生活和经济发展范式。新工业革命和能源革命带来的深刻变化和激烈竞争前所未有，国家间的关系深刻调整。各国为争夺高新技术制高点，获取竞争新优势，一些拥有特别优势的国家不断对后来者进行技术垄断或技术封堵，以阻止竞争对手的发展和超越。

新冠肺炎疫情带来新挑战。如果把这次新冠肺炎疫情看作是历史的分水岭，那么今后的世界就可以定义为"后疫情时代"。中国的抗疫模式体现了中国特色社会主义制度的巨大优势，展示出能够有效地治理国家并高效处置重大危机的能力。一些西方学者甚至认为中国可能取代美国成为新的世界秩序领导者。

当今世界正经历百年未有之大变局，中国也正处于中华民族伟大复兴的关键时期。站在"两个一百年"奋斗目标的历史交汇点上，中国企业需要抓住当前的重要战略机遇期，在加快做强做优做大的基础上为国际社会提供更多公共产品，推动国际格局和国际秩序朝着有利于人类和平发展与合作共赢的方向前进。

二、百年变局最重要的自变量

在一个复杂系统结构中，自变量与因变量同时存在，但两者的地位和影响天差地别。因变量则跟随自变量的变化而变化，而自变量对整个系统的变化起着决定性的影响和作用。区别于"蝴蝶效应",最重要的自变量所引发的改变是直观、显著而快速的。在全球政治经济格局这个庞大而且复杂的系统中,能够成为重要自变量的国家和经济组织只是少数,它们掌握着左右世界政治经济局势变化的能力,比如以突出经济、科技和军事实力称霸的美国,以控制石油产量左右世界经济的石油输出国组织,以控制天然气和粮食出口左右欧洲经济的俄罗斯等。在世界百年未有之大变局中,一个新的重要自变量已经出现,就是快速崛起强大的中国。

中国自古以来就是世界大国,中国的崛起强大从来都不是以超越某个发达国家为目标,而是历史的回归、客观的必然和发展的结果。中国始终以自我超越为动力,以自我发展为目标,以民族复兴为夙愿,正是这种强大的内生发展动力成就了中国的快速崛起强大和中国企业的历史性整体发展蝶变,其客观结果是进入21世纪以来,中国超越了一个又一个的发达国家并不断逼近美国。中国的崛起强大和民族复兴是历史发展的必然,任何国家都无法阻挡中华民族复兴的步伐,因为中国在几千年的人类文明史中长期都是世界强国,这是由中国的地缘位置、疆域面积、人口基数、自然禀赋、综合实力和文化积淀等客观条件所决定的。

中国崛起强大和民族复兴的张力越大,面临的阻力和压力也必然会越大。中国最终将建成社会主义现代化强国,综合国力将与美国比肩,这是中国能够成为百年未有之大变局重要自变量的基础,是历史发展的客观趋势,也必将成为影响全球的大事件。中国的崛起强大和中华民族的伟大复兴具有许多重要特征,它建立在六个基础之上并将以和平崛起、惠及世界的方式实现。

中国的崛起强大和中华民族复兴是建立在经济实力和科技实力快速增长的基础之上。中国GDP总量与美国GDP总量的对比，从1978年的6.3%上升到2021年的78%左右。1979年，中国GDP总量为4 100亿元人民币，2021年超过114万亿元人民币。40多年时间，中国的GDP翻了278倍。1995年，世界500强企业榜单中，中国企业只有3家入榜，2019年以来，中国世界500强企业数量连续三年超越美国。从"两弹一星"到载人航天，从三峡工程到高铁网络，从深海探测到航母编队，从5G通信、北斗导航到"九章"量子计算机，中国用一系列经济、科技、工程和军事成就展示了国家的强大实力，这是一段奋斗历程的辉煌高点，也是一个充满挑战的时代起点。

中国的崛起强大和民族伟大复兴是建立在超大人口规模的基数之上。中国的人口规模超过现有发达国家的人口总和。从公元1500年到现在，西班牙、英国、法国、俄罗斯（苏联）、美国等西方多个人口和疆域（含本土和海外殖民地）大国依次崛起，但这些国家的人口规模都没有超过5亿，而中国人口超过14亿，千万人口规模以上的城市有17个。因此，中国持续强大的基础更深厚，民族复兴的意义更不同寻常，对世界的影响将前所未有。

中国的崛起强大和民族伟大复兴将建立在全体人民共同富裕的基础之上。共同富裕是中国特色社会主义的根本原则和本质要求，也是具有强大推动力量的发展目标，实现几亿人口脱贫和整体上消除绝对贫困，不仅是中国发展历史上的伟大奇迹，也是人类文明史上前所未有的社会奇迹，中国将在全面小康的基础上实现全民的共同富裕，并不断缩小贫富差距和区域差异，再次书写新的人类文明发展奇迹。

中国的崛起强大和民族伟大复兴将建立在物质文明和精神文明相互协调发展的基础之上。中国崛起强大和民族伟大复兴将全面实现社会主义现代化，不仅实现工业、农业、国防和科学技术的现代化，还将实现中国人民生活方式和价值观念的现代化，最终实现中国人民的全面发展和国家繁荣富强、文明进步。

中国的崛起强大和民族伟大复兴将在人与自然和谐共生的基础上实现。中国的崛起和富强不会以牺牲生态环境为代价，不会造就一个雾与霾的国家，而是一个青山常在、绿水长流、空气常新的美丽中国，在人居空间和产业空间和谐优美中实现中华民族伟大复兴和国家崛起强大。

中国的崛起强大和民族伟大复兴将在国家完全统一的基础上实现。民族复兴、国家统一是大势所趋、大义所在、民心所向。邓小平同志曾指出：国家一百年不能统一，一千年也要统一。习近平总书记在党的十九大报告中指出，解决台湾问题、实现祖国完全统一，是全体中华儿女共同愿望，是中华民族根本利益所在。回顾历史，是为了启迪今天、昭示明天。祖国必须统一，也必然统一。这是两岸关系发展历程的历史定论，也是新时代中华民族伟大复兴的必然要求。中国国家统一的道路曲折艰辛，与中华民族复兴进程相伴而生。台湾问题的产生和演变同近代以来中华民族命运休戚相关。台湾问题因民族弱乱而产生，必将随着中国崛起强大和民族复兴而终结！

中国的崛起强大和民族伟大复兴将用和平发展和惠及世界的

方式实现。纵观西方大国崛起强大的历史,一方面伴随着工业革命、文艺复兴,一方面同时进行的还有鸦片贸易、殖民主义,坚船利炮和不平等条约。而中国的崛起强大和民族复兴是基于和平发展、合作共赢的现代化,将给世界带来发展机遇、经济红利和民生福祉,而不是用不公平贸易的方式以牺牲其他国家发展为代价的方式实现。

中国崛起强大和民族伟大复兴的上述特征表明,中国不仅是世界百年未有之大变局的最大变量,而且它将带给世界一个崭新的辉煌未来,预示着中国在国际舞台上将有持续而精彩的表演。

三、百年变局机遇与挑战

面对世界百年未有之大变局带来的巨大不确定性,中国企业应当通过确定的新发展跨越,建设世界一流企业和强国重企来应对未来的不确定性,以自信主动的姿态面对机遇和挑战,因为中国企业有这样的需要和责任,同时也有直面变局引领变局的现实能力。

(一)中美竞争、博弈将全面展开并持续进行

中国有着数千年政治演进史,是亚洲文明的主要代表。执政的中国共产党也已经在风雨中走过了100年。中国共产党的百年奋斗和新中国的崛起强大,是西方在全球扩张中从未遇到过的新事物和新现象,西方现有的理论既无法作出全面解释,也无法给出正确结论。与其说是中国的崛起挑战了美国的霸权地位,不如说是中国的崛起挑战了西方自工业革命以来的自我中心论。

美国想长期称霸世界，必然要围堵遏制其他国家的崛起强大，这是美国对于所有现实挑战者和潜在竞争者的一贯做法，对主要竞争对手苏联如此，对德国、法国、日本等"盟友"也是如此。过去的一段时间，美国的全球战略关注焦点集中在欧洲和中东地区，因而对中国崛起强大的速度和规模发生了误判，低估了中国在地缘政治和全球经济领域快速增长的影响力。今天，中美关系已经成为中华民族伟大复兴进程中所面临的最大考验，中美关系的走向已经成为影响世界政治经济格局和大国关系的重要变量，而新冠肺炎疫情的长期蔓延和俄乌冲突的发展给这种复杂关系的走向增添了更多不确定性，中美两国之间"反霸凌"与"霸凌"博弈将给中国企业的发展跨越带来巨大挑战。在充分认识中美关系日趋紧张给中国企业新发展跨越带来严峻挑战的同时，中国企业也应当清醒看到，中美两国在竞争、对抗、博弈的同时，仍然存在合作的基础和可能，而且中美两国不可能完全脱钩、断链，未来机遇与挑战并存。

中国企业是一个勇于正视自身问题、善于反思自省的群体，向强者学习、与强者竞争也是自信的彰显，只有与比自身更加强大的欧美世界一流企业竞争合作才能更加强大，与欧美世界一流企业的博弈合作也是中国企业做大做强做世界一流企业的重要激励手段。

（二）经济全球化向区域化、多元化、去中心化和均衡的方向发展是大势所趋

新冠肺炎疫情的全球蔓延无形中割裂甚至中断了原本紧密联

系的全球经贸体系，在新一轮产业革命的推动和中美经贸博弈的影响下，全球"六链"的分工布局正在悄然调整。首先直接受冲击的是电子、汽车等处于复杂全球"六链"中的产业，加剧了许多国家对全球"六链"的担忧，美国、日本、欧盟等国家和地区要求制造业回流国内，提升本国就业率，鼓励企业投资和生产本地化、分散化，不可避免地将导致全球产业链、供应链、价值链的重构，最终将导致全球经贸格局的变化和由此产生的国际贸易规则的调整，这使中国企业实现新发展跨越面临全新的挑战，需要中国企业重新认知和理性应对。

（三）中国企业正在以更加强大的实力和自信加快发展，为世界经济增长提供更多机遇和普适红利，为经济全球化的可持续发展提供中国智慧和中国方案

随着国际力量对比发生重大调整，世界经济格局将发生深刻变化，既有的全球治理格局不能完全适应新变化，以中国为代表的新兴经济体和发展中国家希望全球治理体系更加公正合理，全球治理体系的变革势必提上日程。在国际舞台上，任何变革的诉求都需要有强大实力的支撑。中国的崛起强大已经是不争的事实，中国始终坚持高举经济全球化大旗，反对一切形式的霸凌主义、单边主义和贸易保护主义，引领经济全球化向着更加包容普惠的方向发展。中国企业的发展强大是对经济全球化最有力支持。中国企业已经成为全球经济增长的最大贡献者和经济全球化的有力推动者，中国企业未来的新发展跨越，必将向全世界释放更大红利，为世界经济增长繁荣作出更多贡献。

经济全球化从诞生之日起，就始终被大国主导、强国操控，世界上也只有大国和强国有能力去主导经济全球化，这是大国和强国的实力体现，也是大国和强国的责任所在。在经济全球化的发展历史上，英国、美国先后扮演了国际经贸秩序主导者、规则制定者、争端协调者的角色。这一方面是西方强国为了巩固本国企业在全球贸易中的优势地位，追求超额利润的利益最大化所驱动；另一方面，这种基于强国的经济、科技、军事等综合实力的主导机制，在协调国与国之间贸易争端，维护经济全球化方面也发挥了一定的积极作用。尽管这种强国主导的协调机制从来都是大国利益优先，但在强国的主导下，经济全球化按照一定的规则和秩序维持并发展起来。虽然这种规则和秩序从未实现过真正的公平，但有效避免了无休止地贸易争端，维系了经济全球化的长期发展。需要指出的是，今天的经济全球化已经发生了重大变化，人类命运共同体已经不完全由少数大国主导控制，经济全球化也不再仅仅依靠世界贸易组织的谈判来维持共识。

作为大国企业，中国企业天然地承担着对中国、对周边地区、对世界的责任，这种责任不是为了道义上的虚名，而是出于维护国家战略安全的现实选择。新中国成立后特别是改革开放后，中国迫切需要重建与世界经贸体系的连接，而中国企业的现代化、国际化和历史性整体发展蝶变就是发展中国生产力、繁荣社会主义市场经济、提升人民生活福祉、推动构建人类命运共同体的重要手段。

让珠穆朗玛峰成长为世界第一高峰的是整个亚欧大陆板块与印度洋板块的相互碰撞挤压。促成今天中国企业在全球的影响和地位的原因,在于中国的崛起强大、中国企业历史性整体发展蝶变所形成的实力和积蓄的力量,以及经济全球化的强大推动作用和世界各国企业对中国企业新发展跨越的期待。

中国企业的新发展跨越将是面对日益激烈的全球竞争和复杂多变的国际政治经济环境所必须完成的关键一跃。中国企业的新发展跨越需要国家战略的引领,更需要国家顶层设计的支持推动和强国重企的有力牵引,而不仅仅是各个中国企业主体自发式的渐进发展升级。中国企业新发展跨越将是中国企业发展方式的重大转变,将更多来自中国企业对提升发展质量、弥补短板弱项、共同做强做优的集体认同和强烈意愿,而不再是基于国内市场规模和成本优势的简单扩张。中国企业新发展跨越是系统性优化和结构性升级,更多来自中国企业结构功能的整体性调整和生态功能的系统性强化,而不仅仅是增加几家世界500强企业。中国企业新发展跨越将是发展理念的创新,将更多来自中国特色现代企业制度、新发展理念和领导治理企业理论的发展创新,而不仅仅是停留在创造物质财富的积累扩张。中国企业新发展跨越是基于责任和实力的主动而为,更多来自中国企业主动维护经济全球化的使命责任和重构全球产业链、供应链和价值链的坚定信心,而不仅仅是对欧美国家"脱钩""断链"等威胁叫嚣的被动应对。中国企业新发展跨越是使命与担当的彰显,更多来自对推动国家崛起、民族复兴、人类命运共同体构建的强烈责任担当和家国情怀的驱动,而不仅仅是企业的做强做大。

中国企业正在感受发展转型升级的强大压力,也看到了时代赋予的重大机遇,把握历史前进大趋势的同时,应当清醒地认识和理性地看待当前所面临的复杂外部环境，认清正在或可能出现的曲折、风浪和湍流，以时不我待的紧迫感和危机感进一步加快做强做优做大。中美贸易斗争、新冠肺炎疫情蔓延和俄乌冲突所引发的全球经济连锁反应，让中国企业第一时间认清了未来外部环境的潜在风险和自身存在的系统性短板，让中国企业意识到必须尽快投入到全新的更加艰巨的改革与发展之中，倒逼中国企业必须抓住所剩不多的历史窗口期，以实现新的发展蝶变为目标、抓手和路径，加快做强做优，做世界一流。

中国企业需要通过新发展跨越提升中国企业的内部循环协同能力、整体竞争能力、创新引领能力、重大战略机遇把控能力，系统性防控风险能力，可持续发展能力，加快实现从"大"到"强大"再到"伟大"的新发展跨越，完成中华民族伟大复兴和国家和平崛起的历史新使命。通过重构和引领全球"三链"，推动经济全球化向平等均势、互利共生的方向转型升级，用中国企业的智慧和力量，创造中国趋势，分享中国机遇，彰显中国担当，形成推动经济全球化行稳致远的强大动能、整体力量和"中国常数"。

第八章
中国企业的新使命

　　家国情怀是所有中国企业最朴素的情感之源和最核心的发展动力。这种情感与动力源于中国企业在中华民族的苦难之中萌芽、在国家的危亡之际孕育、在民族复兴的道路上发展蝶变。中国企业比其他国家的企业更应清楚地认识到自己所肩负的责任使命,特别是中国进入新时代和新发展阶段,中国企业有更加强烈的使命认知、使命自觉、使命自信、使命责任和使命担当。中国企业的新发展跨越应始终以民族复兴为追求、以国家需要为依托、以人民向往为目标,紧扣新时代赋予的新使命,深深扎根于国家发展和民族复兴的沃土,中国企业才能有持续的旺盛发展动力。

　　加快做强做优做大是中国企业永恒的主题和追求。加快建设一批在各个领域的领军企业、科技创新企业、世界一流企业和强国重企,加快建设一批世界产业链的链长、供应链的链主和价值链的链顶企业,使中国大企业更大更强,中小企业更多更专,大企业规模进入世界行业前三,能力名列世界强企前茅,发展质量位居世界一流,这是中国企业新使命的重要内涵,也是承担国家使命和世界责任的前提基础。

中国企业的新发展跨越既是现代企业制度发展的必然趋势，是中国企业自我革新的使命自觉，也是中国崛起强大和民族复兴的需要，同时也是经济全球化面临新形势、新挑战的主动作为，是中国企业肩负新使命，实现新发展跨越必须扛起的责任担当。

一、创建具有全球竞争力的世界一流企业

打造一批具有全球竞争力的世界一流企业，是中国企业在新时代必须肩负的重要使命责任。世界第一家现代企业未诞生在中国，全球顶尖的世界一流企业目前也没有出现在中国，但中国是第一个在执政党报告中明确提出要建设世界一流企业的国家，也是第一个将打造世界一流企业、培育强国重企、推动企业发展跨越作为国家意志、国家行为和国家战略的国家，已经实现历史性整体发展蝶变的中国企业不仅有信心，且有条件、有能力、有基础、有优势去建设一批世界一流企业，这是中国企业义不容辞的使命担当，也是中国企业实现新发展跨越的光荣使命和重要目标。

推动中国企业实现新发展跨越是一个庞大的系统工程和长期国家战略，与中国企业第一次历史性整体发展蝶变相比，中国企业的新发展跨越具有更加清晰的目标路径和指标体系，是中国企业系统性地补短板、强弱项、提质量的过程，也是中国企业与党的重大方针、与国家重大战略主动对接融合的过程，必将使中国企业的新发展跨越产生强大的内在规范性、目标引领性和使命支

撑性。

培育一批具有全球竞争力的世界一流企业是中国一项国家战略,具有全局长远意义。有强大的中国企业作为基础和支撑,更多的国家战略才有实施的条件和保障。美国第30任总统柯立芝(1872—1933)曾经毫不避讳地说,美国的事业就是企业。美国主导世界的时代也是美国企业主导全球商业和科技的时代。今天,中国是全球最大货物出口国、最大外汇储备国、最大能源进口国、最大粮食进口国、世界第二大经济体、第二大货物进口国、第二大对外直接投资国,中国不仅是全世界企业数量最多的国家,也是世界500强企业数量最多的国家,中国已经迈入全球企业强国之列,今天的中国企业可以不谋求"一言九鼎"的全球主导地位,但一定要拥有不被别人主导的能力。

在全面建成小康社会、国家崛起强大、民族伟大复兴的关键时刻,在全球新冠肺炎疫情对人类生命健康造成巨大伤害、对各国企业造成巨大冲击、对世界经济造成全面衰退的特殊时期,稳定、开放与发展比任何时期都来得珍贵。中国企业是中国社会主义市场经济的核心载体,是国民经济的"顶梁柱",是中国社会稳定的"压舱石",是先进文化的"传播者"。进入新时代,面对更加复杂的外部环境和激烈的全球竞争,中国企业必须加快做强做优做大,因为只有自身强大优秀,中国企业才能真正掌握自己的命运发展轨迹而不被其他强权国家所霸凌,才能承担起新的国家使命、民族责任与历史担当,才能拥有更加强大的力量为党和国家作出更大的贡献,才能真正延续和发展中国企业时代。

只有做强才有做大的支撑,只有做优才有持续强大的基础,只有综合实力进入世界行业前列才能实现发展自主,才能成为真正的世界一流企业。新时代和新发展阶段,中国企业需要以建设世界一流企业和强国重企为目标和路径,加快做强做优做大、实现新发展跨越,推动中国企业整体实力和发展质量的全面提升。

加快做强做优做大既是中国企业的元使命和永恒使命,也是中国企业实现新发展跨越的重要路径,是中国企业服务国家发展、推动民族复兴的具体实践。美国的霸权主义和新冠肺炎疫情给经济全球化的可持续发展带来了极大不确定性,经济全球化将面临深刻变化和重大调整,将倒逼中国企业加快完成新发展跨越。经济全球化正在经历自第二次世界大战以来最严重的一次"脱钩""断链"的极限压力测试,中国企业所打造的"世界工厂"地位越来越巩固,但也因此遭到了以美国为首的西方更加严重的猜忌甚至不择手段的"硬脱钩"和"霸凌"。中国企业在世界经济政治体系中正担当着越来越重要的角色,也只有直面这些挑战才能真正培育出一批世界一流企业,完成从大到强大的新发展跨越,才能真正提升中国企业的国际影响力、竞争力和话语权,在全球产业体系中享有相应的地位,以从容和自信的姿态站在世界企业舞台中央。

二、推动国家高质量发展和民族伟大复兴

中国企业是中国共产党执政兴国的重要支柱和依靠力量,也是中国特色社会主义的重要物质基础和经济基础。中国企业不仅为社会创造财富、提供产品和服务,而且还要为国家创造和提供大量就业岗位,中国企业是党和国家与广大人民群众之间的连接

枢纽，党的方针政策、国家的制度福利需要通过企业转化为众多具体的惠民福利，成为广大人民群众追求幸福美好生活的保障和依托。从这个角度看，中国企业是中国共产党治国理政的重要路径和有效工具，承担着为党和国家强国富民强军的国家使命，承载着保供稳价的社会责任。中国企业越强大，中国人民的生活就越富足，党执政的基础就越稳固，国家发展的根基就越坚实，中华民族伟大复兴的事业就会更快实现。

推动中华民族实现伟大复兴是中国企业的时代使命，是多重使命中最重要的使命。实现中华民族伟大复兴需要紧扣国家崛起强大，将中国建设成为社会主义现代化强国，实现国家的完全统一。在此基础上，实现中国人民的共同富裕、中国人民的全面发展和中华民族物质文明和精神文明大繁荣，建设人类命运共同体。这是中国企业新时代的新使命、新任务和新责任，中国企业要为实现上述民族复兴的伟大目标而奋斗，首先需要重点完成好三大任务。

一是努力实现国家关键核心技术、材料和控制软件研发自立自强。

新时代、新变局、新发展阶段和新发展格局更加需要中国企业把科技自立自强作为推动企业发展、服务国家强大的战略支撑。全球新一轮科技革命和产业变革正加速演进，正在深刻改变着世界格局。科技创新在国家发展中的战略支撑作用越来越凸显，特别是作为世界大国的中国能否做到科技自立自强，能否掌握关键核心技术，能否形成强大的全球战略资源配置能力，这直接关系到中国向高质量发展转型的成败，是中国企业必须扛起的国家使命和时代责任。

百年变局、新冠肺炎疫情、中美博弈和俄乌冲突，多种因素推动世界进入新的变革期。经过近年来的中美博弈，美国已经深刻意识到，短期内无法与中国彻底脱钩，终止全球化并不现实也不可行。基于上述认知，美国选择在高新技术领域率先与中国脱钩，对中国高科技企业实施制裁打压，以阻碍中国前沿科技的发展速度，将中国企业从全球高新技术产业链和价值链排挤出去，以此达到延缓中国崛起强大、延续美国霸权的目的。

实现中国科技自立自强体现了党中央的远见卓识，是一项具有重大价值和深远影响的长期战略，它不仅关系到中国企业实现新发展跨越、中国实现崛起强大，而且关系到中华民族伟大复兴的进程和中国未来可持续地高质量发展，这是一个需要中国企业深刻认知和长期践行的重大时代命题。

中国企业应当丢掉幻想，做好长期战略和持续奋斗攻关的准备，通过国家确立科技自立自强的战略，充分发挥新型举国体制优势，以市场机制激励企业科技创新投入力度，全面系统地解决未来中国在关键技术、关键材料、关键设备和关键工艺等方面被"卡脖子"的隐患。坚定高水平对外开放的决心和信心，构建开放平台推动国际创新合作与成果共享，打造独立自主的科技创新路径体系，形成既竞争又合作、并行不悖的高科技产业发展格局，利用中国的市场优势、产业链优势和战略资源优势与美国博弈竞争，打破美国对中国科技企业的围堵封锁。加快实现国家科技自立自强是中国企业新发展阶段的重大使命和历史责任，必须持续提升中国企业的科技自主创新能力。中国企业需要深刻把握国际科技前沿发展趋势，越是面临封锁打压，越不能搞自我封闭，而是更加主动地融入全球创新体系，在开放合作中提升中国企业的科技创新能力，并同世界分享更多的中国科技创新成果。

二是深刻认知中国作为全球制造大国和实体经济大国的战略地位和重大价值，加快做强做优实体制造业，为巩固中国的世界制造强国地位作出新贡献。

制造业是国家综合实力和国际竞争力的重要体现，是立国之本、兴国之器和强国之基，决定着一个国家在经济全球化格局中的国际分工地位。党的十八大以来，习近平总书记多次强调，"不论经济发展到什么时候，实体经济都是我国经济发展、在国际经济竞争中赢得主动的根基"，"高度重视实体经济健康发展，增强实体经济赢利能力"。进入新时代以来，中国制造业取得了举世瞩目的发展成就。回首波澜壮阔的百年发展历程，中国制造业实现了由小到大、由弱到强的历史性跨越，由落后的农业国发展成为世界第一制造业大国，中国工业已经形成了以超大规模和完整体系为核心的独特优势。2012年至2021年，中国制造业增加值从16.98万亿元增长到31.4万亿元，连续12年保持世界第一制造业大国地位，总体规模、科技创新能力、综合实力跃上新台阶。

强大的制造业对于中国保持经济长期繁荣和维护国家安全都具有举足轻重的作用。中国制造业虽然面临诸多问题与挑战，与世界制造强国相比，中国大型制造企业存在"大而不强"现象，在质量效益、创新能力、价值创造力、品牌影响力、生态控制力和国际化水平等方面有待提高；中小制造企业创新能力、盈利能力、抗风险能力较弱，生产经营面临的困难问题增多，发展方式亟待转变。中国要真正成为全球制造强国，中国企业须需持续加快补齐短板，提升制造业核心竞争力，以创新驱动为关键，在明确强化国家战略科技力量的同时，把更多目光和精力放在培植世界一流制造企业上。从全球制造业发展格局和发展趋势看，全球制造业正在迎来新变革，国际技术和人才资源在全球范围内将重新配置，这为中国制造业成为制造强国和中国企业的新发展跨越带来了新的契机。

三是为建设网络强国、数字强国和智慧中国努力奋斗。

截至2021年12月，中国网民数量已经达到10.32亿，网站数量、互联网企业数量、电子商务交易规模均位居世界前列，实现了互联网发展的"弯道超车"。习近平总书记指出："信息化为中华民族带来了千载难逢的机遇。"党的十八届五中全会明确提出实施网络强国战略和国家大数据战略，党的十九大提出建设网络强国、数字中国、智慧社会，国家"十四五"规划纲要明确了新发展阶段推进网络强国的战略重点，中国从网络大国向网络强国迈进的步伐更加坚实。在此背景下，中国提出建设数字中国，以更好地服务经济社会发展和人民生活改善。在科技革命浪潮奔涌的时代，发展数字经济，实现全产业的数字化转型，建设网络强国是中国企业必须扛起的又一重大使命责任。

美国之所以敢于提出对中国企业实施技术脱钩，是认为中国企业存在技术"死穴"，如芯片制造、底层操作系统、算法等核心关键技术严重依赖美国或其他西方企业。美国智库分析认为，近十年来，中国企业在应用创新、工程创新、商业模式创新等数字产业链中端、前端等方面做得很好，但在基础研究、前沿理论等产业链基础性后端方面却很欠缺，这些基础研究和颠覆性前沿技术的成果主要由美国为代表的西方发达国家企业所创造，如果中美在数字化产业链上脱钩，中国将无法获取数字产业的"种子"。因此，只有补上基础研究的短板，中国企业才能在前沿科学技术上实现赶超。

中国企业在新时代的一个重要新使命就是建设数字强国，实现中国的数字化自立自强，激活数据要素潜能，推进网络强国建设，加快建设数字经济，服务数字社会和数字政府建设，以数字化转型整体驱动生产方式、生活方式和治理方式的重大变革。

三、为人民军队提供世界一流武器装备

习近平总书记在庆祝中国人民解放军建军90周年阅兵时发表重要讲话指出"把我们这支英雄的人民军队建设成为世界一流军队"，武器装备直接关系到建设世界一流人民军队、维护国家领土主权完整安全、实现国家完全统一，直接关系到中国崛起强大能否持续和稳定。

在信息科技和人工智能等新技术的加持下，现代战争形态已经发生了深刻变化，作战形式、打击手段已经完全不同于传统战争形态，按钮战争、无人战争、信息战争、智能战争已经成为现代战争的主要形态，呈现出电子信息对抗先行、远程精确打击为主、无人武器主攻的混合战争形态。尖端科技在军用和民用之间的界限越来越模糊，中国企业如何加快研发生产尖端武器装备，为建设世界一流人民军队作出新的贡献，既是中国企业面临的重

大课题，也是中国企业肩负的新使命。

建设世界一流军队，关键要提高军队国防现代化水平，保证军队的战斗能力和军事先进性，实现科技兴军、改革强军的目标。世界一流军队的建设与军队武器装备的水平、质量息息相关。打造世界一流的武器装备是中国军工企业新时代的一项重要使命任务，也是跻身世界一流企业的重要途径。

不断改革创新军队战法是保障人民军队获得胜利的关键，军队先进的战法需要有一流的武器装备作支撑，武器装备的现代化是人民军队战法与时俱进、不断创新的基础，而实现一流武器装备需要中国企业研发制造和持续创新。世界一流军队的建设必须实现科技化、现代化、智能信息化。越先进的武器装备越能为国家战争制胜提供帮助。而具有未来引领实力的先进武器装备，不仅在技术和性能上要有出色表现，而且要实现技术武器化、武器实战化、实战必胜化，世界一流的装备质量才能保障先进科技性武器能够在实际战斗中发挥精准打击和高效毁伤功能。中国军工企业在引领未来武器装备的研发、制造和创新中，要全力保障先进武器装备质量和实战应用性，用先进装备和高质量武器为国家战争主导能力和国家战争行动水平提供有力支撑。

为建设世界一流的人民军队提供世界一流的武器装备，是中国军工企业必须肩负起的伟大使命，以强军为主责主业，集中资源力量，不惜一切代价，不断创新研发制造出让对手畏惧的犀利武器装备，保卫中国的主权和领土完整。

同时，局部战争也伴随着全球性的经济制裁与反制裁、战略资源封锁与反封锁，全球经济与地缘政治格局同频共振，经济领域的冲突丝毫不亚于战场。以俄乌冲突为例,"下场"制裁俄罗斯的西方企业甚至包括可口可乐、星巴克咖啡和麦当劳,看似让人啼笑皆非的制裁名单背后,是残酷的国家经济安全博弈。因此,维护国家安全并不仅仅是政府、军队和军工企业的责任,而是所有中国企业共同的使命。

四、为构建人类命运共同体贡献力量

中国正日益成为具有全球影响力的对外投资大国,不仅在货物贸易和服务贸易出口方面,在国际投资领域发挥重要影响,在这背后中国企业的力量功不可没。联合国贸发会议的《世界投资报告2021》显示,中国是全球第二大外国直接投资流入国,同时也是全球第一大外国直接投资流出国,投资总额达1 330亿美元。

在全球复杂多变的环境背景下,任何国家对变革的诉求、对崛起强大的需要都要有强大的企业实力作为支撑和载体。中国企业的新发展跨越 不会始终充满鲜花和掌声,中国的世界一流企业必将在重大机遇与严峻挑战中脱颖而出。

中国的崛起强大和中国企业的历史性整体发展蝶变已经是不争的事实,中国始终坚定高举经济全球化大旗,反对一切形式的保护主义,同时努力引领经济全球化进程向更加包容普惠的方向发展。中国企业的新发展跨越将是对经济全球化的最有力支持。

中国将在世界政治经济体系扮演着越来越重要的角色,目前绝大多数中国企业都已经深深嵌入全球化的紧密链条之中,对于所有的中国企业而言，已经没有偏安一隅暗自发展强大的可能，必须在与全球企业的平等合作竞争中做大做强、做成世界一流企业。完成从"大"到"强大"的蜕变，真正提升中国企业亟须的国际影响力和国际竞争力，在全球产业体系中享有一席之地。中国企业已经成为全球经济增长的重要贡献者、经济全球化的有力推动者，而坚持扩大对外开放并拥有一批世界一流企业的中国，以及完成新发展跨越的中国企业，必将向世界释放更大红利，为世界经济增长作出更大贡献。

五、创新中国特色现代企业制度和治理理论

英国前首相撒切尔夫人曾经说过，中国并不可怕，因为她只生产冰箱洗衣机，并不生产可以影响世界的思想观念。中国企业创新建立具有中国特色的现代企业制度、现代企业治理理论和现代企业管理学说，既是中国企业在新时代的使命责任，也是中国企业发展之急需，中国企业已经具备了承担这项使命责任的基础条件和创新能力，同时也已经具有了足够的底气。

中国企业的新发展跨越必须走制度创新引领之路，但在西方经济学理论中找不到现成的答案，在苏联的社会主义治理经验中也找不到成功的经验模板，在西方企业强国中也缺乏可以借鉴的标准范式。中国企业具有的独特优势，独特发展路径和巨大成功，积累的丰富实践经验，应当进行系统的科学总结，原理提炼和学术表达，从西方经济学和管理学的"影子"中走出来，创新建立

具有中国特色的中国企业的知识体系和理论体系。

新中国之所以能够创造今天举世瞩目的改革发展建设成就，关键在于中国共产党在引进马克思列宁主义的基础上，结合中国实际创造性地形成了中国特色社会主义理论体系，用中国理论指导中国的改革发展实践，用中国的理论拓展中国创造和中国未来。事实证明，中国特色社会主义理论和中国特色社会主义道路已经赢得了全世界的广泛认可，这就是中国的制度自信、道路自信和理论自信。

中国企业从改革开放之初就开始引入、学习和借鉴西方经济学和现代企业的治理制度、管理理论和教育体系，并结合中国国情和中国企业实际进行了积极的本土化改造和应用创新，使中国企业的制度模式和管理理论初步具有了中国特色。今天的中国已经是世界企业大国和世界500强企业数量最多的国家，中国企业已经不再是西方企业的跟跑者，在许多领域已经是引领者和主导者。如果继续完全沿用西方的企业制度、企业规则和企业管理理论会束缚中国企业的视野和创新空间，很难形成符合中国企业新发展跨越所需要的节奏。中国企业急需建立能够解释过去的成功、解答目前困惑、指引未来发展的理论体系，同时避免陷入西方打压中国企业的制度陷阱。

现代企业制度在西方首创但从来不是西方的专利，任何一个国家和民族都有发展、创新现代企业制度和现代企业理论的需要和权利。现代企业制度并没有优劣之分，也难以形成完全、统一和标准化的规范。现代企业制度的伟力取决于深度结合本国国情、特定历史、政治制度、经济体制、法律体系及社会文化传统等诸多因素进行本土化的创新发展和实践完善。现代企业制度丛林中，遵循规律、扬长避短、体现优势、理性选择、创新创造、各具特色、与时俱进应当是时代变迁进程中的共同基调。今天，中国企业在中国乃至世界经济和社会生活中的地位、影响、作用和贡献已经不是西方经济学、企业治理理论和企业管理学说所能系统解释和准确说明的，中国企业迫切需要加快创新建立具有中国特色的现代企业制度、现代企业治理理论和现代企业管理学说。

回顾新中国成立以来，特别是改革开放40多年来，随着中国对市场经济规律的逐步把握，对现代企业性质、地位、作用与功能的认识深化，现代企业制度在中国得到不断创新发展。党的十四届三中全会明确提出建立"产权清晰、权责明确、政企分开、管理科学"的现代企业制度，具有标志性和里程碑意义。

进入新时代，中国企业发展面临的国际环境、市场规则、社会主体技术群和经济发展范式都发生了巨大变化。如何在新时代和百年未有之大变局的背景下促进中国企业在复杂多变的国际环境、市场环境、技术环境中实现高质量发展，绿色低碳转型、持续做强做优做大，是中国特色现代企业制度、治理理论和企业管理学说必须解决的时代课题。

制度的优势在于用尽可能少的管理成本去调动尽可能多的资源，并且制度在设计上可以不断动态优化完善，使所有参与者都能被激励并且朝着同一个目标前进。以扑克牌为例，这种古老的纸牌游戏起源于12—13世纪的欧洲，几个世纪以来风靡全球，尽管只有54张牌，却在不同的国家和民族之中孕育出数千种不同的游戏规则，并且规则不断地改进更新，使其成为跨越民族文化、社会阶层、老幼皆宜的休闲活动和智力竞技项目。同理，制度的生命力和活力在于不断地与时俱进和本土化改良创新。

新时代赋予中国企业新使命的一项重要内容，就是立足中国企业的巨大成功发展创新和管理实践，加快推动现代企业制度和治理管理理论创新。具有中国特色的现代企业制度和企业治理理论、管理学说，要根植于中国的土壤，揭示中国企业的创新发展和成功实践背后的规律与机理，提出具有原创性的理论观点和中国原创性概念。要大力挖掘中国传统管理思想精髓，推动其创造性转化、创新性发展，探索本土化与国际化兼具的中国特色现代企业制度、治理理论和管理学说。还要围绕中国企业为什么能成功，如何继续成功，如何将党的领导融入现代企业治理各环节中，如何实现创新发展，如何实现高质量发展，如何进一步做强做优做大，如何建设世界一流企业等重大问题展开深入研究，发掘中国企业创新发展中的独特机理规律，更好地指导中国企业加快实现新发展跨越。

中国企业的改革发展已进入新阶段，公司制、股份制、市场化、现代化、国际化改革步伐日益加快，在探索实现公有制与市场经济有机结合的过程中，将党的领导深度融入现代企业治理体系，坚持"两个一以贯之"需要中国政府、中国企业、中国智库共同建立和完善中国特色现代企业制度、中国特色现代企业治理结构、治理理论和管理学说，需要进一步明确中国企业的新使命，明确国家发展和企业追求的新要求，这对中国企业实现新发展跨越进而引领世界企业发展具有方向性和指引性意义。

中国已经是世界企业大国，未来将成为世界企业强国，中国企业具有特殊实践、特殊优势、特殊属性、特殊使命和特殊潜力,不仅应当建立具有中国特色的现代企业制度、中国企业治理理论和管理学说,还要创建中国企业独具特色的发展范式。这是中国企业必须扛起的重大责任,也是为世界现代企业制度的创新发展作出新的贡献。

六、促进全社会实现共同富裕

摆脱贫困落后实现共同富裕,是中华民族伟大复兴的重要标志和根本目标。回首中国百年奋斗历程,中国共产党一直把共同富裕作为第二个百年奋斗目标来追求,把共同富裕作为初心使命来践行推进。党的十八大以来,以习近平同志为核心的党中央团结带领全党全国各族人民,始终朝着实现共同富裕的目标不懈努力,全面建成小康社会取得伟大历史性成就,为中国新发展阶段推动共同富裕奠定了坚实基础。

中央财经委员会第十次会议指出,"把促进全体人民共同富裕作为为人民谋幸福的着力点",强调要"正确处理效率和公平的关系","构建初次分配、再分配、三次分配协调配套的基础性制度安排","形成中间大、两头小的橄榄型分配结构"。这一重大战略部署,为中国在高质量发展中促进共同富裕指明了方向。

初次分配追求效率,再分配强调公平,三次分配的目标指向是社会共同富裕。对于国家来讲,需要制定科学合理的发展战略,提供公平高效、服务周到的政务服务。对于中国企业来说,需要围绕国家重大发展战略，通过重大科技攻关，把产业项目做大做强，通过投资兴业平衡城乡差距，缩小区域差距，提高就业率和参保率，弥补就业机会差距，为实现共同富裕作出积极贡献。

共同富裕是全体人民的富裕，是人民群众物质生活和精神生活都富裕，不是少数人的富裕，也不是整齐划一的平均主义，需要分阶段促进共同富裕。《共产党宣言》中仅有一次出现了"分配"，而"占有"则出现了15次。这里的"占有"在社会主义制度下可以理解为对生产资料的充分利用。对于任何一个国家来说，财富的创造和分配都是各国需要面对的重大问题，不少国家在社会财富不断增长的同时长期存在贫富差距扩大，解决贫富两极分化仅靠分配并不足以实现全民的共同富裕和持续富裕，只有做大社会财富的蛋糕，才能实现全民的持续共同富裕。中国企业的功能在于提升现有资源的利用效率和分配效率，最重要的是激发企业全体员工的奋斗本能，激励他们为了共同的目标去奋斗和创造价值，实现中国人民在精神层面的共同富足和物质层面的共同富裕。

实现全体人民共同富裕的宏伟目标，最终靠的是发展。发展是基础，唯有发展才能满足人民对美好生活的向往，没有扎扎实实的发展成果，共同富裕就无从谈起。中国人民的共同富裕必须建立在高质量发展和共同奋斗之上，要树立创新致富、勤劳致富、奋斗致富、发展致富的理念，通过创造性劳动和持续性奋斗实现稳定增收致富。促进共同富裕，需要提高发展的平衡性、协调性、包容性，加快完善社会主义市场经济体制，增强区域发展的平衡性，强化行业发展的协调性。中国企业有责任反哺社会，在社会财富三次分配中主动承担社会责任，鼓励先富带动后富，助力整个社会实现共同富裕。社会整体实现共同富裕后,社会治理结构稳定,国民消费能力和需求能力增强,将推动中国企业的新发展跨越,形成良性循环。

中国企业需要尽快实现新的发展跨越,这既是现代企业制度的客观规律,也是其自身的发展需要,同时也是国家的发展需要和世界的期待。中国企业需要通过新发展跨越系统性补齐蝶变后的短板弱项,集中解决前期发展所遗留的问题,加快提升核心能力和系统能力,尽快解决大而不强、富而不忧的发展隐忧。中国企业需要以新的发展跨越为路径,加快做强做优做大,建设更多的世界一流企业和强国重企,推动中国的持续强大和中华民族的伟大复兴。中国企业需要以新的发展跨越为机遇,充分发挥作为世界经济重要自变量的正效应,创造更多的发展机遇和综合红利,引领经济全球化持续健康发展,为建设人类命运共同体作出更大贡献。

新发展跨越是中国企业在中国特色社会主义新时代和百年未有之大变局背景下的新觉醒,需要超越企业范畴、产业领域和经济层面去认识、把握和推动,需要以更高的大国站位,更广阔的全球视野,更深远的历史思维,更开放的思想理念,更先进的制度去引领,以重塑未来全球经济秩序的胆识担当。用中国企业的新发展蝶变创造新机遇、推动新发展、引领新范式、实现新跨越,形成支撑国家和平崛起、服务中华民族伟大复兴、推动经济全球化行稳致远的强大合力。

重企強国 ②

第三部分

实现新发展跨越的机遇挑战和战略路径

★ 第九章　加快数字化转型　实现中国企业发展新跨越

★ 第十章　"双碳目标"开启中国绿色低碳发展新时代

★ 第十一章　构建中国特色现代企业制度和治理结构

★ 第十二章　"走出去":中国企业新发展跨越的必经之路

★ 第十三章　高水平对外开放:中国企业新发展跨越的重大机遇

今天的中国比以往任何时候都有条件和需要培育一批具有全球影响力的强国重企来支撑国家崛起强大、推动民族伟大复兴。今天的中国企业比以往任何时候都更加具备把握自身前途命运和发展机遇的能力。新发展跨越是中国企业集体肩负新使命的一次整体发展跃升，需要在全球发展格局和长远历史维度中去认识和把握，需要有理论指引和思想指导，也需要战略引领和路径牵引。

实现新发展跨越是中国企业的战略目标，实现这一战略目标需要分析挑战、把握机遇，抓住现实可行的战略路径，逐步实现战略目标。中国企业需要直面新挑战、把握新机遇、开拓新领域、提升新能力、破解新难题以实现新发展跨越。加快数字化转型、创新建立具有中国特色的现代企业制度和治理结构、推动绿色低碳发展、"走出去"开展国际化经营、高水平对外开放等都为中国企业实现新发展跨越提供了战略机遇和战略路径。如果每一家中国企业都能够继续以家国情怀、民族智慧、历史担当、全球视野去实践中国企业的新发展跨越，那么千千万万的中国企业将汇聚成一股强大的洪流，成为复兴民族、富强国家、影响世界、塑造未来的磅礴力量。

第九章
加快数字化转型 实现中国企业发展新跨越

数字化是人类文明进入新发展阶段的重要标志，是人类社会发展向前的阶梯和传承智慧的载体，也是人类认识世界和改造世界的工具。数字化正以其独有的方式影响着现实世界，塑造着信息时代的社会生活。

数字化是科学的发明创造，是极富价值的智慧工具，是强大的技术逻辑。世界已经进入数字化时代，时空、万物和一切过程都将被数字化赋能改造，以人工智能的方式被分析利用。数字经济作为一种全新的经济形态正在深刻改变全球传统的经济发展范式，以前所未有的强大力量构建未来世界全新的经济社会发展模式。

加快数字化转型是中国企业实现新发展跨越的重大战略机遇，抓住了数字化转型的机遇就抓住了未来世界经济发展的战略制高点。中国企业加快推进数字化转型升级发展，具有重大的战略意义和现实价值，不仅是中国企业实现新发展跨越的必由之路，而且是进一步加快做强做优做大、提升全球竞争力的重大战略举措。

一、数字化是人类认识和改造世界的重要工具

人类文明的发展进步始终遵循着一条朴素的逻辑：分享和融合才能带来文明的进步，交流和互鉴才能使文明丰富多样。孤岛上的文明注定是停滞的文明孤岛，地理分隔所造成的文化壁垒长期以来都是阻碍人类文明进步的客观因素。构建真正的人类命运共同体，就需要一种能够打通文化壁垒、跨越认知鸿沟的桥梁——数字化。

人类社会进入信息时代特别是移动互联网时代以后，时间、空间乃至一切事物、一切过程都可以数字化的方式被感知和理解，以数据化的方式被记录和存储，以人工智能化的方式被分析和利用。数字化是实现万物互联互通的枢纽，借助数字化高新技术和数字化产业，人类可以构建更具便利性、高效性、公平性和透明性的新基础设施，同时也赋予传统产业发现新价值、创造新财富、引发新变革、实现产业数字化的能力。

（一）数据是人类步入文明时代的重要标志

人类社会从原始走向文明的一个重要驱动力就是信息等数据的存储，数据的历史可能和人类社会的历史一样久远，可以追溯到上古时期原始氏族社会的岩画和结绳记事。当人类的智人祖先以岩画、绳结的方式记录采集、狩猎和祭祀等重要信息时，就已经开始在人类的基因和文明中种下了数据思维的种子。

在语言出现之后、文字出现之前，人类的祖先为了把本部落的重大事件记录流传下去，便用不同粗细的绳子，结成不同距离不同大小的结，用以记载和表达不同的意思，由专人记录并代

代相传。结绳记事的出现改变了人类的命运，知识和经验的传承不再依赖于不精确的口耳相传，信息的传递第一次变得快捷且确切，人类文明的种子在"数据之水"浇灌下得以如星火燎原般散播生长。考古研究发现，没有文字系统的美洲印加文明甚至依靠结绳记事的方式管理着庞大的帝国，直到16世纪被西班牙人所覆灭的时候，印加帝国使用的仍然是这一套数据管理体系。

结绳记事是人类抽象思维的一种共同体现。在人类社会早期，不同地区、不同文明中都先后出现了结绳记事的记录方式。《周易·系辞》中记载："上古结绳而治"。马克思在《摩尔根〈古代社会〉一书摘要》中，详细说明了美洲的印第安人如何使用各色贝珠穿成的绳带来记事。这说明，数据思维是人类社会共同的思维模式，人类的祖先通过抽象化的绳结来记载历史、传递智慧，这种思维模式也随同人类的历史流传下来。

结绳记事是人类数据思维的重要体现，是人类文明的传承和发展不可替代的重要工具，它比人类个体的记忆力和信息处理能力更可靠，由人类进行群体劳作而形成，它比语言更能长期保存，并且不会随着传播次数的增加和传播距离的扩大而失真；它比绘画更加抽象，更难以掌握但却可以用最简洁的符号表达更多的信息，极大提升了人类的抽象思维能力，并为文字与数字的出现奠定了基础。我们不难发现，奠定今天数字化社会基础的二进制算法背后，0与1的二进制代码仍然有结绳记事"线"与"结"的影子，复杂的人工智能算法背后，也可能遵循着古老的数据逻辑和思维法则。

从结绳记事到人工智能和云计算，从造纸术到无纸化办公，从算盘到量子计算机，从书信到无线电再到移动互联网和星链，数据传输和处理方式的演进已逐步成为推动文明进步、社会发展、联通全球的重要力量和有效手段,数据的传递、存储和应用极大促进了社会生产力和生产效率的不断提升,新的经济产业和新的经济发展范式应运而生,新的社会基础和上层建筑也因此而构建。

数据是人类行为信息的记录,是人类对已知世界的观察描述,是人类知识智慧的载体,是当代最具价值和最重要的非自然资源,是国家和企业最重要的战略资产,是新财富的源泉,是信息时代的货币,是通向未来的捷径。

(二)数据思维是人类共同的思维模式

如果我们以现代物理学的视角解释现实世界,那么一切物质从本质上都可以分解为原子、质子、电子乃至夸克。同样,如果我们以数据思维去观察、认识和解释世界,那么物质存在的状态也能够用数据的方式去描述、记载、解释、理解和存储。

宇宙中所有星体都遵循着天体力学的规律,处在永恒却规律的运动中,其内在的运行机理有其独特的逻辑规律,而人类的天文学就是用数据、数字去记录和解读其中的逻辑、规律和机理。天文学是一项非常古老的科学,直到阿波罗计划登月之前,人类还从未真正近距离接触过地外星体。但通过不同时代的人类文明接续几千年的观测和记录,积累了大量天体的运行数据,从最初的占卜、祭祀到指导农业生产,随着观测手段的不断进步,人类不仅发现了太阳系星体的运行规律,实现了从"地心说"到"日心说"的理论跨越,掌握了太阳系主要星体的物质构成,并且通过现代探月工程、火星探索工程证实了前人的观测结果。这表明,当人类对一项事物的观察时间越长、观察维度越多、观察精度越高，那么积累的数据就越多，掌握更多的数据就越能接近事物运行的规律，进而揭示事物的本质。

数据化思维是以客观数据和量化信息为载体的一种逻辑思维，数据的独有特色为思维赋予了全新内容。人类已开始进入信息时代和数字经济时代，一切皆可数据化，一切数据皆可数字化，一切被数字化的事物皆可被测量和感知。数据已经成为人类认识自己和解读世界的通用语言。用数据化思维解决问题，就是用数据的逻辑和语言来描述问题、解释问题和解决问题，从发现问题、分析问题到解决问题都以数据为线索和工具。数据化思维为人类提供了一种全新的思维方式，广泛应用于现实生活中的各个领域。

数据思维是人类共通的一种抽象思维，人类社会的发展史从某种意义上说是一部数据收集、分析、处理和应用的演化史，也是一部不断发现数据价值、创新数据功能、用数据解释世界、用数据解决问题的文明发展史。人类早在电子计算机问世之前，就已经进入数据时代，数据处理技术与数据资产运营方式的不断进步，推动着人类社会从蛮荒原始走向文明开化，从蒙昧步入文明。数据思维也预示着人类必然走向信息化和数字化时代。

（三）二进制代码是人类进入数字化时代的钥匙和具有划时代意义的伟大发明

近代科学之父伽利略说，宇宙这部鸿篇巨制是用数学语言写成的。尽管这种说法难免有些夸张，但是我们仍能从中感悟和理解到，数学和数字是现代世界最简洁、最精确和最通用的描述客观世界和事物本质的"工具"和"语言"。

宇宙万物之间存在着密切的联系，而数学是人类现有科技水平下表述这种联系最简洁、最精确、最优美的语言。从古希腊、古印度、古中国到古印加，不同地域、不同时代的文明都发展出了灿烂的数学。今天，数学已经被公认为是人类认识世界最基本的工具之一，也是解释世界和自然规律的通用语言，在不同的文化形态中，数学作为工具和语言都被自觉地创造和使用，并被用来解释同一种客观现象，比如圆周率、勾股定理等。再比如，对于表述"57"只羊这一事实，用古中国的十六进制算法就写作39，古印度的十进制算法应写为57，用二进制算法就写为111001，就像英语、法语、汉语一样，不同的数学算法就像不同的语言，但描述和指向的都是同一个事物。

随着全球一体化的发展，人类迫切需要创造一种共通的逻辑算法和语言体系。计算机的发明和二进制的推广应用，为人类提供了通用的数字语言和表达工具，全世界第一次在基础算法领域实现了全球一体化，这不得不说是一次伟大的划时代创举。

最简单的机械结构往往是最耐用的工具，最朴素的算法往往是最可靠的方式，最优美的语言往往也是最简洁的表述。二进制是数学中最简单的一种记数法，虽然现实社会普遍采用十进制，但由于二进制每位数只有1和0两个数字，具有二值性，所以任何"有或无""开或关"的二态事物都可以用二进制语言来表达。采用二进制极大简化了计算机的设计，加快了人类社会数字化和信息化进程，二进制成为开启人类社会进入数字化和信息化时代的金钥匙。

二进制之美，美在大道至简。二进制并不是最完美的算法，但却是人类在已有的知识和技术基础上，能够实现的最有效率的算法。二进制的发明为人类社会进入数字化提供了可能，也为数字经济的萌芽和发展奠定了具有革命性意义的基础，其价值和意义怎样评价都不为过。这再次证明了一个观点，即使跨越不同时代和文化隔阂，人类在数据思维、数理思维和抽象思维方面仍然具有相通性和一致性。

（四）时空、万物、一切过程皆可数字化

今天，我们既生存在一个物质构成的星球上，也生活在一个由各种信息和联系所编织的社会网络之中。衡量一个社会、一个时代进步与否的标志，一方面是看它所创造物质财富的多少，另一方面还要看它所创造的信息和数据的多少。全人类都正身处信息和数据爆炸式生产的时代。互联网数据中心（Internet Data Center，简称IDC）统计显示，2020年全球产生数据量超过40ZB（1ZB=十万亿亿字节），相当于地球上每个人每年产生5 200GB的数据。人与社会的互动时时刻刻都在创造信息，互动越频繁，创造的数据就越多，产生的价值也越大。与此同时，数据还通过资源优化、投入替代、价值倍增等方式，实现传统要素资源配置效率的持续优化、传统要素投入和功能的替代、传统单一要素生产效能的提升。

随着信息技术、人工智能以及算法与算力的不断升级，数字产物对物理实体的依赖越来越少，不再是现实物理实体的数字映射模型，而是逐步具有一定的独立性（如基于区块链技术的数字

虚拟货币），从而产生一种超然于物理世界的数字虚拟世界，不仅能够最大限度地还原人的现实生活方式，还能创造现实世界从未存在也无法存在的生活方式，比如元宇宙、虚拟产品交易、VR（虚拟现实）和AR（增强现实）互动等。这些被数字化的虚拟活动已逐渐成为人们对于世界的一种全新认识、感知体验和实践表达方式，从而构建起新的生活方式、社交手段、社会关系和经济发展范式。

当我们能够用数字技术描述事物生成与发展过程，并赋予它一种创造力时，就自然而然地开始认同构成世界的另一个基础是万物同质、万物皆数，一切事物在时空中所处的位置和发生发展的变化过程也都是数，其结构和内在联系可以用各种数学关系来表示。

古希腊毕达哥拉斯主义[1]认为，"数是宇宙的基本实在，是事物的原则与原料，也是事物的性质与力量"，毕达哥拉斯主义用数来解释宇宙、灵魂和音乐的本质，从而使万事万物获得其自身的显现。毕达哥拉斯主义是客观唯心主义哲学的代表，该学派对"数"的认知和崇拜停留在较为原始、朴素的阶段，他们显然无法预见数字信息技术的快速发展普及和数字化对当今人类社会的影响，因而并不能简单地认为数字时代就是毕达哥拉斯主义在现代的回归。但是，毕达哥拉斯学派"数即万物、万物皆数"的思想在今天看来仍然极具思想价值和现实意义。

数字化的基本过程是将许多复杂多变的语言、文字、数据和信息转变为可以度量的数字，再以这些数字、数据建立起适当

---

[1] 毕达哥拉斯主义（Pythagoreanism）是指在希腊以毕达哥拉斯为代表的哲学学说，创立于公元前600—前500年，致力于寻求抽象的原理，促进了古希腊唯心主义哲学的形成和发展。

的数字化模型,转变为二进制代码,引入计算机内部进行统一处理。数字化也可以理解为现实世界的比特化,将不同文化、不同寓意的复杂语言文字都翻译为全世界通行的二进制代码 0 和 1 并组成比特单元,比特化的数据信息没有重量,占用的空间相较于纸张大大减少,而且易于复制,便于分享,可以更便捷地加密,信息以极快的速度传播,时空障碍完全消失,并且使用的人越多其价值就越高。

数字化正在潜移默化地替代我们已经熟知的传统生产要素,并赋予传统生产要素以新的功能和效率。随着人工智能、大数据、云计算等一系列新兴数字技术逐渐向信息产业之外的传统产业扩散下沉后,利用这些新技术把现实世界通过计算机硬件进行数字化编码和结构重建,通过强大的算力和算法实现了数据之间的相关关系,并通过大量的相关关系发现规律和机理,逐渐还原为现实。比如,国产大飞机 C919 的数字化制造过程中,通过将复杂的工艺流程和海量零部件的数据化处理,一大批在传统制造时代不为我们所感知的关系清晰浮现出来,机翼上的一枚螺丝也可能和导航系统产生某种联系,这在数字化时代之前是不可想象的。今天的大数据可以通过用户购物网站的消费记录来定义客户的年龄、性别、爱好、受教育程度和收入情况,在不进行详细问卷调查的情况下就可以为一个人精准"画像",甚至掌握消费者自己都没有在意的某些偏好和潜质,从而进一步提升企业在产品研发和广告投入等方面的精准性,社会大众不仅是数字时代的消费者,也是数字时代的重要"资源"。

在数字化时代所产生的一切传统事物,比如音乐、电影、企业乃至个人，从诞生一开始就已经全部实现了数字化，它们都是数字时代的原住民。前数字化时代的音乐是用乐器演奏、用磁带或唱片录制，数字时代的音乐是直接诞生于计算机的硬盘之中，从一开始就是数字信号。20世纪90年代出生的孩子从小就习惯用实体的按键去操控事物，因为他们接触的电视、电话都是机械式的按键；2000年左右出生的孩子就已经习惯于用触控屏去操控事物，因为他们一出生就处在以苹果手机为代表的触控时代；而2010年以后出生的孩子已经自然而然地进入语音控制时代，人工智能的发展已经能够通过语音识别人的意图，从而省略了大脑对手的操作指令。但无论是按键操控、屏幕触控还是语音控制，仍然还是由大脑发出指令，经过神经传导给"手"或"口"去执行，"指令"与"执行"之间仍然存在可以优化的步骤，相信随着脑机接口技术的发展，未来的孩子将可能直接进入意念控制的时代。从实体按键操作到语音操作不过30年的时间，从侧面折射出数字化时代的惊人发展速度和颠覆性变革力量。

当我们以同样的视角去看待企业会发现，企业作为跨越千年的契约组合和制度集成，在进入数字时代后，数字时代新生的现代企业已经大不同于传统企业，它们的视角和思维方式已经是彻底的去中心思维、数据至上和全球化视角。比如，一家数字时代的中小企业，它们的设计部门、经营中心、销售部门、生产部门可能基于比较优势和运营成本而分布在不同的城市乃至国家；企业最重要的资产不再是厂房和设备，而是存储在硬盘中的数据；借助发达的全球商贸网络和物流网络，企业的产品从设计之初就是面向全球市场。这些企业是数字时代的"原住民"，它们不存在"数字化转型"的问题,因为它们生来就是现代企业制度的"基因"和数字化组织的"血肉"。

数字时代并不仅仅是改变了现代企业传统的商业模式,也重塑了由来已久的企业治理结构与运营模式,从而改变着现代企业的未来。

(五)数字化是人类文明进步的重要标志和发展前进的必然方向

数字化时代的到来将人类的数字文明推到一个全新的高度,我们可以用数字的视野和视角去重新认识世界,用数字化的思维去重新理解世界,用数字化的科技手段去重构世界,用数字化的方法去提升或改善人们的生活质量。

数字化、网络化、信息化使人的生活方式发生了巨大的变化,并由此带来一种全新的生活方式——"数字化生存"(being digital)。这个概念最初是由美国学者尼葛洛庞帝在其1996年出版的《数字化生存》一书中提出,他认为,未来的人类将生存于一个虚拟的数字化生存活动空间,这便是数字化生存。作者认为,"数字DNA"正迅速取代原子而成为人类社会的基本要素。1996年还是一个互联网和家用PC尚未普及的时代,尼葛洛庞帝就预见到了20年后的人类社会生活方式。特别是受新冠肺炎疫情对全球的冲击以及"元宇宙"概念的提出,我们已经深切感受到了数字化对我们生活方式的改造或重塑的力量,书中的"寓言"已经成为今天的现实。尼葛洛庞帝在书中用"原子"和"比特"两个相对概念贯穿了《数字化生存》一书,并探讨了比特时代的新价值和新影响。我们现在的社会和国际秩序仍然是以原子为基石构成的。中美贸易战引发的征税基本也是围绕物质商品展开的，但在并不遥远的将来，我们也许会对国家之间对比特或数据加征关税的新闻习以为常。

数据是当代最重要的非自然物质资源，也是未来国与国博弈、企业与企业竞争的重要战略资源，附着在数据之上的是全人类的知识、经验、社会关系以及各种已知或未知的规律，数据已经成为人类在数字文明时代的生产基础、价值基础和社会关系基础，是赋能万物并进行融合创新的时代基座。

"数字文明"是继"农业文明""工业文明"后全人类的第三次文明革命，在数字化的推动下，人类对未来世界的向往和追求已经从自动化向信息化、智能化、AI（人工智能）化迈进，它不仅给人类带来了新技术、新理念、新观念、新模式，而且对社会生产、人类生活、经济形态、国家治理方式等方面均产生重要而深远的影响。数字文明已经全面融入了世界政治、经济、文化、社会、生态建设的全过程，同时也不可避免地带来新的数字伦理问题、数字法制空白、数字经济犯罪、数字贫富鸿沟等现实问题，但无论如何，数字化将开创一个全新的人类文明时代并创造新的奇迹。

二、数字经济是全新的经济形态

数字经济是一种变革人类社会传统经济发展范式、重塑社会经济运行规则模式的高级经济形态。今天，数字化转型对中国企业而言不再是一道选择题，而是决定中国企业生存发展的必然选择。中国企业数字化转型不是简单地利用数字化技术实现短期效益提升，而是中国企业实行新发展跨越的长期战略。其本质是以市场、客户为中心的服务导向，以先进的数字化技术为手段，推动企业的业务流程、生产方式、组织结构、商业模式重组变革和企业要素、生产效率大幅提升的全新过程。

数字经济时代已经到来，数字化改革将成为推动中国企业创新发展和新旧动能转换的新动力。特别是随着5G、物联网、云计算、人工智能、区块链、增强现实等新型数字化技术在交通、制造以及金融领域的广泛应用，将进一步为传统产业的数字化转型赋能，加快推动中国企业降本增效、创新服务模式、提升产量质量和价值创造，实现高质量发展。

（一）数字经济的本质内涵和主要特征

人类社会经历了五次大迁徙，第一次大迁徙是古猿人走出非洲走向亚欧大陆；第二次大迁徙是人类原始部落从亚欧大陆向美洲和大洋洲迁徙；第三次大迁徙是15世纪欧洲和非洲移民向美洲新大陆迁徙；第四次大迁徙是大量农村人口向城市迁徙，标志着工业经济时代的到来；而第五次迁徙则是从线下现实世界向线上数字虚拟世界迁移，从实体社会向虚拟数字社会迁徙，这是工业经济向数字经济转型升级的换代。数字化技术革命将给人类社会带来更为深刻的社会变革，将对工业革命以来形成的理论基座、技术基础、生产要素、经济结构、发展范式、制度体系、商业模式等产生重大变革和重塑再造。

数字经济主要是指将数字化的知识和信息作为关键生产要素，以现代信息网络作为重要载体，以信息通信技术的有效使用作为效率提升和经济结构优化的重要推动力的一系列经济活动，主要包括数字产业化、产业数字化和数字化治理，其中，数据是要素，网络是载体，融合转型是动力[1]。数字经济的产生与发展，是由数字化信息技术和市场经济两种力量共同作用的结果。数字化信息技术在数字经济发展中起到了决定性的推动作用，而市场经济发展则起到了重要的拉动作用。

中国数字经济大致经历了三个主要发展时期。1993年至2010年为初创期，这一时期以互联网应用为主，主要经济形态为电子商务。2010年至2016年为成长期，这一时期以移动互联网应用为主，同时以各类平台为载体，以数据为基本驱动力，主要表现为"互联网+"形态。2016年至今为成熟期，中国正式进入后移动互联网时代，其突出特点是云网端一体化、万物互联互通，开始全面进入人工智能和智能制造为主流方向的数字化转型时代。当前，以移动互联网、人工智能、大数据、云计算、区块链、物联网、5G和数据交换平台等为代表的新一代数字化信息技术族群正在酝酿培育新的中国数字经济基础，中国即将进入数字经济的新时代。

（二）中国数字经济发展现状

中国已经是数字经济大国，但还不是数字经济强国。从数字

---

1 罗贞礼.我国数字经济发展的三个基本属性[J].人民论坛·学术前沿，2020-09-28.

经济总量看，全球数字经济整体发展格局已经基本形成，美、中领跑，德、日、英、法随后，韩国发展较快。就数字经济发展质量而言，中国数字经济整体上仍存在"大而不强"的问题。

根据中国信息通信研究院2021年发布数据，2020年，47个主要国家的数字经济增加值规模达到32.61万亿美元，同比名义增长3.0%，占全球GDP比重为43.7%。其中，美国数字经济继续蝉联世界第一，数字经济规模达到13.6万亿美元，在47国数字经济增加值中的占比为41.71%；中国位居世界第二，规模为5.4万亿美元，在47国数字经济增加值中的占比为16.43%；中美两国占比之和接近60%，具有绝对的规模优势。其后依次为德国（7.79%）、日本（7.6%）、英国（5.48%）等国家。

从各国数字经济在本国GDP中的占比看，发达国家的数字经济GDP占比普遍较高。德国、英国、美国数字经济所产生的GDP占国家GDP的比重均超过60%，数字经济已经成为国民经济的主导。相比较之下，中国等发展中国家的数字经济的GDP占比相对偏低，中国为38.68%，低于全球平均值43.7%。从增速看，中国数字经济同比增长9.6%，位居全球第一。

中国数字经济总量规模和增长速度位居世界前列，且数据量、数字化投资、电子商务规模、个人移动支付额和云计算效率等稳居全球第一。中国已从全球数字经济跟跑者转变为领跑者，但数字经济发展的质量仍落后于美、德、英等主要发达国家，中国数字经济的发展仍然任重道远。今天，中国已经是世界企业大国，要想完成从企业大国向企业强国的升级，就需要借助数字化转型实现新发展跨越。

从生活到生产，从文化到经济，从政府到企业，数字化正在悄然改写着这个时代的运行规则，对中国企业而言，目前绝大多数企业已经实现了信息化，但与真正的数字化还有一定距离。中国企业的数据链还没有完全打通，大量数据资源还在"沉睡"，企业内部的数据价值还没有真正挖掘出来，数据作为关键的生产要素的作用和潜力还未得到释放，还未实现从数据到数据资源，从数据倍增到企业生产效率的倍增。

中国企业的信息化虽有许多数据，但数据大多是用来描述企业的主业特征和经营成果指标，许多大型企业的中央信息中心，实时汇总着所有生产部门的要素信息，集成在一块超大荧幕上显示，只是实现了企业数据的信息化和可视化。而数字化是真正把"数据"看成一种可以产生价值的资产、资本和生产要素。如果企业能够通过"数据资产"盈利，才可以说真正实现了数字化。

从连接效能和数据收集能力的角度看，传统行业的中国企业信息化系统，大多搭建于移动互联网和智能化系统未实现高度发展的时期，在当时的技术条件下，互联网发展的水平与目前差异较大，与竞争激烈的互联网企业不同，传统制造行业的中国企业并没有像当初"上网"一样去积极"上云"。据统计，中国企业目前"上云"率只有40%，而美国企业高达85%以上，欧洲主要国家也在70%左右。因此，中国企业在产业数字化转型方面落后于信息服务企业。这类企业信息系统最大的问题是信息和数据的收集、分析和处理能力不强，已有的信息化系统没有打通企业各个业务单元的壁垒，没有实现企业各个层级数据单元的联接。这种没有数据联接的信息化造成企业整体运行效率低下，数据没有发挥其应有的价值。

从思维方式上看,中国企业的信息化在构建之初所体现的仍然是传统层级制管理思维,是从方便管理者的角度出发而设计,在流程化、制度化、标准化管理的同时,也容易管死。数字化的核心是没有一个统一的核心,无论是管理者、消费者还是渠道,大家都是平等的主体。不存在优先等级的数字化是要解决用户效率和经营效率,也就是数字化转型的过程要高度体现如何有效提升各个系统节点用户的效率。同时要借助数字化转型的技术手段,推动企业经营效率的提升。

(三)数字智能经济是数字经济未来的发展重点和大国竞争的核心

在日常生活中,我们常常有这样的困惑,明明天气晴朗,航班却大面积延误;明明没有交通事故,但路面却还是严重堵车。究其原因,不仅是因为航班太多、车流量太大,而且是因为资源错配或安全冗余过大,我们的空域管制系统和交通信号系统没有能力实现实时的资源最优化配置。

人工智能的一个显著优势就是通过智能算法在海量的数据中心筛选出有价值的信息,在看似无关的信息之间发现相关关系或因果关系,从中总结出规律和逻辑,通过基于规律和逻辑的事实来协助人们解决和处理问题,优化现实资源配置。

数字智能经济将带来人类生产力的飞跃,传统产业领域和新兴行业将成指数增长,人工智能将成为经济发展的主导性力量;完成企业生产任务,解决一切物质和技术问题,制造企业工具和设备，并利用工具和一切手段去完成人类无法完成的任务。数字智能经济将成为中国数字经济的新标签和崛起强大的新标志。

从数字化走向智能化是数字化时代所酝酿的一次新革命。人工智能（Artificial Intelligence，简称AI）是用于研究、开发模拟、延伸和扩展人的智能的理论、方法、技术及应用系统的一门新的技术科学。人工智能也是研究人类智能活动的规律，构造具有一定智能的人工系统，是研究如何应用计算机的软硬件来模拟人类某些智能行为的基本理论、方法和技术。作为计算机科学的一个分支，人工智能试图认知智能的实质，并生产出一种新的能以人类智能相似的方式作出反应的智能机器，该领域的研究包括机器人、语言识别、图像识别、自然语言处理和专家系统等。人工智能将会成为人类智慧的映射，对人的意识和思维过程进行模拟。人工智能不是人的智能，但能像人那样思考，未来也可能超过人的智能。

（四）元宇宙与新型数字经济

元宇宙是由一系列集合式数字技术和硬件技术同步涌现所支持的人类生活深度介入其中的虚拟世界及生存愿景，其核心是以区块链技术为基础的一种新型数字经济的发展形态。以元宇宙为代表的新型数字经济的兴起，缘于数字技术生态和区块链对互联网底层协议的系统性变革的技术集成，元宇宙开启了人类叙事新可能的生存创生机理，以及数字经济在经历PC互联网经济、移动互联网经济发展之后新的发展范式转型。

2021年元宇宙概念集中爆发，学界存在两种截然不同的态度：一种是积极拥抱新概念、新趋势，认为元宇宙代表了未来数字经济发展新方向；另一种则持审慎态度，认为元宇宙是虚拟现实技术的"精神安慰剂"，无利于人类文明与科技的进步。

元宇宙将成为下一代互联网的主体，成为诸多数字前沿技术的最终集成平台，一种新型的数字景观。2021年10月29日，美国社交媒体巨头Facebook（脸书）宣布改名为Meta，并宣称元宇宙将会颠覆未来的人类社会，他们要在未来全面投入元宇宙，预示着科技产业界正在对一场系统性的社会变革做长远的布局。脸书CEO扎克伯格将元宇宙视为"下一代互联网"，元宇宙已经成为事关未来技术和经济发展的重大历史性机遇。

元宇宙的概念源于科幻小说，但其在游戏产业的迭代发展中已经演化出了经济闭环体系的特点，在人类未来生存方式上也提出了全新的虚实结合的可能，在不同的社会、文化语境中成为产业实践者和社会研究者们预判的某种新趋势。

元宇宙具有时空拓展性、人机融合性、经济增值性，具有增强型的数字体验，开放互动空间与现实世界并行互联，以及用户自发设计驱动等特征，这使元宇宙有别于现在的各类数字消费品和数字生态，具有广阔的发展空间和巨大前景。

元宇宙在当下虽还不是一个已然完美生成的最终现实，但它可以被理解为一个已经出现应用雏形、具有新技术特征和新经济系统模式的动态演化进程，在技术迭代和资本增值的双重逻辑推动下，其终极将指向人类未来在虚实二元世界里生活的全部想象与可能。截至目前，元宇宙还没有一个被全世界广泛认可的明确定义和发展路径，但它已经成为一种不可忽视的现实存在和未来方向,也必将成为新一轮全球数字经济创新的高地,它将打通现实世界与虚拟世界,具有广阔的发展空间和巨大价值。无论未来元宇宙怎样发展,中国企业都应当予以高度关注和重视。

元宇宙将引发数字经济新的发展范式革命。元宇宙经济既是对未来的想象,也是我们对人类文明危机的一种应对之道,是人类生存在现有挑战中的主动选择和主动规划,元宇宙究竟是新科技革命的"进取"还是对现实挑战的"逃避",还需要用时间去检验和观察。

元宇宙具有极为广阔的发展场景和可观的市场前景,但其发展路径和最终形态还处在探索阶段,中国企业需要深入研究,理性判断,既要抢占技术制高点,避免错失战略机遇,也需要理性把握方向,避免误入歧途。

三、数字化转型升级的价值与前景

数据在数字时代表现为以比特和字节为单位的基本信息单元,数据取之不尽、用之不竭,价值稳定、不易损耗,而且使用成本远远低于其他资源。数字经济时代最重要的战略资源就是数据,需要中国企业掌握、分析、解读、理解和利用好数据资源,以此提高中国企业的科学决策能力、风险防控能力、精益管理能力和价值创造能力。

数字智能经济是兼具科技创新和体制机制变革两方面特征的新型经济形态,是中国有望引领全球发展的重要领域和时代机遇。中国已成为全球制造业的中心，面对国内日益升高的劳动力成本和来自东南亚国家的低人力成本竞争，中国企业需要积极实施智能制造，巩固中国在产能规模和产业链完整性方面的优势。

（一）中国发展数字智能经济时间紧迫、意义重大

中国在全球互联网普及和移动互联网全面覆盖的时期，形成了全球平台经济领先优势，在搜索引擎、智能终端、社交网络、电商物流、数字支付、文创娱乐、共享经济、线上线下融合型消费等领域，已经建立起以中国为中心、辐射海外市场的优势平台。只要注入先进的智能技术作为支撑，提高各平台业务模式的智能化水平，就能形成中国数字智能经济的主力方阵，形成新的竞争优势和新的发展格局。

中国幅员辽阔，东中西部地区经济发展水平仍存在较大差距，要实现区域均衡协调发展，同步实现现代化，需要发挥数字智能经济在远程协同、无人值守、低碳环保、线上就业和新型消费等方面的突出优势，建立适应中国西部地区经济禀赋的现代化经济形态。发展数字智能经济，解决中国区域经济发展不平衡、不充分的矛盾，具有重大的战略意义和现实意义。

人工智能是数字智能经济的引擎，发展人工智能则是中国企业参与全球科技竞争的重大机遇。"智能化"是新一轮科技革命与产业变革的主导特征，人工智能是智能技术中居于前沿和领军地位的关键技术，是数字智能经济发展的引擎。发达国家企业在人工智能领域具有先发优势，中国企业需要抓住技术体系变革带来的机遇，创造"弯道超车""换道超车"的机遇，构建起应用牵引创新、市场反哺研发的正向反馈机制，不断吸引更多的经济

要素与非经济要素投入人工智能领域。

人工智能正在推动无人经济快速发展。无人经济是信息技术高度发展的产物，随着新一代技术革命的深入发展，大数据、人工智能、物联网等新的技术手段不断得到推广和普及应用，无人经济在中国呈现出爆发式的增长趋势，催生了许多新业态、新模式，如无人工厂、无人零售、无人物流、无人银行、无人加油站、无人矿山、无人码头等无人经济模式正在逐步改变传统的生产和消费模式。无人经济改变了传统经济对人力的高度依赖，降低了劳动力成本、信息交换成本和交易成本。在中国经济进入高质量发展阶段的当下，无人经济已经成为产业发展的关键创新点，对于推动行业创造力的发展十分有利。

人工智能正在推动中国传统产业变革。尽管中国在全球具有比较优势的产业领域不断发生变化，但是食品药品、化工建材、金属冶炼、纺织服装、机械机电、家居家电等传统产业领域仍将构成国民经济的支柱。在这些领域抢先运用人工智能技术，赋能传统产业，将一部分传统产业转型升级为数字智能经济的组成部分，是中国企业巩固传统产业竞争优势的重要途径。

（二）中国企业数字化转型的优势和短板

中国企业的数字经济发展成就巨大，数字经济保持快速发展势头，规模优势进一步凸显。根据阿里研究院发布的《全球数字经济发展指数》数据，中国数字经济指数全球排名第二，仅次于美国。在"宽带中国"战略和《信息基础设施重大工程建设三年行动方案》的推动下，中国的数字信息基础设施建设取得突出成效，网络能力持续提升。中国网民数量、网络零售交易额、电子信息产品制造规模均居全球首位，信息产业规模优势显著。

中国数字经济已经渗透到国民经济的各个领域，在优化经济结构、促进传统产业转型升级、提高人民生活水平等方面成效凸显。近年来，数字经济在中国GDP中的占比不断提升。1996年，中国数字经济规模约2500亿元，占GDP的比重仅为5%；2017年，中国数字经济的规模约26.8万亿元，增速达到19.6%，占GDP比重达到了32.9%；2020年中国数字经济规模达到39.2万亿元，占GDP比重达38.6%。同时，随着中国网络信息技术的跨越式发展，数字经济已成为拉动中国经济增长的核心动力，通过与实体经济融合，带动中国经济转型升级。

中国融合型数字经济快速增长，新模式新业态不断涌现。中国传统产业信息化融合升级发展迅猛，融合型数字经济呈现高速增长态势，在数字经济总量中占比高达76.2%。随着数字经济与传统领域进一步的深度融合，交通、餐饮、住宿、家政等传统服务接口加速线上转移，网络约车、共享单车、智能汽车、网络订餐、分时租赁、网络众筹、房屋短租、互联网医疗等创新网络应用快速发展，"虚实结合"步伐不断加快。在制造业领域，智能制造、柔性制造等新模式日渐丰富，体验式消费、个性化定制等新业态创新活跃。上述情况表明，中国企业的数字化转型发展成效显著，贡献巨大，具备了加快发展数字经济的条件。

庞大网络用户人群造就了中国数字经济的巨大潜能。数据是数字经济时代的"石油"，数据的储量越大、产量越大、更新越快，数字经济就能获得源源不断的发展动力。作为全球人口大国，中国在移动智能终端和移动互联网的推动下，不仅"弯道超车"成为全球第一网络用户大国，也因此成为全球第一数据大国，为未来成为全球第一数字经济大国奠定了不可替代的发展优势。中国互联网的用户规模和互联网普及率逐年递增，已经成功实现了从人口红利到互联网经济红利的转变。根据中国互联网络信息中心调查，截至2020年，中国互联网用户数达9.89亿人，农村互联网普及率为55.9%，城市互联网普及率为79.8%，中国已经成为全球互联网应用业态的领先国家。

以上优势为中国企业发展数字经济提供了独特的优势、丰厚的沃土和巨大的潜力，只要中国企业能够抓住机遇和上述优势，一定能够又快又好地实现数字化转型发展。

中国互联网产业发展规模和水平在全球居于前列，但中国企业数字经济发展的产业短板也十分明显。数字经济发展高度依赖的高端芯片、传感器等元器件与美国等领先国家还存在代际差；工业控制、芯片设计等基础工具类软件基本依赖进口或授权使用，很容易被人"撤梯子""卡脖子"；0到1的颠覆性技术和基础理论、基本研究方法探索创新不足；数字科技服务业整体发展水平较低，新的研发成果转化能力较弱。中国大数据产业发展处于全球第一梯队，但在新型计算平台、分布式计算架构以及大数据处理、分析和呈现等方面与领先国家相比仍然存在较大差距，开源技术和相关生态系统影响力较弱。

四、中国企业数字化转型路径探讨

数据显示，20世纪20年代，全球企业平均寿命是67年；

而在数字化时代，企业寿命则缩短为15年，数字化所推动的行业优胜劣汰效应更加显著。中国企业如果不加快数字化转型就无法跟上时代的变革步伐，能否适应数字化转型发展的趋势，加快数字化转型无疑是决定中国企业新发展跨越的重要因素和关键路径。

从传统到现代，从辗转求索到伟大复兴，新的百年和新的世界已经到来，数字化转型已经成为中国企业推动国家崛起强大、助力民族复兴的强大引擎。毋庸置疑的是，今天中国企业的数字化发展已走在世界前列，而数字化激起的波澜已经在中国新的百年征途上发出铿锵声响，激励并指引着中国企业的发展方向。

（一）中国传统产业需要加快数字化转型升级

数字化对传统产业所造成的变革性影响无处不在，数字化重塑不可避免。对于量大面广的传统产业而言，数字化转型是利用数字技术进行全方位、多角度、全链条的改造提升过程。通过深化数字技术在生产、运营、管理和营销等诸多环节的应用，实现企业以及产业层面的数字化、网络化、智能化发展，不断释放数字技术对经济发展的放大、叠加、倍增作用，是传统产业实现质量变革、效率变革、动力变革的重要途径，也是推动中国企业新发展跨越的必由之路。

数字化为中国传统产业创新发展带来重要历史机遇。中国要巩固和发展全球制造强国和企业大国地位，传统产业就需要充分借助数字化和信息技术的重要赋能作用，加快突破传统产业模式的局限性，提高数字化能力，并在此基础上建立完善的数字经济体系。

数字化技术的迅猛发展带动了新的产业革命,为中国经济的发展带来了新的历史机遇。其中最大的机遇就是为传统产业转型"瓶颈期"带来了新的现实可能性,指明了新的发展方向。回顾全球工业化历史,无论是在蒸汽机时代,还是在大工业时代,无论是一个国家,还是一个企业,只要站在技术创新的前沿,就会实现长足的发展,在激烈的竞争中脱颖而出。当前的数字化和人工智能浪潮是新一轮科技革命的代表,将极大地催生中国的新产业、新技术、新业态、新模式不断出现,带动中国传统产业的现代化发展,通过不断的产业升级和战略调整,焕发新的动能与生命力。

数字化将驱动中国传统制造业不断向中高端迈进,推动传统产业链的升级。数字化与传统制造业的融合,将加速企业生产端与市场需求端的紧密连接,并催生出新的商业模式;其次,数字技术与制造业的融合可促进制造业实现智能化生产,优化制造业的内部结构,助力传统制造业升级。目前,中国制造业内部结构正不断向高端装备制造、信息通信设备和智能制造调整升级,数字技术的利用可不断提高制造业内部结构的科技含量,推动制造业智能化转型发展。

数字化促进制造业与服务业融合发展,有助于推动中国传统服务业向现代服务业升级,重塑产业链并提升产业链水平。近年来,中国数字经济与服务业融合发展效果明显,带动了第三产业的产值增加。通过构建大数据分析平台,将数字技术与传统零售业深度融合,促进电子商务的快速发展,驱使各类生产要素在市场平台上自由流动,可大力提高资源的利用效率。数字技术的应用也使新兴服务业得到快速发展，使服务业内部结构不断优化，为第三产业升级转型提供了强大助推力量。

数字化推动产业跨界融合并催生新业态，有助于提升中国产业链竞争力。数字技术通过重组现有生产要素，催生新模式、新需求，如平台经济、共享经济等。此外，以数字经济为基础的信息通信、高端装备制造、生物医药、新能源、新材料等新兴产业发展迅速，清洁能源使用量不断增加，能源结构不断优化。高技术产业的不断发展和能源结构的不断优化，使中国传统产业优化升级加快，产业链竞争力大幅提升。

中国传统产业的数字化转型需要正确处理传统产业数字化和新兴产业发展的关系。一方面，要不断发展新兴产业，用新兴产业为传统产业的数字化转型提供新的发展空间；另一方面，不能简单地放弃发展传统产业。目前，传统产业在国民经济中占比大，影响深远，一蹴而就的贸然转型会造成大量产业资产闲置或搁置，大量从业人员失业，需要积极利用最新的数字化成果推动传统产业破旧立新，重塑中国传统产业。

（二）中国传统产业数字化转型面临众多挑战

传统产业的数字化正在重新定义企业、工厂、产品和市场，即更精准的企业管控，更高效的工厂生产，更精益的产品质量，更敏锐的市场反馈，带来智能化、集约化和个性化的生产范式革命。但是在美好发展前景面前，中国传统产业的数字化转型仍然面临一系列挑战。

中国传统产业数字基础设施薄弱，产品和技术大多处于全球产业链、供应链和价值链的中低端，数字技术与传统产业融合程度有待深化。中国传统产业的产品总体上处于产业链中低端，表现为初级产品多而最终产品少、工业产品多而服务产品少、中低端技术产品多而高新技术产品和高附加值产品少。

中国传统产业总体上看仍然属于粗放式的发展，数字化赋能的产业链协作程度不高，制约着社会总体资源配置效率优化。中国传统产业拥有庞大的规模和雄厚的基础，创造了中国大部分的产值利税和就业岗位。但中国大部分传统产业都是重资产、劳动密集型产业，受限于人力、资金、资产等条件约束，产业数字化水平普遍较低，数字化转型包袱重，缺乏良好的信息网络基础设施，难以在短期内实现数字化改造升级。

中国精通传统产业的数字化复合型人才供给不足，导致传统产业升级困难，产业链竞争力不强。数字化人才不了解产业，产业人才不懂数字化是当前中国绝大多数传统产业向数字化转型的共同窘境，复合型人才匮乏成为传统企业向"智造"转型的难点之一，也是中国传统产业迈向全球价值链中高端的障碍之一，影响着中国产业链竞争力的提升和产业链的稳定。

中国核心设备和关键软件仍然存在受制于人的问题。目前，中国企业的产业自主化率已经达到国际先进水平，但在关键工业控制芯片、设计软件和操作系统等领域仍然存在自主不可控或者受制于人的现象，这些因素正成为制约中国传统产业数字化转型的关键。

中国产业链上下游的"数据壁垒"和"数据孤岛"尚未打通。现有的中国产业链上下游多数企业间的系统数据相互独立、隔离，尚未实现数据共享，由此产生"数据孤岛"。随着数字化进入到全新的发展阶段，中国企业对外部信息需求呈现不断上升的发展趋势，需要将这些信息资源进行整合，实现行业信息共享。

（三）中国传统产业数字化转型发展的路径

新一轮数字产业革命将在未来30年逐渐走向高潮，其产生的颠覆性技术将重塑改变传统产业形态、经济形态和生产生活方式，并深度影响基本社会结构和政治形态。

加快技术与产业融合。推动农业、工业和服务业由大批量标准化的生产方式转变为以互联网为支撑的智能化大规模定制生产方式，加速重构产业价值链体系，推动三大产业在数字信息技术的推动下实现高度融合、模糊边界，不断创造新技术、新产品、新业态、新模式，使智能化、网络化、绿色化、知识化、服务化成为现代产业体系新特征，加速重构中国现代产业体系。

全面加快产业数字化。在人口、土地、节能减排等资源环境约束下，传统制造业降本增效需要发挥数据在支撑决策、驱动运营、优化创新等方面的作用，增加信息与知识要素在制造体系中的运用深度，进一步加深传统产业链各环节融合程度，促进分工细化与区域间交易效率进一步提升，为制造业高质量发展构建新活力。推动市场资源的深度重构，促进传统产业链、价值链和供应链的资源高效配置。

利用强人工智能算法推动数据经济开拓新边界。大数据开启了一场重大的时代转型，大数据收集海量数据并深度分析，能够帮助我们以更加理性客观的视角观察世界、理解世界，也是未来中国企业创新的源泉。数据经济产业链最核心的要素是数据分析与挖掘，其能力直接决定着大数据应用的程度和深度。但现有的软件和工具主要适用于以结构化数据为主的传统数据。及时捕捉、存储、聚合和管理包含庞大非结构化数据在内的大数据，对大数据进行深度分析和挖掘，敏锐地找到各种联系和相关关系，需要中国企业高度重视并有效利用强人工智能化的处理方案。

利用数字生产力与经济发展新动能推动传统产业数字化。产业数字化是发展理念的全方位变革突破，在数字化制造浪潮的推动下，数据是新型的生产要素和新型资产，具有成为新一轮产业竞争的制高点和改变国际竞争格局变量的潜力。中国传统产业的企业需要有效盘活数据资产，推动数字技术与实体经济的深度交融，形成物质与信息耦合驱动的新型发展模式；不断激发商业模式创新，使之成为传统产业提质增效、提升企业核心价值的重要驱动力。

采取有效措施，避免在行业、地区和群体之间不断产生和加深新型数字鸿沟。数字技术正在不断改造升级传统行业，互联网企业正在取代许多产业和企业，新型数字技术和新型基础设施越来越向发达地区和主流人群集中，一些边远地区和边缘人群正在被数字化"孤立"，弱势群体已经很难跟上数字化带来的快速变革和发展节奏，他们的工作和生活、子女受教育的方式和路径都面临不平等的境遇，社会进步所应体现的公平、正义、善良等原则需要在数字化时代得到更多的关注。因此，加强数字化和数字经济发展，需要高度重视这一问题，着力建立学习型社会，不断提升人民群众的数字化素养,同时也需要制定相应的政策制度,坚持数字化社会对老年人、弱势群体的包容性。

警惕数字经济时代的数据垄断和数据霸权。数字经济使数据资源已经成为最核心的生产要素,对数据资源的争夺已经成为国与国之间竞争的焦点。为了攫取和占有海量信息和关键数据,垄断资本竭力利用现代信息通信技术,在全球构筑数字化平台生态圈,高效率、大规模、深层次地收集人类生产生活信息数据,以实现对数据的剥夺性占有。少数掌握着数字平台的科技巨头和垄断资本,竞相打造平台经济生态圈,竭力扩张"数据领地",构筑"带围墙的花园",以期独享数据流和数据池,并同时获取他人无法逾越的竞争优势,在悄无声息中实现资本对全球经济社会秩序的塑造。客观来看,垄断资本和技术理性霸权的合谋,实际上还是遵循弱肉强食的丛林法则,而这已然威胁着全球网络空间数据的安全以及数字经济的公平、安全、开放和合作发展,应当引起重视。

(四)中国企业在数字化时代的发展前景

数字经济将给中国企业特别是传统产业带来脱胎换骨的深刻变革,创造出最具影响和最具价值的发展成就。中国企业由于在全球产业链、供应链、价值链、创新链中的特殊地位和作用,中国企业整体性的数字化转型升级发展,具有全球影响和世界价值,而且具有重要的建设性意义,从这个角度看,中国企业数字化转型发展关系全球经济发展的未来。

2020年,突如其来的新冠肺炎疫情加速了世界企业数字化转型的脚步，远程办公、在线会议、平台协作、智能交互、智慧供应链等技术受到广泛关注，逐步成为未来发展的一个重要方向。另一方面，在疫情倒逼下中国企业纷纷拥抱数字化，将数字化转型上升为企业发展的重大战略，数字化建设的浪潮正在中国企业界掀起，许多中国企业已经开始构建数字化发展的新架构和新生态。

中国企业正在积极推动业务线上化，充分享受"数字红利"。中国企业需要积极推动业务线上化，充分享受互联网带来的数字红利。未来，中国企业将在"上网"的基础上全面"上云"，中国企业需要摆脱实体店桎梏，加快线上线下的融合贯通，实现业务模式转型、管理变革和经营优化，充分享受数字化创新与变革带来的红利。

数据将成为中国企业发展的关键生产要素，成为中国企业数字化发展的动脉。未来数据流将引领技术流、物质流、资金流、人才流，驱动企业生产要素的网络化共享、集约化整合、协作化开发和高效化利用，促进生产组织方式集约、发展模式转变和生态协同创新。同时，数据将成为中国企业的核心资产，在企业构筑竞争新优势过程中发挥重要作用。对数据价值的挖掘，持续激发商业模式创新，不断催生新业态，已经成为提升中国企业核心价值的重要驱动力。

中国企业将进一步加快数字化平台建设，以融合跨界创新驱动发展行稳致远。数字化平台的建设和应用将促进中国企业内部和企业之间以及企业外部的资源流动与能力互补。当前，中国政府正大力推动以 5G、人工智能、物联网和工业互联网为代表的

"新基建",推动中国企业从"中国制造"向"中国智造"转型升级。未来,能够建立竞争新优势的中国企业必将是以技术为驱动力,特别是以大数据、人工智能、移动互联网、云计算为代表的ICT数字技术为驱动力。在此基础上,中国企业搭建跨边界共享的数字平台是大势所趋。数字化平台是中国企业数字化转型和创新的助推器,将促进数据、技术、资源、市场等全要素的互联和资源配置优化,持续推动中国企业数字化转型的深入。

中国企业将完成从经营业务、组织结构、领导方式、管理模式到企业战略的全面数字化转型,保障企业数字化转型行稳致远。中国企业未来的数字化转型发展必将打破自身的既定结构和组织惯性,变革领导方式。颠覆性变革需要企业能够有效转移、调配、盘活和升级已有资源,具备柔性、调整性和创新性的企业,才能在未来的战略转型中平稳过渡,避免数字化革命过程中带来的震荡影响中国企业的长远发展。因此,中国企业应当培养以战略柔性为代表的动态应变能力,为数字化转型提供组织能力保障。

数字化转型将是中国企业未来十年的发展巨变和重大机遇,全球正处在一个数字经济快速发展的时代,数字化转型已成为世界各国产业变革的主旋律,抓住数字化转型升级的关键机遇对于中国企业做强做优做大、加快新一轮发展跨越有着至关重要的战略意义和现实意义。

世界正处于百年未有的大变局时代,百年变局中最为关键的变量是中国崛起强大和世界主要大国之间控制力和影响力的重构,而导致百年变局的基本推动力量是科学技术的突飞猛进,数字技术及其衍生的大数据、人工智能等就是其中最关键的技术之一，正在重构全球创新版图，重塑全球经济结构。从陆地到海洋，从地球到太空，历史上大国博弈的主战场从来都是看得见摸得到的实体。未来大国博弈的主要擂台将是数字空间，国家实力之争更多地表现为企业效率之争、超算力之争、智能算法之争。

中国自古以来就是文明大国、人口大国和疆域大国，在中国共产党的领导下，新中国已经成为世界公认的制造大国、科技大国和企业大国。进入新时代，中国正在为成为数据大国、数字大国和智能大国而努力奋斗，这条基于数字化的前行道路是全人类都未曾涉足的领域，这不仅是中国新的百年目标，也是全人类命运与共的未来，因为人类已经实现了生产、消费和生活的数字化，下一步必将是思想的数字化、理念的数字化、意识的数字化乃至人类自身的数字化。可以说，谁引领了数字化谁就引领了人类的未来。

第十章
"双碳目标"开启中国绿色低碳发展新时代

由排放温室气体而引发的全球气候变暖已经给全人类可持续发展带来了严峻的现实挑战,减排温室气体已经成为全世界共识。2020年9月,中国国家主席习近平代表中国宣布:"中国将提高国家自主贡献力度,采取更加有力的政策和措施,二氧化碳排放力争于2030年前达到峰值,努力争取2060年前实现碳中和。""双碳目标"的提出,顺应了绿色低碳可持续发展的全球大势,充分展示了中国的国际担当和战略格局,也开启了中国新一轮能源革命和经济发展范式变革升级的"倒计时"。

碳达峰、碳中和不仅是能源升级和生态环境问题,而且是科学技术问题、发展方式问题、经济结构问题、民生保障问题和大国外交问题,其中最关键的是国家发展权问题,其背后还有大国博弈、各国企业间创新竞争与合作、全球经济发展范式转型变革等多重影响因素,已经远远超出环境问题的范畴。

未来能源科技和能源产业向何处发展，各国企业也将向何处转型。人类正在跨入工业文明以来最重要的变革时期，新一轮能源革命正在全球范围内悄然发生，人类文明正处于从"碳繁荣"走向"低碳繁荣"乃至"零碳繁荣"的关键历史时期，绿色低碳循环经济将成为全球企业共同遵循的变革路径和通用语言，各国企业的发展基础、发展动能、发展方式和发展范式将因此而改变，中国企业新发展跨越将面临全新的挑战和前所未有的重大机遇。

中国拥有全世界规模最大的清洁可再生能源体系，同时又是以煤炭、石油、天然气等化石能源为社会主体能源的世界第一大能源消费国。实现"双碳目标"对中国是一场广泛而深刻的经济发展范式革命和生产生活方式变革，将推动中国能源产业和整体经济结构转型升级和发展范式的全面改变。但是，与前几次能源革命不同，新一轮能源革命已不完全由西方主导，中国企业及其所代表的中国能源、中国制造、中国科技正在发挥积极作用并产生重要的主导性影响，这是中国企业对全人类可持续发展所应担当的责任，也是时代给予中国企业的机遇和挑战！

一、能源是人类文明发展进步最重要的推动力量

能源是人类文明进步的阶梯，经济社会发展、科学技术进步、文化教育昌明的动力，是支撑人类工业文明大厦的基石，能

源在人类文明发展进步过程中始终扮演着不可替代的基础性角色，发挥着塑造社会主体技术和经济发展范式的基础性作用，能源的低碳化是人类实现可持续发展的历史必然。今天，人类文明之树已深深扎根于能源的沃土之中，并不断从中汲取发展进步的动力。不同能源的开发和利用成就了人类社会的快速发展，也塑造了社会经济发展的范式和社会主体技术群。长期以来人类以煤炭、石油等化石能源为社会主体能源，并形成了高度依赖关系，化石能源自身固有的弊端和特殊属性已经给全球生态环境造成重大影响并危及人类社会的可持续发展，成为当代最重要的全球性问题之一。

（一）人类文明的发展进程可以看作是社会主体能源不断替代升级和转化利用方式不断进步提高的过程

工业革命的本质是能源革命，能源革命的本质是社会主体能源的替代和能源生产消费方式的升级或改变。能源革命会引发社会主体技术群革新、产业转型变革并倒逼经济发展范式改变，从而推动人类文明演进发展。每一个时代的社会主体技术群都高度依附于社会主体能源，如青铜冶炼技术与柴炭，蒸汽机技术与煤炭，内燃机技术与石油、天然气，核裂变技术与原子能。

从历史发展视角看历次能源革命，为我们观察人类文明发展进步提供了一条独特路径。能源革命曾经多次塑造世界，人类社会经历了原始文明、农业文明、工业文明和生态文明四个主要历史发展阶段，经历了两次科学革命（第一次科学革命发生于16—17世纪，以哥白尼天文学和牛顿经典力学为代表的近代科学体系；第二次科学革命发生在19世纪，以相对论和量子论为代表）和三次工业革命（即机器化革命、电气化革命、自动化和信息化革命），同时人类社会也经历了四次社会主体能源的重大变革，即柴炭能源时代、煤炭能源时代、油气能源时代和综合能源时代。从重塑社会经济发展范式的意义上看，能源革命是推动人类文明不断发展进步的重要原动力。

社会主体能源的替代、迭代过程也是人类文明进步的过程，同时也是"挑战"与"机遇"共存的过程。每次社会主体能源的变革或替代都引发了社会主体技术群的全面进步，最终打破并重构固有的经济基础、社会结构、政治制度和思想观念，引发一系列社会经济发展范式的变革，这条由能源革命引发的经济和社会变革路径值得中国企业科学认识和深刻思考。

（二）化石能源以其独特的优势改写了人类文明的发展历史和进程，成就了人类社会的"碳繁荣"

化石能源的发现和高效利用是人类文明繁荣兴盛的重要基础，对世界各国的社会主体技术群、产业结构、社会基础和经济发展范式都具有决定性和锁定性影响。工业革命之前，水能、风能和化石能源都已经被人类发现并广泛使用，但只有化石能源成为社会主体能源，这主要是因为化石能源具有三大独特优势：一是能量密度高、转化效率高、能量转化过程相对简单并且可控；二是能源形式多样、分布广泛、储量丰富、经济性高，能够大规模开发利用从而降低成本；三是可按需开采、封装储运和燃烧转化。经过长期发展和技术进步，已经形成了经济和高效地开采、提炼和转化使用化石能源的成熟技术,这是化石能源能够成为支撑人类工业文明时代主体能源的关键所在。

化石能源对人类社会的决定性和锁定性影响,造成人类长期以来对化石能源的高度依赖。无论化石能源内部的石油、天然气、煤炭等使用量如何此消彼长,化石能源整体占世界一次能源消费总量的比重一直维持在85%以上,是无可争议的社会主体能源。化石能源在成就工业文明大繁荣的同时,其化工衍生品已经深深融入甚至控制和主导了所有国家的经济和社会生活。所有已经或正在实现工业化和信息化的国家无一例外都在以化石能源为主体能源的基础上构建并发展本国的工业制造体系、经济金融体系、国家防御体系、交通通信体系、科技创新体系和文化教育体系,化石能源成为驱动经济社会发展的基础动力能源,从化石能源中提取生产的化纤、化肥、沥青、塑料等化工材料也是现代制造业、农业和建筑业等经济产业的重要原材料,整个人类社会的主体技术群、经济发展范式和产业体系都在惯性驱使下,围绕如何高效利用化石能源而不断建构完善和扩张发展,如同滚雪球一般形成了高度紧密的依附关系,每一个国家都建立在以化石能源开发利用技术为核心、由化石能源产业链驱动的网络关系之上。

在工业文明时代,人类社会生产生活对化石能源的依赖性越来越强,失去化石能源意味着整个社会运行机制停摆,引发社会危机甚至灾难,而更替一种社会主体能源则可能带来一个行业、一个产业甚至一种经济发展范式的消亡。

（三）对化石能源的高度依赖和化石能源的固有弊端已经成为影响人类社会可持续发展的现实危机

地球上的化石能源储量有限且不可再生，有限的化石能源、有限的环境承载能力和无限的人类社会发展需求三者之间存在着不可调和的天然矛盾。长期单一的化石能源依赖和大量消耗必然超出大自然的自我净化能力和生态环境的承载能力。同时，化石能源的不可再生性也必然导致其开发利用的不可持续性，导致人与人、人与自然的矛盾越来越尖锐，最终危及人类社会自身的生存和发展。科学研究监测表明，这种影响主要体现在生态危机、气候危机和经济危机三种直接危机，并引发贫困危机、地缘政治危机两种次生风险。

生态危机。化石能源埋藏在地表之下，对化石能源的开采直接破坏了地表植被、地下径流和海洋生态，造成地面沉降、地下水污染；在提炼转化、燃烧分解过程中会释放出大量二氧化硫、氮氧化物等有害气体和有毒粉尘；生产和储运过程中的泄漏常会引发区域性的生态灾难。

气候危机。化石能源是远古碳基生物形成的化石，其燃烧产生的二氧化碳是最主要的温室气体，燃烧 1 千克标准煤可产生约 2.7 千克的二氧化碳，过多的温室气体超过了自然的消纳转化能力，造成全球性气候变暖，影响整个地球生态系统的运转，最终影响到人类的生存。

经济危机。能源危机通常是经济危机的前兆。以第一次石油危机为例，1973 年 12 月海湾国家石油禁运最严重的时刻，美国工业产值下降了 14%，严重依赖石油进口的日本工业产值下降了 20% 以上，全球所有工业化国家的经济增长都明显放慢甚至衰退。这次石油危机直接引发了第二次世界大战之后最严重的全球经济危机，甚至结束了西方经济发展的黄金时代。

贫困风险。化石能源的埋藏是随机的，空间分布储量不均衡。在经济全球化的背景下，全球工业体系、经济体系都是围绕化石能源的开发利用所构建。一些国家或地区天然地缺乏化石能源，造成这些国家或地区支撑经济社会发展的基础动能缺失，直接导致了国家和地区之间越来越大的贫富差距。长期贫困又引发了更深层次、更大范围的次生危机，如战乱、饥荒、瘟疫等，并从局部危机演化为全球风险。

地缘政治风险。对国家而言，掌握了能源的主动权就掌握了发展的主动权。工业革命之后，化石能源成为国与国之间竞争、博弈、结盟、媾和的焦点。无论是近代德法之间对萨尔煤矿的百年争夺，还是现代以来的两伊战争、海湾战争、伊拉克战争、俄乌冲突等，地缘政治危机以及军事冲突背后都是有关国家对煤炭、石油、天然气等化石能源资源主导权的争夺和博弈。

自然对人类是公平的给予和索取，如果人类的索取超出了自然所能给予的限度，人类一定会受到自然的惩罚。人类社会发展要节制平衡，取用有度，由此出发，人类社会可持续发展的关键在于不向自然过度索取。因此，绿色低碳循环发展将是人与自然最好的相处方式。

（四）全球能源战略和供需格局已进入深度调整变革期

随着全球化石能源消费量不断增大，化石能源对全球环境的污染和气候的影响日趋严重,减少化石能源消耗、摆脱化石能源依赖已经成为全球共识和各国能源战略的一致选择。构建以清洁能源为主体的清洁低碳和安全高效能源体系,已成为全世界的共识和新一轮能源革命不可逆转的必然趋势。2016年4月22日,170多个国家领导人齐聚纽约联合国总部,共同签署了气候变化问题《巴黎协定》,共同承诺将2020年全球气温升高幅度控制在2℃的范围之内。当前,G20成员国的GDP总量占全球GDP总量的80%以上,人口占世界总人口60%以上,温室气体排放占全球排放总量的80%,G20成员国形成共识、协作发展、信守承诺去共同推动碳达峰和碳中和才能有效应对全球气候变化,保护地球生态环境。从国家自身发展角度看,能源的低碳化、清洁化、安全化、高效化是保障国家能源供给安全、经济安全和生态安全的重要手段。从人类命运共同体和经济全球化视角看,这是人类社会实现可持续发展的必然趋势。

逐步替代化石能源不仅是全世界的发展共识,而且已经成为全球一致的实际行动。从存量结构调整看,从1977年到2017年40年间,全球能源消费结构呈现出石油降、煤炭稳、清洁能源快速发展的趋势。其中,石油消费占一次能源比例由49%下降至34%,煤炭消费占比稳定在26%~28%,天然气消费占比由18%提高至23%,其他能源(如核能、水能、风能、热能、太阳能、生物质能等)占比由7%提高至15%。从增量结构占比看,根据国际可再生能源机构(IRENA)数据,2020年全球所有新增发电产能中有80%以上是可再生能源,是化石能源发电新增装机量的4倍多。

从全球能源供需格局的变化中可以看出，石油、煤炭等传统化石能源作为社会主体能源的份额正在被热值更高、排放更少的天然气、核能等清洁化的化石能源和不产生碳排放的水电、风电、光伏等可再生能源逐步替代，这不仅标志着新一轮能源革命的到来，也预示着新一轮能源革命的发展趋势，即清洁低碳、安全高效。

（五）大力发展清洁能源特别是可再生能源，是弥补、解决化石能源固有缺陷弊端的关键

清洁能源中的可再生能源具有弥补化石能源固有弊端和先天不足的优势。化石能源与可再生能源在性质上有着截然不同的特点和天然互补性。可再生能源只是水动能或势能、风动能、光辐射能的物理转换（核电的辐射能也是物理能源），没有物质的消耗、没有化学反应过程和化合物产生，没有多余的能量释放，地球上低纬度热带或亚热带地区往往水能资源丰富，中、高纬度地区或低纬度沙漠地区往往风能、太阳能资源丰富，且在地球上大体呈均匀分布状态，对所有国家都相对公平。

清洁能源与传统化石能源不是相对的概念，两者存在交集。清洁能源不仅包括水电、风电、光伏、潮汐能、地热能等无碳排放、无物质消耗的可再生能源，还包括核能等无碳排放但有物质消耗和废料处理的新型化石能源，以及经过净化处理的低碳排放的清洁煤、清洁油、天然气等传统化石能源。清洁能源是指对环境友好、碳排放少、污染程度小的能源，仅仅是对能源使用结果的描述，而非能源性质的描述。

新一代社会主体能源对上一代社会主体能源的替代是一个渐进过程。油气能源作为人类社会主体能源后并没有完全取代煤炭能源，核能、风电、光伏的出现和发展也没有立刻全部取代煤炭、油气和水电能源，尽管新发现的能源载体越来越多，但替代原有社会主体能源却越来越困难，因为上一代社会主体能源已经决定和塑造了一个国家乃至一个时代的社会主体技术群和建立在这个技术群基础之上的产业结构以及经济发展范式，如果短时间内对社会主体能源系统进行全盘颠覆，将引发产业革命和经济发展范式的强烈震动，无论经济性和技术可行性都不现实，其替代过程通常是渐进式变革和渗透式改造。

能源组成的多样化有利于能源系统的稳定性和安全性，而且也有利于提高和增强能源系统的适应性。可再生能源也有其自身固有的弱点和短板，单一可再生能源作为社会主体能源存在着不稳定、不经济、不安全等因素。尽管可再生能源从整体上和长远看都具备成为社会主体能源的潜力和条件，但可再生能源也存在着出力不均衡、间歇性大、稳定性不高和可控性不好、难以精准预测、经济性还不高等技术性短板。不同国家社会生产力发展水平和资源禀赋各异，没有一个国家选择一次性"连根拔起"式的社会主体能源替代方式，上一代社会主体能源通过技术改造和其他方式仍然可以成为新一代社会能源体系中的重要辅助部分。从某种意义上讲，能源的多样化也是能源体系安全化的重要形式，为了维持目前的现代化生活和经济社会发展繁荣，必须保有一定量经过低碳化、清洁化、安全化、高效化处理的化石能源作为过渡期基荷能源。

当前新一轮世界能源革命的路径是不断扩大可再生能源在现有能源结构中的比重，逐步替代落后的、高碳排放的煤电、石油、柴碳等化石能源并最终成为下一代社会主体能源，实现能源供给侧的结构均衡和技术优化，推动人类社会发展、资源储量和自然生态三元关系的动态平衡。

对各国企业而言，碳达峰与碳中和都是能源革命和经济发展范式革命所带来的机遇。尽管各国国情和发展阶段不同，甚至在多个方面存在分歧，但谁也不会选择逆历史潮流而动，所以共同应对全球气候变化、携手推进碳中和将是世界各国企业的共同发展机遇。

对于中国企业而言，无论身处何种行业或产业链环节，无论是能源生产主体还是使用主体，都无法回避能源低碳清洁化所带来的变革，而这种变革将直接影响中国企业新发展跨越的路径、方式和成败。

二、"双碳目标"的中国影响和全球价值

第一次工业革命以来，化石能源的获取和使用在很大程度上决定了大国的崛起和兴衰。新社会主体能源的替代过程往往需要半个多世纪或更长的时间才能达到广泛的渗透，但今天的清洁可再生能源替代化石能源的过程和时间将大大缩短，人类还没有在如此短的时间内实现一种新型能源的完全替代，低碳时代的到来将重塑未来世界发展的新格局，新能源对传统化石能源的逐步完

全替代将重塑中国经济发展范式,构建中国崛起强大和民族复兴的新动力,同时为中国企业实现新发展跨域提供一条重要路径和引导机制。

(一)"双碳目标"的提出将加快重构中国社会主体能源体系,倒逼中国企业加快实现产业升级和高质量发展,重塑中国经济社会发展范式

从发达国家的发展经验看,实现碳达峰和碳中和是经济发展和技术进步良性互动的自然过程和渐进积累。对发展中国家尤其是碳排放总量高、人均碳排放量低的中国而言,要在短短40年内先后实现碳达峰和碳中和是主动自我加压,是对国家现有经济发展范式的内生性调整和主动深刻重塑。

世界上大部分发达国家都于1990年前后完成工业化和城镇化进程并实现了碳达峰,其工业领域和基础设施建设领域等高排放行业都处于饱和状态并且陆续将高碳排放产业向发展中国家转移,从碳达峰到碳中和,欧盟需要60年,美国需要45年,对这些发达经济体和国家而言转型压力并不大。但中国目前仍处于城镇化和工业化的"进行时",中国力争用40年实现"双碳目标",意味着中国将经历一场广泛而深刻的社会经济系统性变革和发展范式变革,意味着以化石能源为基础的能源体系、经济体系、企业生态将经历深刻重构,也意味着社会基础设施的再升级和社会利益的再分配,在技术、经济、社会、文化和政治层面都将面临深刻变化。由于能源和工业基础设施有较长的寿命期,对社会经济发展范式有较强的锁定效应,因此从碳达峰到碳中和的时间越短,转型压力和阻力也会越大。正如习近平总书记强调:"这意味着中国作为世界上最大的发展中国家，将完成全球最高碳排放强度降幅，用全球历史上最短的时间实现从碳达峰到碳中和。"

"双碳目标"既是中国顺应并引领未来国际发展潮流、提升中国未来国际地位和竞争力，助推中国经济社会发展转型、实现社会主义现代化目标的重大战略决策，还是倒逼中国企业加快实现新发展跨越的动力机制。"双碳目标"为中国加速经济转型升级提供了倒逼机制，预示着中国经济发展范式调整正在加速到来。在这个过程中，高碳排放的传统能源产业和重化工业将首先触及产能控制的发展天花板，大量资产将面临搁置和淘汰的压力，一大批产业工人将被分流安置，并且转型压力将伴随技术链条逐步传导至建筑、农业、交通等其他相关产业，这将在一定程度上影响中国经济增长速度和经济增长方式，是中国企业实现新发展跨越必须面对的转型压力。

党的十八大以来，中国在"生态优先、绿色发展"和"两山理念"的指引下，已经探索实现了经济社会发展与碳排放初步脱钩，走上一条符合中国国情的绿色低碳循环的高质量发展道路。2020年末，中国已经实现全面脱贫目标，碳排放强度较2005年降低约48.4%，非化石能源占一次能源消费比重达15.9%，风电、光伏并网装机合计达到5.3亿千瓦，约占全国总发电装机的26%，连续八年成为全球可再生能源投资第一大国，实现了生态文明与国民经济的协调同步发展。

中国通过一系列实践证明，主动抑制和淘汰落后产能、不断加强减碳力度，积极推动经济发展动能升级，有利于提高经济增长质量，培育带动新的产业和市场，扩大就业，改善民生，保护环境，提高人民健康水平，塑造适应中国发展需要的经济发展范式。未来中国企业需要做的就是坚持走绿色、低碳和清洁化的经济发展路线，通过碳达峰碳中和实现发展方式的系统性变革升级。

（二）"双碳目标"的提出标志着中国崛起强大和中华民族伟大复兴将以减碳、低碳和零碳的方式实现，这是自第一次工业革命以来，世界大国崛起过程中从未有过的伟大壮举

人类在工业文明时代所成就的经济繁荣是建立在以化石能源为社会主体能源基础上的"碳繁荣"。化石能源是地球远古生物亿万年所转化储备积累的太阳能，经过简单的氧化燃烧反应，其能量和价值在人类进入工业文明时代短短的两百年间集中爆发，支撑并推动了工业革命以来人类文明跨越式的高速发展。

在化石能源成为社会主体能源以后，化石能源消耗量与国家综合实力之间就形成了高度正相关关系。正如煤炭成就了英国的工业化，石油成就了美国的现代化，第一次工业革命以来所有崛起的世界大国都无一例外是能耗大国和碳排放大国，化石能源的消耗量与工业产值、经济总量成正相关关系，成为衡量一个国家经济发展成就的重要指标。第一次工业革命以来，世界上还没有一个国家能够实现经济增长与化石能源消费量的"脱钩"，实现"低碳富强"。

中国已经用改革开放40多年的发展奇迹向全世界展示了一个贫困落后的农业国发展成为世界第二大经济体、世界第一企业大国的发展奇迹。中国目前仍处在工业化和城市化阶段的中后期，对能源的需求在未来一段时间内还会增长。从2030年实现碳达峰直至2060年实现碳中和，正是中国向社会主义现代化强国迈进的关键时期，中国经济发展不能停滞、中国企业的发展动能不能衰减，中国的崛起强大必须依靠低碳排放的清洁可再生能源实现，将首次书写第一次工业革命以来世界大国实现"低碳崛起、绿色富强"的发展奇迹，这也是中国企业奠定碳中和时代全球竞争新优势的重大历史机遇。

（三）"双碳目标"是中国以负责任的世界大国姿态，为全人类可持续发展和构建人类命运共同体作出的重大贡献

新中国成立以来，特别是改革开放以来，中国经济社会的快速发展进步不仅使中国人民整体步入小康社会，而且为世界经济发展和人类文明进步作出了重大贡献，其中有三项最为突出的历史性贡献，即对全球经济和贸易增长的拉动作用，对经济全球化和构建人类命运共同体的推动作用，以及对全世界减少贫困人口的贡献。

中国工业化和城市化进程还未完成，仍担当"世界工厂"的重要角色，从2030年碳达峰到2060年碳中和的过渡期只有30年，远远低于发达国家60—70年的时间，并且中国也没有向西方国家那样将落后产能向其他发展中国家转移，因此中国的减排难度远高于西方发达国家，不得不以牺牲部分经济增长为代价。这是中国负责任的大国担当，更是对人类应对气候变化的重大贡献。

当今时代，世界各国已经成为生态共同体、发展共同体和命运共同体。近一个时期以来，温室气体排放、臭氧层破坏、生物多样性减少已成为困扰世界各国可持续发展的重大生态环境问题。经过一代又一代人的不懈努力，"十三五"期间，中国应对气候变化取得显著成效。2020年的碳排放强度较2005年下降

48.1%、较 2015 年下降 18.2%，提前完成了阶段性目标。"绿水青山就是金山银山"的发展理念和"双碳目标"既是对世界各国的庄严承诺，更是体现了中国始终坚持以全球视野、全局高度、全面思考，扛起应对全球气候变化、共建人类命运共同体的责任。

中国在推动建立公平合理的全球气候治理体系过程中发挥了不可替代的积极作用，作出了全球认可的重要贡献。应对全球环境气候和可持续发展问题需要世界各国协同行动，但不同国家所处发展阶段、资源禀赋、经济发展基础、受气候环境影响和约束程度以及应对气候变化的能力不同，必须提出一个各方都可以接受的原则以协调世界各国共同行动。中国企业作为中国与世界沟通的重要枢纽之一，作为中国连接发展中国家和发达国家的重要桥梁之一，应当积极协调化解发达国家和发展中国家间关于资金、技术、政策等方面存在的技术壁垒、信息鸿沟和理念分歧，通过推动全球一体的低碳绿色产业革命实现中国企业的新发展跨越。

三、构建中国清洁低碳、安全高效的能源体系

中国作为世界上最大的能源消费国、第一人口大国和第二大经济体，能源战略、能源观念和能源政策需要树立全球视野、大国格局。从世界能源发展历史和各国能源发展战略方向看，能源的低碳化、清洁化、安全化、高效化是主流趋势。不同国家的资源禀赋和经济社会发展程度决定了其能源政策和未来发展路径。

双碳目标的提出将给中国企业带来全新的发展方向路径和发展范式约束，中国未来经济增长的成本将进一步提升，面临的挑战和困难不容忽视。如何在"双碳目标"的规范和约束下形成新的发展动能和发展范式，对所有的中国企业都是全新的考验。中国需要在把握世界发展大势的基础上，根据自身能源资源禀赋和国情实际，以"2030碳达峰、2060碳中和"为目标，科学制定能源战略和发展路径，把握好社会主体能源变革和逐步替代的节奏、节点和节律，筑牢高质量可持续发展的能源根基。中国企业需要从国家战略和国家安全高度、以"双碳目标"为引领，坚定不移地走清洁低碳、安全高效的发展之路，这是加快国家发展强大，实现中华民族走向伟大复兴的关键。

（一）"多煤、贫油、少气"的资源禀赋、长期占主导地位的化石能源体系和世界第一能耗大国的现状共同决定了中国的清洁低碳、安全高效发展之路将充满挑战

从国土面积、人口数量和油气资源探明储量看，中国是典型的多煤、贫油、少气国家。因此，无论是从巨大的能源需求、化工需求还是天然的资源禀赋来看，将煤炭为社会主体能源是基于中国国情的客观必然选择，这也决定了中国的能源体系、化工体系乃至整个工业体系的基本格局。

煤炭在中国能源体系中长期占据绝对主体地位，为中国的经济发展和民生福祉改善作出了重要贡献。煤炭在中国化石能源消费中占比为84%，在全部能源消费中占比为66%，煤炭支撑了中国74%的电力、8亿多吨粗钢、24亿吨水泥、7 000万吨合成氨以及煤制油、烯烃、乙二醇、甲醇等现代工业发展的基本需要，

为中国这个人口大国、工业大国和农业大国提供了重要的能源、原材料和化工产品。长期形成的以煤炭为主体的能源体系奠定并支撑着中国工业发展的主体技术群，产业发展成熟、产业链配套齐全、技术积累深厚、经济带动力强、科研人才和产业工人队伍庞大，是中国国民经济快速发展的主要动力，是新中国发展进步的重要成就，也是国计民生所系。

以煤炭为社会主体能源，长期形成的庞大产业体系路径依赖和发展惯性成为中国由煤炭经济向低碳经济转型的重点和难点所在。同为化石能源，煤炭比石油和天然气的热效率更低，碳排放量更高。20世纪中叶以来，石油、天然气逐步取代煤炭成为主要发达国家的社会主体能源，煤炭在其能源消费总量中仅占10%~20%，而中国煤炭在一次能源消费占比仍高达60%，为全世界最高。中国在从煤炭经济向油气经济转型的过程中已经显露出资源禀赋差、转型包袱重、升级阻力大等短板，构建以清洁可再生能源为主的清洁低碳、安全高效能源体系必然将充满挑战。

按照《零碳社会》作者杰里米·里夫金的观点，当太阳能和风能等清洁可再生能源在一个国家能源中的占比达到14%时，资本就会不可逆地从化石能源产业流向清洁可再生能源领域。基于这种推断，中国未来的社会主体能源低碳化和转型升级之路充满机遇更充满挑战，存在许多不容回避也不能忽视的重大经济社会挑战：大量的化石能源产业将逐步淘汰，数以万亿元的资产将被搁置，甚至成为低效或无效资产，数以十万计的相关产业工人将会分流转岗。这些都是社会主体能源变革所引发的经济社会连锁震荡反应，也是中国企业实现"双碳目标"所必须付出的代价。

在"双碳目标"机制倒逼下,中国有可能将跳过油气经济,直接实现从煤炭经济向低碳经济的转型升级,这在世界发达国家中尚无先例,对中国这个全世界最大的发展中国家来说,转型压力和升级难度将史无前例。

(二)能源安全关系国家安全,以"双碳"为目标,加快发展清洁可再生能源、推动电能替代是保障国家安全的重要战略举措

"双碳目标"不仅体现中国对生态环境的高度重视,体现大国的责任担当,也是出于维护中国能源安全的战略需要。能源安全是国家安全的重要组成部分,中国现在仍处于并将长期处于工业化时代,强大稳定的能源对中国具有不可替代的重要作用。能源是维护国家安全的重要保障,是经济繁荣发展和社会进步的重要推动力量,是生态文明建设和可持续发展的重要支撑,是提高国家竞争力、增加社会财富积累,保障并提高人民生活质量的重要基础。

大力发展清洁可再生能源对优化中国能源结构,建立多元化能源供应体系具有重大意义。多元化的能源体系能够带来能源系统内的相对稳定,而能源系统的稳定就是最大的国家安全。对中国来说建立以清洁可再生能源为主体,多种能源互供互补的能源体系,调整变革以化石能源为主体的单一能源结构,是中国应对系统性风险和维护国家安全的重要保障手段。

中国石油、天然气对外依存度很高,大力发展清洁可再生能源可以降低中国能源对外依存度,提高能源自给能力,保障国家能源供给安全。基于石油和天然气的主体能源体系、科技体系、金融体系和运输体系长期以来都由西方主导，极容易被西方反华势力作为打压中国经济发展的撒手锏。化石能源的价值和作用不仅在于保障日常能源供应，而且是重要的化工原材料和极为重要的战略资源储备，尤其是石油、天然气资源还具有国际化金融属性和政治属性。多开发使用一些可再生能源，就能为中国多储备一些宝贵的不可再生的化石能源，少一些进口环节的外部风险。

从能源供给安全角度看，发展清洁可再生能源将有效提升中国经济发展摆脱受制于海外能源市场波动的能力。中国能源、化工和冶金产业长期高度依赖煤炭和石油，通过发展清洁可再生能源，加快掌握不同类型能源的关键核心技术，确保对能源及工业体系的完全控制，是保障国家经济整体安全的关键。当前，中国已经在化石能源开发利用领域取得了令全世界瞩目的发展成就，如超超临界火电机组、煤化工、石油化工等很早就已经具备世界领先水平。在水电以外的清洁可再生能源领域，中国仍然需要不断加快突破关键核心技术，全力实现从规模引领到技术引领。一旦清洁可再生能源相关核心关键技术被西方国家优先掌握并形成垄断优势，特别是核心部件、关键设计软件和控制系统如果长期依赖国外，中国能源产业的转型发展将会受制于人，被人"卡脖子"。

大力发展清洁可再生能源，减少污染物排放、降低化石能源生产消费带来的环境问题，是维护国家生态安全构建生态安全屏障的关键。生态问题是系统性问题，解决系统性问题必须首先解决结构性问题，构建合理的能源结构是破题的关键。保持自然生态系统的长期稳定和正常功能,是中国从工业文明走向生态文明的关键,任何生态环境问题最终都会演化为社会问题、发展问题和资源问题,并最终发展成为国家安全问题。因此,大力发展清洁可再生能源从源头上保护环境、修复生态的有效途径,也是保障国家生态安全的切实举措。

加快推进清洁能源替代和电能替代,从源头上消除化石能源作为一次能源所产生的的碳排放,是实现"双碳目标"的治本之策。目前,中国化石能源占一次能源比重为85%,占全社会碳排放总量的近90%。清洁替代即在能源生产环节以清洁能源替代化石能源发电,加快形成清洁能源为主的能源供应体系。电能替代即在能源消费环节以清洁电能替代煤炭、石油和天然气,不断降低化石能源在一次能源中的比重。培养全社会的绿色、低碳生活方式,加快形成清洁电能作为社会主体能源的能源生产和消费体系。

(三)构建中国清洁低碳、安全高效能源体系的战略路径思考

树立全球视野和大能源观,牢牢把握新一轮世界能源革命的方向和契机。能源为立国之本、民生之基、兴国之策、国防之要。中国已将能源战略上升为国家战略。世界能源体系正处于发展变革的关键时期,必须要有全球视野和长远眼光,要不断摆脱传统思维的桎梏,不断摆脱落后主体能源的发展惯性和路径依赖。中国不能等待新一轮能源革命发生定型后才有所行动,必须要有见微知著的敏锐察觉和超前的战略布局,提前做好顶层设计,加大基础研究投入，实现战略引领，不为短期的发展利益所惑、也不为发展转型的艰难所困，加快推动能源科技创新与产业变革、经济发展的全面融合互动。通过新一轮能源革命的创新发展，打造新型能源产业和优势产业集群，创造新产业、新业态，推动实现军民融合，塑造中国高质量发展的强大新动能。

构建清洁低碳、安全高效能源体系，清洁低碳是基础，安全高效是核心。中国的能源形式必须多元化、结构化，传统化石能源要清洁化、低碳化，清洁可再生能源要规模化、经济化，能源传输和储能要数字化、智能化，用电终端要安全化、高效化。中国能源清洁化的重点是煤炭等传统化石能源要加快实现清洁化利用。能源的低碳化主要是通过大力发展可再生能源对化石能源的替代来实现。能源的安全化主要是通过加快突破清洁可再生能源的关键核心技术，不断完善能源供给侧的多元化结构，不断降低化石能源对外依存度来实现。能源的高效化主要是通过降低化石能源在一次能源中的比重、发展智能电网、储能装置和电能替代等方式实现。根据中国的能源资源禀赋和发展格局现状，中国清洁可再生能源当前发展的重点应当在西南大水电、西北光伏、沿海风电等领域集中发力，并形成集中高效规模化基地化开发模式。

以科技创新和体制创新驱动中国能源产业和经济发展范式变革。"双碳目标"的提出对中国经济社会发展提出了新的强约束条件，同时"双碳目标"的提出将重构中国能源体系，产生新的社会主体能源，孕育新的经济发展范式，变革社会生产关系，仅仅靠科技创新无法实现"双碳目标"，还需要相应地进行体制机制创新。生产力决定生产关系，生产关系必须适应和促进生产力发展。围绕化石能源所构建的社会生产力和生产关系将不能适应"双碳目标"提出的新发展要求，亟须调整那些不适应，甚至阻碍新生产力发展的传统生产关系，着力提高资源配置效率并调动全社会积极性，破除制约高质量发展和低碳经济的体制机制障碍，实现国家治理体系和治理能力的升级迭代，同时需要审慎处理好"碳达峰"与"碳中和"的关系，"低碳"与"发展"的关系，短期任务与长期目标的关系，发达地区和欠发达地区的关系，新技术、新能源与原有社会主体技术群和传统能源的关系，政府管控与市场调节的关系，科学技术驱动和体制机制驱动的关系等。实现"双碳目标"是对中国共产党治国理政能力的一场大考，需要完整、准确、全面贯彻新发展理念，坚持系统思维，以经济社会发展全面绿色转型为引领，以绿色低碳发展为关键，加快形成节约资源和保护环境的产业结构、生产方式、生活方式、空间格局，走出一条生态优先、绿色低碳的高质量发展道路。

中国不仅是世界水电大国，也是世界水电强国。水电是中国清洁可再生能源体系中的重要组成部分，具有特殊优势，应当成为构建中国清洁低碳、安全高效能源体系的优先发展对象。水电工程可以实现多目标、多功能、多效益，除发电效益外，还可以实现防洪、航运、生态、水资源综合利用和扶贫开发等多重效益。水电和火电同时诞生，是目前技术最成熟的能源开发利用形式，也是目前开发最经济的清洁可再生能源，经济性仅次于火电。水电是调度最灵活的清洁可再生能源，是行业公认的电网"稳定器""压舱石"。中国水电资源禀赋好，可集中大规模开发利用成为社会主体清洁能源,破解资源、发展与生态保护之间的矛盾,实现人与水和谐共处,资源永续利用。

中国海上风电具备独特优势,可以发展成为一种替代落后煤电、不依赖国家补贴、可大规模集中开发的新型主体清洁可再生能源。海上风电与陆上风电、光伏、水电、核电等清洁能源相比,除了都具有绿色低碳等特征外,还具有其特殊的优势:海上风电资源禀赋好,资源储量大,可以集中连片大规模开发,是未来最具开发潜力并成为沿海地区主体能源的清洁可再生能源。海上风资源集中、风速大、风功密度高,可驱动大容量海上风机,出力较稳定,发电质量可媲美大水电。中国海上风电场主要分布于沿海离岸100千米以内,靠近中国东部沿海城市用电负荷中心,电能消纳条件好。海洋面积十分广阔,不占用耕地和林地,未来发展空间巨大。开发海上风电不使用海水,不影响航道和海岸景观,对海洋生态环境的影响极小。海上风电产业链长、产业带动能力强,有利于延伸发展养殖、造船、通信、海水淡化、制氢储能等海洋经济。海上风电开发对于中国巩固领海防御和开发具有战略意义的远海孤岛意义重大。随着人类对海洋认识的不断深入,以及开发技术不断取得突破并日趋成熟,海上风电的优势特性将更加明显和突出,未来具有广阔发展前景和巨大市场空间,中国企业需要加快科技创新,推动海上风电规模化经济性开发,打造一种新型的清洁可再生主体能源。

重点开发太阳能资源禀赋优越地区,采用大规模集中连片区域化基地式开发和小型分布式开发两种方式,不断提高太阳能利用的经济性和电能输出质量。中国太阳能资源丰富,其中,内蒙古西部、宁夏北部、甘肃北部、新疆东南部、青海西部和西藏西部等地区都具备大规模集中连片开发条件。根据清华大学能源互联网创新研究院《2035全民光伏发展研究报告》的测算，将城市建设用地、交通建设用地、农业光伏也作为光伏可利用资源进行评估，在基本开发强度下，基于中国已开发国土的光伏装机资源到2030年和2035年可分别达到31.65亿千瓦和33.7亿千瓦，仅光伏发电就可以满足中国基本能源供应需求。未来，以光伏为代表的新能源将是成本下降最快、经济性提高最显著的能源类型，并且还有继续降低的巨大潜力。目前，在青海、内蒙古等太阳能资源丰富、土地成本较低的区域已经实现了平价上网，已经初步形成了与煤电的价格竞争优势。随着光伏发电技术的不断进步，太阳能大规模开发利用的时代一定会很快到来。

加快打造"东数西算"工程，打造西部国家算力中心，促进西部清洁能源就地消纳。从地域分布看，东部地区计算需求大，但能耗指标紧张、电力成本高；西部地区清洁可再生能源富集，但产业基础相对薄弱，消纳能力有限，清洁可再生电能消纳高度依赖特高压输电通道向东部城市点对点传送。中国特高压输电系统发展快、技术领先、能量损耗低，为中国经济发展作出了突出贡献，但从经济角度看，数据传输成本将远远低于电力传输成本。从国家高质量发展战略、"双碳目标"实现、能源产业变革和发展数字经济等多方面出发，发展东数西算势在必行。东数西算有利于实现全国算力规模化集约化发展，并大幅提升中西部清洁可再生能源使用比例。通过加大算力基础设施在西部的建设力度和东部数据向西部的合理流动，将带动相关产业转移，延展东部发展空间，提升西部网络基础设施建设水平，促进形成全国平衡发展的格局。

（四）加快形成中国企业绿色低碳循环发展的竞争新优势

绿色是生命的底色，象征着活力、和谐、自然；低碳是时代的潮流，意味着清洁、环保和健康；循环是智慧的进步，代表着持续发展，绿色与低碳都包含着希望、生长和繁荣的寓意，从而被东西方文化和价值观所共同接纳。今天，绿色低碳循环发展已经成为世界经济社会发展的主流，并在东西方之间取得了高度共识。在时代发展的大趋势面前，发展绿色低碳循环经济不仅是各国企业的发展目标，也成为涵盖所有产业发展的共同趋势，成为各个国家企业保持和增强竞争力的刚需。

在"碳繁荣"时代的经济社会发展范式中，更低的企业内部经济成本往往带来更高的外部生态环境成本，而绿色低碳循环经济则要求企业以较高的内部经济成本和科技投入去实现更低的外部生态环境成本，"污染—治理—污染"的"经济循环"将成为历史。

碳达峰、碳中和带来的不仅是能源结构的变化，更是中国经济社会发展模式的全面转型，对各个产业、行业生产方式、盈利模式和发展路径都会产生颠覆性的影响，将从供需两侧同时影响中国企业的发展，从而倒逼中国企业加快形成以绿色低碳为主基调的新经济发展范式。"双碳目标"将以中国企业为主体，构建起绿色低碳可循环的新型经济发展范式，即社会经济的发展将不再以破坏生态环境、改变地球气候和牺牲生物多样性为代价。绿色低碳循环经济将是一种全新的经济形态，可以形成新动力、新增量、新机遇和新红利。绿色低碳循环经济具有鲜明的技术特征、发展路径和发展模式，代表着技术、制度、理念的新变革，不能适应这种转变的中国企业将面临被淘汰的命运。原有社会主体能源和社会主体技术群所积累的发展惯性很难在短时间内转变，这意味着推广绿色低碳循环的新经济发展范式不会一蹴而就，势必将遭遇一定的社会习惯阻力和思想观念束缚并承受经济成本压力，需要注意避免将长期目标短期化、系统目标碎片化。中国企业需要有战略前瞻的远见，主动谋划转型，主动推动变革。中国政府也将制定相关的法律法规，以强制规范手段改变企业生产、经营与管理的不合理性，倒逼高耗能、高污染、生产能力过剩的企业向绿色低碳发展转型升级，加快行业淘汰步伐，同时鼓励绿色低碳循环经济的创新型企业做强做大并成为行业发展的示范引领。

中国企业选择绿色低碳循环的发展路径不仅仅是道德和法制的要求和约束，而是更多地出于满足市场需要、培育竞争优势的内在迫切需要。这意味着中国企业将在短期利益和长期利益之中作出抉择，主动地把社会环境效益纳入企业自身的经济效益去考量，顺应时代的趋势主动完成绿色低碳循环发展模式的"并线转轨"。2022年，欧洲碳排放期货价格最高涨至94.94欧元/吨，中国碳排放期货价格在60元/吨浮动，碳排放量交易的市场化、金融化和货币化势必成为推动绿色低碳经济发展的一股重要力量。对于所有中国企业而言，绿色低碳循环经济不仅仅是生产消费环节的节能降耗，而是围绕"双碳目标"，重构以清洁可再生能源为主体的绿色新型产业体系和低碳循环经济发展模式，推动中国企业产品创新、产业链创新、核心技术创新、市场机制创新、盈利模式创新、融资方式创新、财税政策创新。不仅仅是低碳办公、低碳运营,更要学会使用绿色信贷、绿色债券、碳排放指标交易等绿色金融产品,以市场化的方式推动使企业真正成为绿色低碳发展的主力和创新主体。绿色低碳循环经济将推动各类资源向率先转型产业和企业集中,从而淘汰那些转型犹豫迟缓的产业和企业,不断加强产业共性技术供给,鼓励绿色低碳循环产业链核心企业带动上下游企业协同创新,提升绿色创新链产业链水平。

绿色低碳循环经济是针对经济社会发展所面临的资源瓶颈与环境容量约束而提出的新型经济发展范式,旨在实现人与自然和谐共生、促进人与自然和谐发展。前工业文明时代,人类技术进步的动力是认识自然;工业文明时代,人类技术进步的动力是征服自然;生态文明时代,人类技术进步的动力将是和谐自然。绿色低碳发展是高质量发展的题中之义,绿色低碳发展不仅是能源的发展、科技的发展和经济的发展,也是人文关怀的发展和社会集体道德水平的发展。文明的成长和成熟也需要一个过程,人类从敬畏自然到认识自然、改造自然,最终还是要回归到敬畏自然并与自然和谐共存。只有通过推进绿色低碳发展,解决好工业文明带来的矛盾,才能实现经济社会可持续发展和人的全面发展。

推进碳达峰碳中和,既是中国企业无法回避的战略挑战,也是企业千载难遇的战略机会。中国企业唯有结合自身情况,制定出碳达峰、碳中和路线图,才能加快步伐,迈向高质量发展,实现新的发展跨越。

四、加快建设 5 条清洁可再生能源走廊

中国要构建清洁低碳安全高效的能源体系以适应"双碳目标"的需要，需要对现有能源体系进行深度调整变革和系统性重构，构建以清洁可再生能源为主体的新型能源供应系统，加快推动用清洁电能替代煤炭、石油等一次化石能源。构建这一新型系统的关键就是要为国家打造一套系统稳定、结构多元、资源丰沛、经济性高并且在核心技术方面具备全球引领地位的基础性能源。

基于中国独特的地理特征、资源禀赋和发展需要，国家可以聚焦建设 5 条清洁可再生能源走廊，即长江中上游水电清洁可再生能源走廊、三北"风光"清洁可再生能源走廊、海上风电清洁可再生能源走廊、东部沿海核电清洁能源走廊和"一带一路"清洁可再生能源走廊。这 5 条清洁可再生能源走廊中，三北"风光"清洁可再生能源走廊贯通西北、华北和东北，长江中上游水电清洁可再生能源走廊贯穿西南和华中、华东，海上风电清洁可再生能源走廊和核电清洁能源走廊连接渤海、黄海、东海和南海，"一带一路"清洁可再生能源走廊连通东亚、南亚、中亚、非洲和欧洲，这 5 条能源走廊横贯东西，贯穿南北，连接中外，辐射全球，未来 3~5 年内，将形成超过 10 亿千瓦的清洁可再生能源装机规模，相当于中国 2020 年电力总装机的一半；到 2035 年，装机规模可以达到过超过中国现有的发电装机总规模，形成中国最重要的清洁可再生能源基地、产业发展平台和维护中国能源安全的战略保障。这 5 条能源走廊是构建中国清洁低碳、安全高效能源体

系和替代落后煤电的重要基石,也是中国企业实现新发展跨越,引领全球低碳经济发展的重要战略资源。

(一)加快建设以三峡工程为核心骨干的长江中上游水电清洁可再生能源走廊,为国家打造清洁可再生能源基地和骨干基荷电源

中国现有12大水电基地,分别为金沙江、长江上游、黄河上游、南盘江、红水河、雅砻江、大渡河、乌江、澜沧江中游,湘西、闽浙赣、东北。其中,长江中上游和金沙江是装机容量最大的水电基地,这一条能源走廊横贯中国东西,总装机容量超过1亿千瓦,不产生任何碳排放,生产水电清洁可再生能源,目前已经基本形成。

长江中上游水电清洁可再生能源走廊的成功建设,为国家打造了一个强大的清洁可再生主体能源,为国家经济发展注入了强大廉价的清洁动能,同时形成了开发治理长江的新格局。

长江中上游水电清洁可再生能源走廊在构建清洁低碳、安全高效的现代化国家能源体系中具有"压舱石""定海神针"的重要基础保障作用。长江中上游水电走廊目前已建和在建的水电总装机容量占全国水电总装机容量的26%,占全国电力总装机的5.6%,这条水电走廊的建设运行不仅有力解决了西南和中东部地区缺煤缺油的能源发展短板,同时也为这条水电走廊周边风电和光伏发电提供了调峰手段和特高压送出通道,为未来实现大规模水风光互补能源发展模式创造了条件;更为重要的是它推动形成了中国西电东送、南北互供、水火互补的全国电力联网和供电格

局，为国家经济建设、节能减排、维护电网稳定作出了重大贡献。

长江中上游清洁可再生能源走廊的建设和运行，标志着长江治理开发已经实现了从洪水肆虐到洪水控制的重大转变，并正在实现向洪水管理和洪水资源化利用的重大转变，为长江经济带经济社会发展、产业优化布局、生态治理修复提供了重要基础保障。

长江中上游清洁可再生能源走廊还将构建形成一个总量近千亿立方米的国家战略淡水资源库。长江入海多年平均年径流量约为9 916亿立方米，借助三峡工程及上游一系列高坝大库水电站的巨大库容，依托长江中上游清洁可再生能源走廊，可为国家建设一个近千亿立方米的战略淡水资源库。这一战略淡水资源库位于中国第二至第三地理阶梯，且处于中国腹地中心，便于向北方调水，对于中国在未来全球竞争中掌握主动权具有重要的战略意义。

长江中上游清洁可再生能源走廊还将形成服务长江经济带绿色发展的有利格局，显著改善了西南航运物流条件，推动中国西部区域经济社会发展，在支持少数民族地区乡村振兴和水库移民发展致富方面将发挥重大作用。

（二）加快技术进步、集中连片开发利用中国陆上风能和太阳能资源，为国家打造三北"风光"清洁可再生能源走廊，形成中国新能源体系中的主体能源

中国西北、华北、东北三北"风光"清洁可再生能源走廊是中国清洁可再生能源发展战略的重要支点，地位十分重要。三北地区纬度适中，光照条件好，风功率密度大，土地平整开阔，人口密度低，有大量天然的戈壁、草原、林地，风电资源占全国陆上风电资源储量的80%，年日照不低于2 200小时，是中国风能和太阳能资源最为丰富的地区，成就了中国打造陆上风电和光伏发电清洁可再生能源走廊的重要优势。

三北"风光"清洁可再生能源走廊将为中国打造全球最大的陆上新能源基地，推动构建完备的产业链体系和具有全球竞争力的产业集群，培育一大批具有全球竞争力的新能源开发企业和风电光伏设备制造企业，成就中国可再生能源大国和强国的引领地位。目前，全球风机装备制造企业15强中，中国有7家，全球光伏各环节产量前十名的企业一半以上在中国，全世界3/4的光伏组件产自中国。

三北"风光"清洁可再生能源走廊是中国清洁可再生能源发展战略实现转型升级的重要着力点，潜力巨大。基于三北地区巨大的资源优势，中国正积极鼓励各大企业集中连片规模化开发风电和光伏资源，不断加大优质资源集中度，并加快特高压送出通道、储能系统，氢能制、储、输、用等配套设施建设。三北地区风电、光伏等新能源的经济性和稳定性将极大提升，已经具备了平价开发上网、成为未来新能源的主体能源的条件，成为构建中国清洁低碳、安全高效能源体系的又一重要战略支撑。

三北地区有70万平方千米的沙漠和50万平方千米的戈壁，如果能够全部铺设光伏发电设备，按最保守的估计可每年为全国提供3.6万亿千瓦时的电能，相当于2020年中国全年用电量的一半，如果未来同海上风电和长江大水电有机结合在一起，将使中国能源供给结构产生质的飞跃。

（三）创新发展、集中连片规模化开发中国海上风能资源，为国家打造海上风电清洁可再生能源走廊

中国具有优质的海上风电资源禀赋、得天独厚的区位条件和长期形成的产业基础，具备大力发展海上风电的优势，目前中国海上风电已经取得了令全世界瞩目的发展成就。从资源禀赋看，中国大陆海岸线总长度1.8万千米，可利用海域面积300万平方千米，海上风电资源储量丰富。根据风能资源普查成果，中国水深5—25米、50米高度海上风电开发潜力约2亿千瓦；5—50米水深、70米高海上风电开发潜力可以达到5亿千瓦；若增加离岸距离和高度，中国海上风电开发还有更大资源储量。截至2021年4月底，中国海上风电并网容量达到1 042万千瓦，已经超越英国成为继德国之后全球第二大海上风电开发市场，呈现出爆发式、跨越式发展，各项技术水平不断提升，配套产业规模不断扩大，政策体系不断完备。

集中连片规模化开发海上风电、打造海上风电清洁可再生能源走廊，可以为中国打造一种替代落后煤电、零碳排放、无污染的新型主体清洁可再生能源。海上风电是开发利用海洋清洁能源的重大科技成果，具有储量丰富、不占用土地、靠近沿海电力负荷中心、风功率密度大、可利用小时数高等众多优势，通过集中连片规模化开发，可以大幅度降低造价，最终实现零排放、无污染、零补贴、可持续、人民用得起的新型主体清洁可再生能源，逐步取代煤电等化石能源，为中国沿海城市群提供清洁、稳定、安全的电能。

集中连片规模化开发海上风电、打造海上风电清洁能源走廊，可为国家培育若干世界领先的产业集群，推动南海战略岛礁

开发，推动传统海洋产业转型升级，实现海洋资源的高效利用，发展海洋经济，振兴海洋产业，保护海洋环境，维护海洋权益，加快中国从海洋大国向海洋强国的跨越。

走向深海、征服远海，是全球海上风电未来发展的共识和重要趋势。深远海域范围更广，空间更大，风能资源更丰富，风速更稳定，也不会与海上渔场、航线、军事设施发生冲突。随着近海海域资源开发完毕，海上风电未来发展将通过漂浮式基础向远海深海发展，摆脱海床基础的束缚，实现海上风电重大突破。

漂浮式基础和柔性直流输电技术是让海上风机摆脱海床条件和离岸距离束缚的关键。从经济视角看，漂浮式基础和柔性直流输电技术能大大减少海洋施工的难度和降低造价；从行业发展角度看，这两项技术将推动海上风电开发空间和市场空间实现倍数级增长；从技术角度看，这两项技术将对海上风电发展方向产生革命性的影响。掌握这两项核心技术也为中国向大洋更深更远处挺进，为开发、保护蓝色国土提供重要的技术支撑。

通过为国家打造海上风电清洁可再生能源走廊实践，我们有充足的理由相信，21世纪将是海上风电大规模发展的时代，是以海上风电为代表的清洁可再生能源产业创新发展并成为主体能源的时代，也是中国认识海洋、开发海洋、保护海洋、经略海洋，从海洋大国向海洋强国跨越的时代。

（四）在确保安全的前提下积极有序发展核电，打造中国沿海核电清洁能源走廊，为国家构建清洁低碳、安全高效的能源体系构建零碳、稳定、高效、安全的基荷电源

中国要构建以清洁可再生能源为主体的新型社会主体能源，

选择一种清洁低碳、安全高效、具有一定规模的基荷电源尤为重要，这是破解除大水电之外的风电、光伏等新能源间歇性固有短板并替代煤电成为社会主体能源的关键。

核电具有清洁低碳、能量密度大、换料周期长、高负荷因子、供给可靠性高等特点，在清洁替代和电能替代中具有突出优势，可作为唯一大规模替代化石能源的优质基荷电源，核电将与风电、光伏发电等清洁能源形成互为补充、协同发展的格局。在中国东部沿海地区新建安全先进并具有自主知识产权的国产化三代核电机组，可以增加电力高负荷地区的低碳电力供应和电网稳定性，与西南大水电一起成为替代煤电机组的主力电网基荷，缓解风电、光伏等新能源的调峰压力。

中国东部地区人口密集、经济发达、能源需求旺盛且增长迅速，而中国的煤炭、油气和水能资源多分布于西部地区，能源生产与消费存在很大的区域失衡和逆向分布，发电量的不足已成为制约东部地区经济发展的瓶颈。除环渤海经济圈外，长三角和珠三角都属于化石能源资源贫乏地区，高度依赖外部供给。据测算，一座100万千瓦级的火电站年耗煤300万吨，排放二氧化碳810万吨，而同样装机容量的核电仅消耗185吨核燃料且不产生任何碳排放。可以肯定的是，在完成"双碳目标"的过程中，一大批技术落后的煤电机组将被淘汰，而取代煤电机组发挥基荷和调峰功能的主力电源必将是东部沿海的核电和西部的大水电。

同时，东部沿海负荷集中、经济发达，在中国东部地区特别是长三角和珠三角地区打造核电清洁能源走廊，符合中国"双碳目标"发展的需要，并且对优化中国电源结构、促进区域经济发展起到巨大作用。

长期以来，核电的安全性一直饱受争议。核电安全是核电能否成为中国社会主体能源、清洁能源和取代煤电的新一代基荷调峰能源的关键。事实上，盘点世界核电发展史上的三次事故（美国三里岛、苏联切尔诺贝利和日本福岛），其事故的起因并非是核电技术存在重大设计缺陷，均为人为违规操作的结果。中国始终将核安全作为核电发展的生命线，始终坚持发展与安全并重，实行安全有序发展核电的方针，加强核电规划、选址、设计、建造、运行和退役等全生命周期管理和监督，坚持采用最先进的技术、最严格的标准发展核电。目前，中国的第三代非能动核电机组和高温气冷堆系统已经在极端工况下反应堆堆芯熔化这一核电安全核心问题上取得重大突破，中国的东部沿海核电清洁能源走廊建设即将迎来大发展。

福岛核泄漏事故至今已经已 11 年，世界核电已经进入新一轮复苏重启，全球核发电量从减少到回升，核电装机容量在增加。截至 2021 年 9 月 1 日，全球共有在运核电机组 443 台，总装机容量超过 394 吉瓦，运行与在建机组都在增加。美、英启动建设新机组，日本停运核电站开始恢复运行，俄罗斯、韩国成为核电出口大国，中、俄、印坚持推进核电建设，一批无核电国家正在建设、计划建设或拟建核电机组。中国核电走过了一个渐进与积极发展的历程，相继提出了"积极推进核电建设""安全高效发展核电"的方针。中国目前已建与在建核电机组共 54 台，装机容量超过 5 300 万千瓦，占世界核电机组总台数的 10.7%、总装机容量的 11.8%，居世界第三，对新建核电采用了最严格的安全标准，核应急能力也达到了世界最高水平。但中国核电比重仍然较低，核电作为清洁能源、调峰主力和基荷电源的作用仍未有效发挥。在"双碳目标"的约束下，我们需要统一认识，继续做好CAP1400、华龙一号和高温气冷堆的研究开发和商业化运行，积极推动核聚变研究，为中国成为核电大国、核电强国继续努力。

（五）与具备互联互通条件的国家和地区携手打造"一带一路"清洁可再生能源走廊

面对全球气候的演变，任何国家都无法独善其身，唯有进一步加强国际能源合作，建立能源安全的全球"命运共同体"才能应对挑战。根据世界能源理事会（WEC）在2016年发布的报告，目前全球仍有12亿人口无法获得电力供应，其中大部分分布在"一带一路"沿线的亚、非发展中国家。这些沿线国家迫切需要提升自身的清洁能源开发能力，从而更加有效地应对环境容量紧迫、能源安全威胁以及国内可持续发展等问题。

在中国积极推动碳中和、碳达峰的道路上，中国与周边国家具有很强的目标一致性、资源互补性、战略协同性和互利共赢性。"一带一路"倡议明确将清洁能源视为构建"绿色丝绸之路"的重要依托，旨在根据优势互补和互利共赢原则来推进并强化沿线国家在清洁能源技术和产业领域的深入合作，利用中国的优势来推进地区能源向绿色、低碳转型，完善全球能源治理体系，共同推动形成绿色低碳发展新格局。

2015年9月，习近平主席在联合国发展峰会上，正式向全世界宣布了"全球能源互联网"这一中国解决方案。构建"全球能源互联网"，能够将"一带一路"沿线国家和地区的水、风、光等各类能源转化为电力并进行远距离传输，最大程度提高清洁可再生能源的效率和经济性，能够带动一大批战略性新兴产业发展。

中国作为全球最大的可再生能源生产国和应用国，来自中国的清洁能源产业、技术和投资正在"一带一路"沿线国家受到普遍欢迎，成为推动"一带一路"沿线国家社会主体能源转型的主要驱动力之一，为改善沿线国家能源结构，促进当地减碳、减贫、环保以及可持续发展作出了贡献，同时也极大促进了中国清洁可再生能源产业打造国际国内双循环的发展需要。

中国政府面向全世界提出"一带一路"倡议以来，中国企业在海外能源领域的年投资额从2005年的83亿美元猛增至2019年的196.7亿美元，其中化石能源占比降至56.1%，而可再生能源占比升至43.9%。新冠肺炎疫情之下的2020年上半年，中国在"一带一路"沿线国家能源领域投资仍在持续，总投资额为88.1亿美元，可再生能源占比首次超过化石能源达58.1%。

"一带一路"倡议使中国拥有新的国际能源发展视野，而不再只是全球能源合作中的一环。中国在国际能源合作中，更加注重构建国际能源合作的新秩序，通过能源外交和能源服务为"一带一路"沿线国家提供公共清洁能源产品，提供能够满足清洁低碳、安全高效需要的社会主体能源解决方案，深入推动清洁能源领域的国际合作，把沿线国家的能源资源优势转变为经济社会发展优势，推动"一带一路"沿线国家和区域的能源体系向绿色低碳转型，构建能源安全的全球"命运共同体"，为完善世界全球能源治理体系转型增添强大动力。

"双碳目标"的提出不仅具有重大的生态意义和全球影响，而且是国家发展战略的重大调整，也是国家经济发展范式向绿色低碳循环经济转型的深度变革。对任何一个国家来说，能源战略都是核心战略，能源安全都是国家安全，能源问题都是底线问题，能源革命都是发展范式的革命。对中国这个全球最大的发展中国家来说，清洁可再生能源关键技术正面临重大突破，传统化石能源支撑的"碳繁荣"必然会加快向"低碳繁荣"乃至"无碳繁荣"转型升级，因为能源结构体系的转型发展和社会主体能源变革决定着中国企业新发展蝶变的成败，更事关国本、影响国运，需要中国企业抓住发展能源变革的机遇，肩负起这份引领变革的责任，用绿色低碳循环的中国智慧和中国方案惠及世界。

第十一章
构建中国特色现代企业制度和治理结构

如何科学有效地治理现代企业是世界各国面临的共同问题,特别是在企业规模日益增大,企业管理日益集团化和企业经营逐步国际化的背景下,高质量决策,高效率配置资源,高水平管控风险,高质量可持续发展,已经成为决定企业发展成败的关键核心能力,也是中国企业实现新发展跨越的重要必经路径。

构建反映中国国有企业本质特性,充分发挥中国国有企业的政治优势和制度优势,遵循现代企业制度国际通行规则,具有中国特色的现代企业制度和治理结构,是中国对现代企业制度的重大创新,是中国国有企业更好地"走出去"和"引进来"平等参与全球竞争的必由之路,是中国企业提高整体国际竞争力的重大战略举措,是中国企业实现新发展跨越的制度和治理保障,也是中国向国际社会发出的积极正面信号,表明中国在坚定走中国特色社会主义道路的同时,坚持与国际规则接轨的诚意和信心。

一、中国特色现代企业制度和治理结构创新

科学制定制度，有效治理管控好大型现代企业，使之长期可持续健康发展，是世界各国企业长期思考和探索的共同课题。中国企业实现第一次历史性整体发展蝶变后，"大而不强"成为实现新发展跨越所面临的最大瓶颈之一，"大"并不是问题的本身，而是引发新问题的风险。企业规模越大、管理层级越多、产业链条越长，对企业治理的有效性和治理结构的科学性要求就越高，如果企业治理结构不科学，治理效能不高效，治理能力与企业规模不匹配，就会暴露出结构性隐患，引发系统性风险。越是规模庞大的企业集团，越需要建立科学有效的企业治理结构并以卓越的企业治理能力作保障，越是市场经济发达、企业数量、规模庞大的国家，越需要思考谋划如何提高现代企业的治理能力，如何优化企业的治理结构，如何防范企业快速发展中的系统性风险。多年来，中国的大型企业特别是国有企业集团股权结构单一，治理结构不完善，领导、决策和经营管理主体高度集中，亟须建立起科学、规范、有效的现代企业治理结构，这也是中国企业实现新发展跨越的关键所在。

（一）中国国有企业做强做优做大，打造强国重企，发挥在中国企业中的骨干引领作用，必须尽快建立具有中国特色的现代企业制度和治理结构

中国国有企业在中国经济发展中具有特殊地位和功能作用。新中国以国有企业为依托，集中力量进行了大规模的基本建设和

经济体系的重构，形成了今天完备的工业体系和经济体系，满足了中国社会主义市场经济发展成熟壮大和人民生活水平不断提升的基本需要，奠定了今天中国辉煌发展成就的基础。

经过70多年来的改革开放发展，中国的金融、铁路、电信、航空、石油、电力、钢铁、煤炭等国民经济关键领域和行业都已经全部实现了企业化和市场化，在中国的钢铁、能源、化工、机床、机械等重要基础产业领域，国有企业一直占据主导性地位，产能位居世界前列。2021年，上榜《财富》杂志世界500强的129家中国企业中，有92家是国有企业，占比超过70%，国有企业已经成为代表中国企业参与国际竞争的主导性力量和主力军。

相对于中国民营企业和外资企业，中国国有企业更亟须建立具有中国特色的现代企业制度和治理结构。中国国有企业要建设与中国国际地位相称和匹配的世界一流企业，当务之急是加快建立世界一流的现代企业制度和治理结构。国有企业并不是中国的原创，也不是中国独有的企业所有制形态，世界上绝大多数国家都有国有企业，但中国国有企业的特殊组织形式、特殊发展历程、特殊历史贡献、特殊地位影响、特殊功能定位以及所形成的特殊强大的整体性功能，在中国、区域和世界经济发展中所起的特殊作用和扮演的特殊角色，却是其他任何国家的国有企业所不能比拟的。因此，中国国有企业的治理结构和治理机制必须具有自身的特色，在全世界找不到可以直接照搬的治理结构、治理机制和成熟模式，必须自我探索创新。

（二）后疫情时代，中国国有企业参与国际竞争与合作并在新的经济全球化中发挥引领作用，必须建立具有中国特色的现代企业制度和治理结构

改革开放以来，中国国有企业的国际化经营实现了跨越式发展，但仍然面临多重挑战。新冠肺炎疫情和俄乌冲突给全球经济和贸易投资增长带来严峻的挑战和困难，也暴露出中国国有企业在国际化经营方面的短板和不足。

当前中国国有企业国际化经营仍处于较低水平。从中国企业跨国经营的总体情况看，除少数中央企业和大型民营企业实现了战略全球布局、资本全球流动、资产全球并购、资源全球配置、产品全球销售的全产业链全球化之外，大部分中国国有企业目前仍主要聚焦在国内市场，其国际化经营总体上处在中低端或某个产业链环节的国际化，国际化经营指数普遍低于8%，而全产业链的国际化经营往往需要更加完善的现代企业制度、治理结构和治理机制作为基础保障和发展支撑。

中国国有企业普遍缺乏国际化经营管控的经验。作为经济全球化的后来者，国际化经营对中国国有企业在安全风险、政治风险、投资风险和中外融合风险等方面的能力提出了更高要求，过去几十年来，中国国有企业在"走出去"过程中因能力不足、缺乏经验，不但造成许多项目投资经营失误，而且未来国际化经营也面临重大风险，亟须建立科学合理的治理结构予以有效应对防范。

中国国有企业海外经营的政策环境还不够完善。目前中国企业的境外投资风险保障体系普遍不健全，面对瞬息万变的国际市场，中国国有企业不仅要面对跨越空间的超远距离管控，还要进行跨越时区的实时管控，对中国国有企业的治理制度、治理结构、治理机制和治理能力和管理体制都提出了更高的要求。

世界各国虽然同享经济全球化，但企业治理结构和相关制度背景却大不相同，加大了中国国有企业"走出去"的制度摩擦力。改革开放40多年来，中国成功完成了从计划经济向市场经济的发展转型。中国的"转型经济"具有和西方成熟市场经济完全不同的制度环境和历史背景，即使同是"转型经济"，各国的制度体制转型实质和特征也不尽相同。在世界贸易组织成员中，美国、欧盟等成员承认了俄罗斯、波兰等"转型经济"的市场经济国家地位，但仍然拒绝承认中国同等市场地位。这充分表明，无论是在政治领域还是在社会和经济领域，中外制度具有明显的差别，西方对中国企业特别是国有企业仍然存在政治误解、市场歧视和意识形态偏见。

在这种背景下，中国国有企业跨国经营除了面临国际公约、国际制度外，还要面对东道国的各种制度规则。加上中国政治意识形态的特殊性和历史文化传统，中国国有企业在跨国经营过程中会遇到许多意想不到的风险和利益问题以及由此产生的各种巨大交易成本。

中国国有企业要在国际化经营中提高国际竞争力，必须建立中国特色并且与国际规则接轨的现代企业制度和治理结构。国际化不仅是企业有组织、有目的、有战略的跨国经营性行为，同时也是企业治理层面的管理性行为，它要求企业的治理结构和治理机制必须国际化。目前，中国企业对外直接投资的主体80%以上是国有企业，它们中绝大多数的母公司近几年才开始建立现代企业制度和治理结构，一些企业的治理结构还不完善，董事会建设还不规范，没有遵循现代企业治理的基本规律和基本规则，治理结构和结构机制还欠科学合理，影响国有企业稳健、高质量地"走出去"实现国际化经营。因此，完善国有企业内部治理结构也是适应国际化经营的迫切需要。

（三）中国国有企业要真正成为市场主体，彻底转变经营机制实现市场化经营，必须建立具有中国特色的现代企业制度和治理结构

建立中国特色的社会主义市场经济体制是中国共产党领导的一项伟大创造，是构建中国特色现代企业制度和治理结构的重要体制基础。建立中国特色社会主义市场经济体制是中国一次伟大的制度创造和成功实践，为中国取得举世瞩目发展成就提供了制度基础和体制保障。实践已经证明，在公有制为主体的经济体系上可以建立起市场经济体制，可以将公有的生产资料经营权委托给企业，使企业拥有法人财产权和产品所有权。

中国建立社会主义市场经济体制，重点和难点是如何使国有企业成为真正的市场主体。改革开放 40 多年来，中国已经走出了一条卓有成效的改革创新之路。新时代，需要继续坚持社会主义市场经济改革方向，加快完善社会主义市场经济体制，为中国企业特别是国有企业加快构建科学有效的治理结构提供制度基础和体制保障。

国有企业将加强党的领导与建立现代企业治理结构有机结

合，对完善国有企业治理制度具有划时代的意义，是贯彻落实习近平总书记"两个一以贯之"重要指示的重大创新实践，是现代企业制度中国化的一项重要探索，是国有企业治理结构重大改革完善和高质量发展的重要制度保证，也是国有企业规范董事会建设与运行的基本依据和遵循。

结构决定功能，功能决定成败。要治理好大型现代企业集团，首先必须要构建科学有效的治理结构，只有构建一个科学有效的治理结构，才能形成一个分工明确、权责清晰、相互支持、有效制衡的机制；才能有效克服企业内部人控制、一把手违规决策等一系列弊端，现代企业任何单一治理主体都很难形成这样的治理功能和治理机制。党组织、董事会和经理层作为国有企业三个法定治理主体，共同形成一个新的治理结构，三大法定治理主体职能定位不同，权责边界不同，工作规则不同，运行机制不同，但三者目标一致，既相互独立，相互支持，相互促进又相互制衡，各自不缺位、不越位、不代位，形成一种独特功能和治理机制。中国特色现代企业治理结构特就特在把加强党的领导与完善公司治理统一起来，把党的领导融入公司治理的各个环节，把企业党组织内嵌到公司治理结构之中，而且明确为企业的领导核心。

习近平总书记指出，借口建立现代企业制度，否定和取消党的领导是错误的，但把党组织直接作为生产经营决策和指挥中心，也不符合企业党组织的功能定位，强调既要保证党组织的意图在重大问题决策中得到体现，又要维护董事会对企业重大问题的决策权。如何坚持党的领导一以贯之、坚持现代企业制度一以贯之，将党的领导同现代企业治理结构深度融合，这在世界上没有先例，也没有成熟经验可以借鉴，只能依靠中国国有企业自己探索创新。中国特色现代企业治理结构符合中国国情和中国国有企业实际，是一项科学有效的制度设计和重大创新。

多年来的探索实践已经充分证明了这一制度的特色优势和有效可行，具有强大生命力和发展完善空间。中国国有企业的治理结构既是一个重大理论问题，也是一个重大实践问题，同时还是一个时代问题，国内外普遍高度关注，需要不断的探索与完善，特别是在在以美国为首的西方国家联手围堵打压中国的背景下，制裁中国企业，建立具有中国特色并与世界接轨的中国企业治理结构意义重大深远。

中国国有企业需要坚持现代企业制度，成为真正的市场主体。中国国有企业是公有制与社会主义市场经济体制相结合的改革产物，西方经济学很难解释这一重大创新，也很难解释中国特色社会主义市场经济这一特殊体制。中国在公有制为主体的经济体系基础上建立社会主义市场经济体制，需要解决许多重大的理论问题和实践问题，其中一个重点和难点是如何让国有企业成为真正的市场主体。

中国企业已经进入了国有企业主导、集团式管控、全球化配置资源、资本化运作的新时代，中国企业的治理结构和治理机制亟须跟上大企业时代的发展步伐。尽管中国国有企业在构建和完善现代企业制度、治理结构和治理机制上展现出强大的改革决心和坚定的实践勇气，但是，与中国国有企业快速发展强大的企业规模、综合实力和功能作用相比，中国国有企业的治理结构和治理机制还存在一些需要解决完善的短板弱项，需要进一步发挥政府作为国有企业出资人的指导、服务和监督作用，将党的领导深度融入现代企业治理结构中，发挥其独特领导优势，进一步加强董事会规范建设与运行，充分有效发挥其定战略、做决策、防风险的职能。

董事会的规范建设与有效运行是现代企业的国际惯例和规则。目前不少中国企业已经国际化，但治理还未国际化。中国国有企业规范董事会建设与运行仍有许多探索性的工作要做，中国国有企业新的治理理论体系还未全面建立，现代治理实践与完善还需要时间，治理模式和运行机制还有来自"左"右两个方面思想的干扰和影响。

中国国有企业已经十分熟悉过去的治理结构和管理方式，存在着强大的思维惯性和行为惯性，对现代企业治理模式和运行机制有一个不断深化认知，不断创新实践和逐步优化完善的过程。建立中国特色的现代企业治理结构，会涉及国有企业内部长期形成的权力结构、利益结构、关系结构的深度调整与系统改变，进而影响企业干部员工的思想观念，带来工作制度、规范程序及个人在企业利益中的改变，需要理论指引、思想指引和规则指引，否则不能真正被理解，最终难以贯彻执行。国有企业需要重新认识在国家经济社会发展中的地位定位和功能作用，需要重新审视企业的主责主业和发展战略，需要深刻认知企业的新使命新责任，而这一切都急需建立具有中国特色的现代企业治理结构，推动国有企业更好地做强做优做大，实现高质量发展。

加快规范国有企业董事会建设和有效运行，是建设具有中国特色现代企业治理结构的关键和重点。国有企业董事会功能作用发挥到位，党对国有企业的领导才能真正落实，国有企业出资人代表、董事会、经营管理者和委托代理的链条才能有效理顺，其他各方面的改革才能有更好的基础条件，企业实现高质量发展才有更好的保障。

规范董事会建设与有效运行是现代企业的国际惯例和规则，是全世界通用的语言和国际名片，是现代企业作为独立市场主体公平参与市场竞争的基本特征，也是现代企业对外开放合作的话语权和竞争力。国际经合组织一直倡导国有企业应该进行平等的市场竞争和平等地对待中小股东，国有企业的董事会应该具有权威性和客观性。根据实践经验和改革共识，国有企业董事会的职能明确规定为定战略、做决策、防风险，发挥科学决策、有效制衡、监督问效的功能。

董事会是国有企业的经营决策主体，发挥经营决策作用，做决策贯穿整个董事会工作始终，因此必须依法依规决策，按照科学规律决策，按照规定的权责范围决策，按照控制风险、重视效益、强化效率平衡原则决策。董事会把企业战略定好、把决策做对、把风险控制住是关键。明确董事会职能的关键是有效运行，首先是必须处理好与企业其他两个法定治理主体的权责关系。在国有企业三大法定治理主体中，党组织是企业的领导主体，董事会是企业的经营决策主体，经理层是企业经营管理主体。董事会既不能缺位也不能越位，既不能相互替代，也不能各自为政，与其他两个治理主体共同形成权责法定、权责透明、协调运转、有效制衡的中国特色现代企业治理机制。

（四）中国国有企业要建立新型的委托代理关系，控制代理成本和代理风险，提升决策效率和质量，必须建立具有中国特色的现代企业制度和治理结构

按照现代企业制度的规则，只要企业所有权与经营权分离，委托代理关系就必然存在。中国国有企业所有权与经营权已经全面分开，但由于所有权缺乏人格化主体，通常由多个政府部门代表，所以委托代理关系更为复杂。同时，由于中国国有企业内部监督和权力制衡机制还不够完善，信息还不完全对称，合约不完全合理，仍然存在委托人与代理人之间在目标方向、利益偏好、努力程度、价值追求上发生偏离、转移和不一致的情况，急需通过建立中国特色现代企业制度和治理结构予以完善解决和有效控制。

从委托代理的关系看，国有企业区别于私人企业一个最明显的特征是，国有企业的直接委托人是非人格化的"国家"或者说是政府。国有企业名义上为全民所有，而实际控制权在政企不分的情况下则掌握在政府有关机构手中。政府机构和官员并非国有企业的最终股东，对企业经营的成败和效益指标并不承担最终经济责任，但却对企业的发展战略、重大决策和重要人事任命行使着管控的决定权力，即拥有不用承担直接责任的权力，因此中国国有企业存在着事实上的所有者"缺位"问题和行使公共管理职能的政府机构容易"越位"问题。

中国国有企业委托代理关系的特殊问题和深层次矛盾，用西方委托代理理论和现代企业制度难以有效解决。大部分国有企业经营者选聘还未形成市场化和职业化，而是基于国有企业上级主管部门的系统内考察选拔和任命,在一些地方国有企业,还普遍存在缺乏企业管理经验的行政官员转任国有企业一把手的情况,经营管理不合规,重大决策缺乏有效制衡和约束等问题。行政筛选机制使国有企业不能更多专注于提高国有企业经营业绩和企业的长期发展战略,政府职能的错位或越位容易导致国有企业资源的错误配置和企业经营发展目标的偏离。对于上述问题,西方委托代理理论和现代企业制度中没有,也不可能给出系统有效的解决方案。

建立具有中国特色现代企业制度和治理结构是解决国有企业新型委托代理关系的一种有益探索。政府的公共管理职能与资本出资人职能不能混淆、重合、越位、缺位,否则将弱化国有企业监管效能和国有企业的职责定位。国家公共管理职能与出资人职能分散在多个部门,管理要求不统一,容易造成管理重复,形成制度政策漏洞和盲点,容易给欧美打压制裁中国企业提供口实,也将在一定程度上阻碍国有企业竞争优势充分发挥。国有企业出资人职能长期由多个政府部门分头负责,这种复杂的多头监管体系容易造成每项重大决策的批准都需要经过繁杂的审批程序,造成决策成本过高,决策过程迟缓,影响国有企业的经营和发展。出资人的代理人直接介入企业的日常经营管理,既不符合企业作为市场主体的角色定位,也不对企业经营绩效真正地承担责任,容易导致企业的法人治理主体形同虚设;多头监管也容易形成代理人缺位,造成国有企业内部人控制,在监督不力的情况下,内部人可能会利用所掌握的企业控制权牟取私利,容易滋生腐败。

探索构建具有中国特色的现代企业制度和治理结构,就是要从制度机制和治理结构上,有效避免或妥善解决这些问题,使国有企业能够成为真正的市场主体,为实现市场化经营奠定制度机制和治理结构保障。

二、西方现代企业制度与中国国有企业治理

现代企业制度和现代企业治理结构既是人类制度创新的伟大成就,也是世界各国企业通用的制度准则和组织范式,得到了世界各国的普遍认同和积极实践,并取得了巨大成功和积极成效,因而得到了世界各国的青睐和尊崇。

现代企业制度的价值和生命力在于,世界各国都可以结合本国国情进行本土化的改造和创新,使之可以适应不同的发展阶段、政治制度和民族文化,在不同的国情环境下都能够发展创新,形成具有本国特色的现代企业制度和治理结构。

(一)西方现代企业制度和主要治理结构

股份有限公司的出现是现代企业制度、治理结构和治理机制产生的逻辑起点。股份有限公司的出现使现代企业真正成为一个法人组织,脱离了业主和所有者的限制而独具经营发展活力,增强了现代企业抵抗风险的能力和筹集资本的能力;在现代企业治理结构和治理机制上第一次实现了所有权与控制权的部分分离,形成了委托—代理关系,引发了人们对于现代企业治理结构和治理机制问题的关注与思考。

现代企业治理模式是现代国家社会制度环境的客观反映，不同国家的社会制度、经济体制、政策环境和文化传统决定了各个国家发展或选择了不同的现代企业治理模式。按照国别，可以把西方现代企业治理模式分为英美模式、德国模式和日本模式；按照企业监督形式，可以把现代企业治理模式分为外部控制模式、内部控制模式和家族控制模式；按照企业治理的主导形式和目标导向机制，可以分为英美市场导向型模式、日德银行导向型模式和东亚家族控制型模式等。

西方现代企业制度、治理结构和治理机制的演进的核心线索是企业各种治理主体围绕企业所有权安排而发生的变更。企业所有权的安排，本质上是企业剩余索取权和剩余控制权的安排。即"企业可以做什么，谁来控制企业，这种控制如何进行，企业从事的活动所产生的风险如何分担，企业经营所产生的收益如何分配的"。通过分析现代企业的主要治理模式可以发现，这种权利分配要么高度集中统一（如东南亚模式、英美模式），要么高度分散对立（如银行导向型模式），但无论是"统一"还是"对立"，其逻辑指向都是基于"合理怀疑"的"有效监督"，即要么通过"高度统一"来实现监督与执行的一致性，要么通过加强"对立"来强化监督。

在现代企业发展历史上有多个主体或群体都曾经有可能掌握企业全部或部分的剩余索取权和剩余控制权。这些主体包括：物质资本所有者、金融资本所有者、人力资本所有者、经营网络、金融机构、政府部门、政党组织等。上述企业治理主体的变化和更替是影响和决定企业治理结构和治理机制变迁的一条重要线索。

（二）经济全球化带来西方现代企业制度和治理结构之间的新变化

在现代企业制度和治理结构变迁的历史进程中，制度本身具有自发产生、自我完善和逐步走向趋同的性质。它是企业参加者各方经过协商、谈判、讨价还价后自愿达成一致的结果，是现代企业治理结构和制度博弈而必然走向的一种均衡状态。

随着知识经济的发展，现代企业治理模式逐渐远离物质资本单边治理，而趋于物质资本和人力资本共同治理的模式。另一方面，西方跨国企业在经济全球化中逐渐成为世界经济的主要力量，它们将各自母国现代企业治理模式在经济全球化的大熔炉中相互借鉴、相互学习、相互妥协，从而进一步促进了全球现代企业治理模式的趋同。但是，从长期发展来看，各国现代企业治理模式不可能完全一致，只会在保持各自特性的同时不断走向趋同，求同存异，多样化并存。

首先，世界各国社会制度的多重均衡特性决定了现代企业治理模式的多样化存在。每一个国家社会制度的形成都是优胜劣汰、相互妥协和发展演进的过程，这虽然是"生物学进化论"的观点，但也同样适用于企业。各国现代企业治理模式之间的差异来源于各国经济制度形成过程中的路径差异，所以各国现代企业治理结构既要实现本土均衡，又要兼顾经济全球化均衡。

其次，跨国企业在进入一个国家或地区时，在给当地企业引入治理模式和企业文化的同时，自身也往往需要调整和变革以适应东道国的制度文化。各国企业要想在激烈的全球化竞争中脱颖而出，也需要在创新的同时，发挥自身治理模式的独特优势。

由此可见，西方现代企业治理模式各有优劣利弊，没有一种"放之四海而皆准"的治理模式和治理结构，经济全球化和跨国企业也会推动并允许各国现代企业治理模式的求同存异。

尽管现代企业治理模式存在多样性，但都遵循着一些共同的规则，即每一个企业无论大小，都是独立的市场主体，都有一个权威高效的董事会或股东大会和高效的经营管理层；每一个企业重大问题的决策都是由企业的董事会作出，企业一切重大问题决策于董事会，并承担最终责任和风险，经营层作为执行机构不参与决策。

（三）中国国有企业治理结构的改革探索与发展历程

中国特色社会主义市场经济在中国能够落地生根并取得世界瞩目的发展成就，与中国建立了具有中国特色的现代国有企业制度密不可分，其中的"特"主要表现在国有企业的治理结构中嵌入了党组织，在企业各个治理环节中融入了党的领导。中国国有企业治理结构改革经历了四个主要发展阶段。

第一阶段：改革开放前厂长负责制与外部治理为主的治理结构。这一时期，国有企业的权力重心在党委与厂长之间呈摆动状态，国有企业党政职能出现交叉摇摆是这一阶段企业治理结构的主要矛盾和显著特征。

第二阶段：经济体制转轨时期的国有企业党委领导下的厂长负责制与新、老三会的企业治理结构，这一时期，国有企业党组织在进入企业董事会参与企业重大问题决策的同时，也出现了一个新的问题，那就是如何创建新的国有企业治理结构来协调股东会、董事会和监事会（新三会）与党委会、职工代表大会和工会（老三会）的关系。

第三阶段：进入21世纪，双向交叉任职与新三会结合的国有企业治理结构。通过企业的法定程序吸收企业党委书记或者党组织主要负责人进入国有企业管理层，从组织层面为党组织参与国有企业治理明确了方向和具体路径，对进一步强化党对国有企业的领导起到了重要促进作用。

第四阶段：进入新时代，坚持"两个一以贯之"、党的领导进入企业章程的治理结构。2016年10月，习近平总书记在全国国有企业党的建设工作会议和党的十八届六中全会上强调，"坚持党的领导、加强党的建设，是中国国有企业的光荣传统，是国有企业的'根'和'魂'，是中国国有企业的独特优势"，提出国有企业应当"成为党和国家最可信赖的依靠力量"等"六个力量"的定位，提出坚持党对国有企业的领导是重大政治原则，必须一以贯之；建立现代企业制度是国有企业改革的方向，也必须一以贯之。"两个一以贯之"明确提出了"组织落实、干部到位、职责明确、监督严格"的工作要求，充分体现了党组织在国有企业法人治理结构中的法定地位。

这一时期的重点是加强国有企业党的领导的同时进一步发展完善国有企业治理结构，将两者有机地结合起来。处理好国有企业中不同治理主体之间的关系，进一步厘清党组织和其他治理主体之间的权利和责任边界，形成一种各自履行相应职责，承担对应责任，相互协调，相互制衡的具有中国特色的现代化企业治理结构和治理机制，并进行了有益探索和大胆实践。

通过持续的改革实践和理论探索，中国特色现代公司治理的主体架构基本清晰，那就是"六大治理主体"，从"三会一层"变为"五会一层"。一是党组织的领导法制化、程序化融入国有企业治理，推动党组织更好融入公司治理体系，促进形成共识、促进上下同欲、促进经营实践。二是董事会决策落实职权，从形式型升级为决策型。三是经理层逐步和党委成员、董事会成员的组成差异化、职责差异化，通过任期制与契约化管理强化任期、考核和激励约束，逐步推动职业经理人充分融入市场。四是国有股东管控方式升级，在更大范围内建立股权董事制度等新管控方式，同时分层、分类开展授权放权，配合董事会做实做强。五是建立大监督体系，建立协调机制，推进出资人监督和纪检监察监督、巡视监督、审计监督、社会监督等统筹衔接，推动各类监督有机贯通、相互协调，提高监督效能。六是职代会进一步健全，建立参与民主管理事项清单，保障国企职工知情权、参与权、表达权、监督权，真正形成有中国特色的企业和职工权责分明、共同促进、和谐民主的治理新格局。

三、中国特色现代企业制度和治理结构特征

具有中国特色的现代企业制度和治理结构，既要反映中国国有企业的本质属性，又要充分体现中国国有企业独特的政治优势和制度优势，同时还能与国际现代企业制度规则和惯例接轨，这是中国共产党对中国国有企业本质属性和特殊功能定位认知的深

化与发展,是中国的一项重大制度创新,也是中国对世界现代企业制度发展丰富的一大贡献。对于中国企业做强做优做大、更好地参与全球竞争与合作,提高国际竞争力和影响力具有十分重大的意义。

(一)国有企业建立中国特色现代企业制度和治理结构的价值意义、主要内涵和重大创新

构建中国特色现代企业制度和治理结构是党和国家推进国家治理体系现代化的重要组成部分。中国国家制度改革路径依次为建立现代企业制度、现代政府制度、现代社会制度、现代国家制度,相应地依次推进行企业治理、政府治理、社会治理和国家治理。中国国有企业是党和国家在社会经济领域的重要依靠力量,中国国有企业作为最强大的经济组织,国有企业治理的现代化是国家治理体系现代化进程中的重要组成部分。作为国家治理中各类组织机构治理改革的先行者,国有企业治理改革实践所总结提炼出来的治理理念和形成的制度,也是党和国家治理能力现代化的重要财富和制度基础。

党的十八届三中全会将推进国家治理体系和治理能力现代化确定为全面深化改革的总目标,反映了党和国家从"管理国家"向"治理国家"理念的重大转变,是国家治理理论的重大创新。治理改革首先是治理规则和治理结构的再造,以及由此引发的资源及权利配置的变化,其基础是现代治理理念。从国有企业和社会组织的治理环境来看,国有企业治理的传统思维定式依然很强,政府的行政型治理模式往往被套用于国有企业治理和社会组

织治理，违背企业治理规律和社会组织治理规律，导致企业和社会治理的错位。

在中国特色社会主义进入新时代和现代社会已经网络化、信息化、全球化的大背景下，国有企业治理的内外部环境已经发生了重大而深刻的变化，中国已经成为全球性企业大国，全世界对中国企业的期待将更高，对中国企业的评价标准将更严格。对国有企业治理规范化和治理效能的要求将越来越高，同时也对国家治理体系中政府治理、社会治理等改革提出了新要求；在由国有企业治理改革肇始、政府治理与社会治理改革作为外部环境协同推进的态势下，各类组织的治理能力需要不断提升和现代化以共同推动中国治理改革向前发展。

国有企业全面建立现代企业制度和治理结构，是对国有企业本质属性和功能定位认识的新发展和深化。国有企业强，则中国企业强。国有企业是党在经济领域的执政基础，是国家经济的支柱和国家财政收入的主要来源，是国家基础设施建设和经济发展的重要骨干力量，是中国企业的领军企业和支撑性力量。中国国有企业在主导资源配置、促进产业发展、引领科技创新上具有不可替代的重要作用。国有企业的发展质量直接影响中国企业的发展质量，国有企业的治理结构改革创新直接影响中国企业的发展壮大和经营成功。

国有企业在全面建立权责清晰明确、相互制衡约束、决策、执行、考核闭环、相互支持激励、科学权威高效的现代企业制度和治理结构中，将党的领导深度融入并内嵌于这个结构中，发挥领导和政治核心作用，构建党组织、董事会、经理层相互支持配合的企业治理结构，实现与国际规则和惯例接轨，用科学有效的治理结构去领导、治理、管控国有企业，而不是依靠个人、单一组织和一套管理方法去治理管控国有企业，是中国共产党对中国国有企业本质属性和功能定位认识的新发展，是对坚持国有企业党的领导和坚持现代企业制度认识的重大发展和创新突破，是习近平总书记治国理政思想的丰富和拓展。

国有企业全面建立现代企业治理结构是中国国有企业加快做强做优做大的必由之路和成功之路。兼并重组和集团化发展是促成中国国有企业进入大企业时代的主要背景。在西方现代企业的发展历程中，曾经掀起过五次企业兼并浪潮。这五次浪潮一浪高过一浪，每次兼并重组浪潮的掀起都有力地促进了西方现代企业的发展和资本的集中。现代企业第六次兼并重组浪潮将可能由中国的大企业来完成，兼并的主角将是中国大企业，特别是中国国有企业。今后一段时期，兼并重组仍然是中国国有企业做大做强的主要路径和重要特征。

大规模的兼并重组必然带来日益复杂的企业股权结构和多样化的企业组织形式，也必然要求企业的治理结构、治理功能和治理机制不断发展升级。同时，中国国有企业特别是中央企业必然要与民营企业、外资企业合作竞争、融合发展，这就更加需要中国国有企业既要充分发挥政治优势和制度优势，又要坚持国际惯例和世界通行规则，尽快建立起并完善具有中国特色的现代企业制度和治理结构。

在现代企业制度和治理结构中，深度融入党的领导，明确规定企业党的领导是政治领导，是国有企业的领导主体，主要职责是把方向、管大局、促落实。同时明确企业党组织的领导方式、工作方式和运行规则，与企业董事会、经理层两大法定治理主体之间的关系，使党的领导在现代企业制度和治理结构中得到加强、规范和有力保障，对有效解决企业党的领导弱化、虚化、淡化和边缘化，党的领导包办一切等"缺位""错位"或"越位"弊端具有革命性意义。

在现代企业制度和治理结构中，建立外部董事占多数的国有企业董事会是一大制度创新。外部董事全部由出资人选聘委派，组建权威、高效、专业、互补的董事会，明确规定国有企业董事会的主要职责是定战略、做决策、防风险，是企业改革发展和生产经营重大问题的最终决策者，赋予企业外部董事重大权责和必要权威，支持外部董事履行职责，开展工作，同时还明确了企业党组织对重大问题的前置研究与董事会最终决策的关系和处理原则，为建立真正意义上的现代企业董事会迈出了关键性的一步。

将企业经理层作为一个独立主体在国有企业治理结构中明确其法定地位，清晰规定其主要职责为谋经营、强管理、抓落实，企业经理层是董事会决策落实和执行主体，是企业生产经营管理主体，但不是决策主体，与国际现代企业治理规则和惯例保持一致。

中国特色现代企业制度和治理结构明确规定了中国国有企业的三大法定治理主体，通过明确各自的权责、地位和运行机制以及相互关系，形成具有中国特色的现代企业治理整体性功能，通过整体性治理功能构建国有企业内部的权利制衡机制，指导、管控和监督约束机制，保障企业健康、稳定可持续发展。

中国特色现代企业制度和治理结构的建立，为构建中国国有企业新型的委托代理关系奠定了重要的制度基础，为有效解决国有企业长期以来存在的委托人与代理人目标偏离、信息不对称、合约不完整，努力程度不一致，代理成本日益增长，代理风险不断增加的关键性难题提供了一个新的探索机制和有益尝试。

中国特色现代企业制度和治理结构的建立，能够在完善中国国有企业外部监督机制的基础上，加强国有企业内部的监督控制约束，防止国有企业内部人长期控制和一把手说了算。国有企业领导干部任期制容易导致新官不理旧账，往往是问题归前任、成绩归现任、风险给继任，企业积累的历史被有意忽略，成绩被刻意凸显，在过去的治理结构中很难被有效纠正，只能通过引入新的治理主体和治理机制才能予以纠正和完善。

在这种制度框架下，只要国有企业董事会规范运行，内外部董事认真履职，积极作为，就能够对企业改革发展中的每一个重大决策事项和每一个具体生产经营过程实施有效指导、把关和管控，并与企业内外部监督形成有机整体，确保企业不发生重大系统性风险，推动企业高质量做强做优做大。

国有企业全面建立现代企业制度和治理结构是中国国有企业未来走向世界、参与合作竞争、实现发展引领的前提条件。对中国国有企业来说，要建立中国特色的现代企业制度和治理结构，既要借鉴国际上成熟先进的现代企业制度的一般准则和规范，又不能照搬西方的现代企业制度和治理结构，需要根据中国国情、制度体制、历史文化，以及中国国有企业本质特性和使命责任等要求，把现代企业制度和治理结构的一般规则原理与中国国有企业的具体实际相结合、与中国的高质量发展同步改革创新相结合，探索形成具有中国特色的现代企业治理模式。

随着中国企业国际化程度的不断提高，中国国有企业已经普遍认识到，运行高效的企业治理结构和治理机制是保持企业长期稳定高质量发展的重要保障，随着经济全球化步伐的持续推进，国际金融市场、资本市场、产品和服务市场将逐渐融为一体，各国企业通过全球"六链"紧密联系，各个国家的现代企业制度和治理结构都在寻求相互之间能够彼此包容、彼此接纳、彼此并行不悖的现代企业制度、治理结构和治理机制。

商业世界也同达尔文的进化论所言，成活下来的不是最强壮或最聪明的物种，而是最能适应环境变化的物种。中国国有企业需要通过加快现代企业制度和治理结构的改革，适应世界发展变化的新趋势，并屹立潮头，争取引领新的变革。

（二）中国特色现代企业制度和治理结构的重大原则

任何现代企业在治理层面上都可以归纳分类为领导行为、决策行为和管理行为三大行为，因而相应地存在领导主体、决策主体和管理主体三个主要治理主体，并分别具有明确的各自权责和运行规则，形成相互支撑、相互合作、相互促进、相互制衡的协调统一的治理格局。中国国有企业需要领导、决策和管理三管齐下、有机统一、形成合力，推动中国国有企业高质量实现新发展跨越。

近年来，中国国有企业在建立和完善具有中国特色的现代企业制度和现代企业治理结构方面进行了积极的探索和实践，取得了一系列重要成果。一是落实"党建进章程",奠定了党组织在企业发挥领导作用的制度基础。在国有企业章程中已经明确了党建工作的总体要求,将党组织的机构设置、职责分工和工作任务纳入企业的管理体制、管理制度和工作规范。二是落实国有企业党委(党组)书记和董事长"一肩挑"、党员总经理兼任副书记,符合条件的党组织领导班子成员,通过法定程序进入企业董事会、经理层,从国有企业领导体制上确保了党的领导与董事会决策、经理层管理的深度融合。三是落实"三重一大"决策制度,把企业党组织研究讨论作为董事会、经营管理层等决策重大问题的前置程序,从企业运行机制上保障了党组织意图在企业重大决策中得到充分体现。

目前,在坚持党的领导与企业治理有机统一的实践中,仍然还存在一些需要研究解决的问题,例如,当企业党组织与董事会决策意见不一致时,应该怎样协调处理;对党组织在企业决策、执行、监督各环节的权责和领导工作方式以及党组织同企业其他治理主体之间的关系、权责边界还缺乏具体可操作的制度规定;由于大型国有企业层级多、治理主体多,在对各治理主体之间的关系与职责缺乏明确界定的情况下,容易出现重复决策、多余审批等问题,导致国有企业决策效率下降、决策质量不高等问题。

建立和完善中国特色现代企业制度和治理结构,需要认真贯彻落实好习近平总书记关于国有企业改革和国有企业党的建设工作的重要论述,一以贯之地坚持党对国有企业的领导,一以贯之地坚持现代企业制度,创新党组织在企业决策、执行、监督各环节的领导方式和工作方式,使党组织发挥作用组织化、制度化和具体化。

完善制度规则,进一步明确党组织与其他企业治理主体的关系与职责边界。在不断完善与股东(大)会、董事会、经营管理层关系与职责边界的基础上,依据相关法律法规,进一步完善国有企业党组织工作规则,对党组织在现代企业制度和治理结构中发挥什么作用以及怎样发挥作用进行明确和规范。按照"国有企业党委(党组)发挥领导作用,把方向、管大局、促落实,依照规定讨论和决定企业重大事项"的要求,明确和落实国有企业党组织对贯彻落实党中央决策部署、党的建设、干部队伍等重大事项进行决策。同时,支持董事会对企业改革发展和生产经营重大问题做决策,督促经理层抓好执行落实,明确党组织研究讨论是董事会、经理层等决策重大问题的前置程序,重大经营管理事项必须经党组织研究讨论后,再由董事会或经理层作出决定。

完善各治理主体的构成,增强制度的有效性。合理确定党委(党组)领导班子成员和董事会、管理层双向进入、交叉任职比例,积极推行职业经理人制度。同时,坚持党管干部原则与董事会依法产生、董事会依法选聘经营管理者、经营管理者依法行使用人权相结合,不断创新实现形式。

明确各治理主体职责范围,提高企业治理的效率。在保证国有企业三大治理主体各自独立依规行使权力、履行责任的同时,实行相互支持、相互制衡、相互协调,尽量减少重复决策并修订不合理的制度规定,不缺位、不越位、不错位、不重复决策、不相互掣肘,按照各自权责分工通力合作并形成合力。

(三)中国特色现代企业制度和治理结构的主要内涵

从国家已经出台的制度规定和中国国有企业的实践探索看,中国特色现代企业制度和治理结构主要有以下四个方面的具体内涵。

旗帜鲜明的将坚持党的领导深度融入中国国有企业现代企业制度和治理结构。坚持党对国有企业的领导是重大政治原则,必须一以贯之;建立现代企业制度是国有企业改革的方向,也必须一以贯之。中国特色现代企业制度和治理结构,"特"就特在把党的领导深入融入企业治理各环节,把企业党组织内嵌到企业治理结构之中,明确和落实党组织在公司法人治理结构中的法定地位,做到组织落实、干部到位、职责明确、监督严格。

搭建高效决策监督体系。通过整合国有企业各种决策、监督、治理力量,构建新型的国有企业治理结构和治理体系,国有企业董事会以及科学有效决策的工作制度,形成互相制衡、协调一致的决策、监督格局。完善国有企业内部决策监督机制,突出对关键岗位、重点人员和权力集中、资源富集部门的日常监督,增加董事会监督的独立性和有效性,健全国有资本审计监督体系,通过实施信息公开制度引入社会监督,实现增强国有企业活力与强化监管相结合。

健全国有企业高级管理人员的激励约束机制。坚持党管干部与市场选聘机制相结合的原则,建立与国有企业长期发展效益挂钩的薪酬水平和合理增长机制。重视约束机制的作用,坚持有错必纠、有过必改,对失误及时补救,帮助国有企业经营管理者改进提高。在责任追究上,建立容错纠错机制,对企业经营管理失误进行综合分析，合理定责。

四、中国特色现代企业制度和治理结构路径探讨

中国特色现代企业治理结构，具有特殊的组成、清晰的职能、规范的权责、科学的制度、有效的制衡以及多元的运行机制，在这种治理结构下，国有企业董事会权责将逐步落实，运行将更加规范，作用将有效发挥，战略引领日益增强，决策质量逐步提升，经营风险将得到有效控制。

党组织、董事会和经理层是中国国有企业三个法定企业治理主体。在中国国有企业中，三个治理主体虽然各自权责职能不同，运行规则机制不同，工作程序流程不同，人员构成不同，但他们都是由上级党的组织选聘、委派、监督、考核和管理，他们都是国家资本的委托经营管理者和国家资本的委托监督者，都具有把国有资本和国有企业做强做优做大的责任和使命；组成人员绝大多数都是中共党员，都有共同的政治信仰，共同的理想信念，共同的纪律约束。这是党的领导深度融入现代企业制度和治理结构最深刻的体现和保证，也是党的领导在国有企业能够发挥关键作用的根本原因。

（一）建立外部董事占多数的权威高效董事会，赋予董事会法定职权，并按照国际规则规范运行

在建立中国特色现代企业制度和治理结构过程中，中国国有

企业逐步实现了从"管理模式"到"治理模式"的转变,这是中国国有企业改革的重要意义所在,外部董事占多数制度逐步优化完善,对提高国有企业经营效率,推动国有企业改革,建立具有中国特色的国有企业治理结构具有重要意义。

外部董事制度是自 2004 年国务院国资委规范董事会建设试点工作以来,进一步加强和完善董事会治理体系而采取的一项重要措施。外部董事,是由企业员工以外的人员担任的董事,其享有对企业重大事务的决定权和对企业经理层的监督权。国务院国资委作为出资人,既要管理企业,同时还要行使作为出资人的相关权利,这导致企业管理层与执行层的重叠,不能充分代表出资人的意图,不利于国有企业运行效率的提高。

国有企业推行外部董事占多数制度的初衷,主要是为了实现企业董事会管理层与执行层的分离,帮助企业董事会摆脱经理层的不当影响,改变国有股一股独大及企业内部人掌控的局面。

完善国有企业外部董事制度,充分发挥外部董事作用,是完善国有企业董事会治理结构,提高国有企业治理能力的重要内容,对坚持现代企业制度具有关键作用。一是做决策方面,外部董事可以更加客观地从多角度发现问题、作出判断决策、提供合理建议,防止作出错误决定,把住决策关;二是在定战略方面,外部董事参与企业发展方向及战略规划的编制,帮助国有企业更科学地把握发展方向和产业定位,研究审定适合国有企业中长期发展的战略目标、战略路径和战略规划;三是防风险方面,外部董事可以从合规性、必要性、可行性等方面提出独立的审核意见与完善建议，有效防控重大决策风险，国有企业稳健可持续发展。外部董事占多数的国有企业董事会制度是加强国有企业董事会建设的关键措施，无论是在董事会定战略，做决策，防风险，还是对经理层发挥指导、监督和促进作用，外部董事都能起到内部董事难以替代的关键作用。外部董事占多数制度的推行能够避免少数基于个人意见而形成的错误决定，避免造成企业重大损失，从而更好地代表出资人利益。随着经济全球化的发展，中国国有企业要想适应日益激烈的全球市场竞争，就必须加强和完善中国国有企业的董事会建设。

完善国有企业外部董事制度，充分发挥外部董事作用，是改进国有企业董事会治理结构的重要内容，也是建立中国特色现代企业制度的关键环节。企业的最终决策正确，并不必然等于最终结果的正确。因为正确的决策会因为执行不及时，执行走样变形，执行错误而导致结果失败，因此必须要有决策执行情况的全程监督，形成闭环，才能够确保正确决策的有效性和完整性。从实际运行情况看，在董事会内设执行监督委员会，专注督办董事会决策的执行情况，形成董事会定战略、做决策、防风险的管控闭环非常有必要。

（二）国有企业董事会应当紧密围绕定战略、做决策、防风险三项关键职能，形成三项重要工作机制

国有企业董事会是一项重要的基础性制度安排，是一个被实践证明有效可行的重大战略举措，战略决策型董事会的科学建立和规范运行可以有效提升国有企业的战略谋划能力、科学决策水

平和风险防控意识,处理好发展与风险、管控与效率、激励与监督的关系,有效避免国有企业的战略失误、决策错误、风险失控等。通过这个治理结构和体系,可以把企业定战略职能变成一个多次优化完善的过程,把做决策职能变成一个反复研究分析论证的过程,把防风险职能变成一个长期监控、系统识别、逐级化解的过程,而不是将其作为一次会议审议决策的结果,同时将这三个过程变成一个统一的有机整体和综合过程。

形成战略科学制定和动态优化完善机制,使企业战略真正发挥以决策牵引发展、指导经营、协调内部、配置资源的功能作用。对大型国有企业集团来说,战略发挥着举旗定向的作用,科学、正确的战略可以为企业赢得几年甚至十几年的领先优势;企业战略一旦发生重大失误或企业失去战略指引,对大企业将是灭顶之灾。战略不可能一蹴而就,也不应当一锤定音,定战略应当是一个动态调整、不断优化完善的过程,应当紧跟国家、放眼世界、布局长远,而不只凭经验盲目决策;定好的战略应当上下宣贯、不能束之高阁;执行中的战略应当实时对照目标进行检视,在内外部条件重大变化时要及时调整战略;已经执行完成的战略应当充分评估并总结经验教训。

形成决策质量不断提升的机制,使决策始终在科学规范的程序下和权力制衡中进行。决策前应当进行充分调研和分析判断,重大投资决策有必要聘请第三方独立咨询机构参与,为科学决策提供客观支撑,强化董事会和薪酬、风险、审计等专业委员会的权力和责任。董事会应将企业的重大决策权、投票选举权、投资并购权、薪酬分配权等国有企业出资人赋予的重要权力科学谨慎地使用，增强国有企业董事会的权威性，使董事会真正成为国有企业高效权威的决策机构。

形成风险防范和有效管控机制，实现与改革发展、生产经营的长期均衡，有效防止系统性重大风险的发生。外部董事既要利用自己的专业知识和过往经验，严控风险，又要审慎的怀疑自己的知识专业经验，避免在定战略、做决策、防风险的前提下，错误或不负责任地行使否决权使企业失去发展的机会和好项目。在风险识别和风险感知的敏感性和风险防控的力度上，由于内、外部董事的视角、站位、专长、责任不同，会产生一定的差异，外部董事没有企业经营的具体压力和经营指标的直接激励，但对风险却有一票否决权，一旦失误追责终身，因而更加重视和关注风险的防控和应对。相信随着中国国有企业外部董事逐步职业化、选聘机制逐步专业化，其薪酬待遇逐步市场化、任期考核逐步制度化，外部董事占多数的董事会将成为中国特色现代企业治理结构的重要特征和优势之一。

建立具有中国特色的现代企业制度和治理结构首先应当有充分的制度自信，而实践是检验制度的唯一标准。制度自信首先来源于中国企业的实践成果、扎实的理论基础和科学的制度设计和坚决的执行落实，制度自信也来源于清醒的自我认知、永不停滞的发展创新和开放的国际视野。构建中国特色现代企业制度和治理结构是一个需要在实践中不断探索、发展与完善的过程，因为中国企业实现新发展跨越所需要的制度驱动和结构保障在世界上既没有先例，也没有成熟的答案和理论，只能靠中国企业在探索实践中创造。中国改革开放40多年的发展成就已经证明，中国特色社会主义与市场经济可以实现有机融合并形成新的整体优势。同样，建立具有中国特色的现代企业制度和治理结构具备成功的条件和基础，也一定能够形成中国国有企业强大的发展动力和独特竞争优势。

第十二章
"走出去":中国企业新发展跨越的必经之路

　　历史上因地理大发现和航海贸易而快速崛起的西班牙、葡萄牙、荷兰、英国和法国等欧洲国家,正是因为对境外市场、全球资源的渴望才催生了现代企业制度的诞生和蓬勃发展。当荷兰从滨海渔村成长为 17 世纪的世界贸易中心时,现代企业制度已经初具雏形,荷兰的联合东印度公司以公开发行股票的方式在极短时间内迅速集聚了来自全社会的财富,从女王到女佣都是这家现代企业的股东,依靠现代企业制度崛起的荷兰借势实现了国家的崛起强大,而现代企业制度也跟随着远洋贸易的航路逐渐实现了全球化。面向世界"走出去"的丰厚利益与巨大风险孕育了现代企业制度的三大核心要素:股份制、有限责任制和法人制,每一家现代企业都与生俱来地带着"走出去"的"基因"和对国际化经营的向往。

　　中国在加入世界贸易组织后开始成为全球对外投资的主要

来源国之一，随着中国经济的持续快速发展，中国企业也成长为支撑经济全球化的一支重要力量。截至2020年底，中国对外直接投资（OFDI）存量已达2.58万亿美元。2020年以来，新冠肺炎疫情大流行，全球跨境投资和对外贸易经受严重冲击，特别是2020年全球跨境投资从2019年的1.5万亿美元萎缩至不到1万亿美元。2021年，中国对外直接投资逆势增长，对外投资额达到1 330亿美元，成为全球最大的对外投资来源国和全球经济稳定增长的重要力量。

近代以来，世界上从来没有哪个国家的企业可以轻轻松松地走进异国他乡。中国企业在长达半个多世纪"走出去"的实践中，"出海"之路有机遇也有风险，有挑战也有考验，有成功也有失利，有风景也有风雨，有辉煌也有辛酸，这是所有中国企业跟随国家战略"走出去"的共同经历，是中国企业与国家共同成长、共同崛起、共同强大的历史写照，是每一家立志成为世界一流的中国企业必须经历的成长过程，也是中国企业实现新发展跨越的必经之路。

一、"走出去"是跻身世界一流的必然选择

经过40多年的改革开放和快速发展，中国已经从国际贸易体系的参与者迅速成长为世界公共产品的提供者，包括提供中国资本、中国技术、中国产能、中国方案和中国智慧；中国企业已经从初期简单的"三来一补"对外贸易转型升级为更多地利用产

业投资和产业合作方式"走出去";已经将海外市场从亚非拉等发展中国家扩展到欧美等发达国家。

中国企业"走出去"是中国参与经济全球化的主力。改革开放后的一段时期,中国企业更多地是作为全球产业链中的一环参与全球化,中国打开国门迎接世界,更多的是"我中有你"。今天,已经实现历史性整体发展蝶变的中国企业从全球产业链的普通"一环"升级为关键"枢纽",中国企业"走出去"是一个和被投资国互惠互利、合作共赢、相互成就的过程,在"走出去"的过程中强大自己、发展他人、惠及世界。中国企业需要以一种全新的角色和姿态"走出去"参与和支撑经济全球化,构建人类命运共同体,让世界迎接中国,去实现"你中有我",为中国与全球建立利益共同体、命运共同体,作出中国企业的贡献。

中国企业"走出去"深刻反映了中国经济向高质量发展转型升级的大方向和中国企业以更高站位实现新发展跨越的大趋势,中国企业"走出去"是推动中国经济转型升级和中国崛起强大的战略路径。

(一)从国家战略层面看,中国企业"走出去"是实现国家崛起强大和民族复兴的必然规律

中国企业"走出去"是中国强大崛起的必然路径,是中国实现高质量发展的战略举措,是回应世界需要、诠释大国担当的重要方式。长期以来,企业国际化经营大多在经济发达国家率先完成,美国、日本等全球性企业大国和经济发达国家崛起发展的历程也表明,每个国家的企业都是先在本土做大,再通过国际化

做强。当一个国家人均国内生产总值超过3 000美元时，必然面临国内市场日趋饱和、国内资源相对紧张、国内人工成本大幅提升，资本和产能相对过剩的发展瓶颈，将从大规模吸引外资逐步转向扩大对外直接投资，这是所有国家和企业发展的必然选择，企业"走出去"进行国际化经营是所有国家经济社会发展达到一定阶段后，实现国际分工角色升级的必然阶段。

中国国内生产总值已经连续十多年蝉联世界第二位，2021年人均GDP达到1.28万美元，进入高收入经济体门槛，外汇储备达到3.25万亿美元，长期居世界第一。中国企业"走出去"已经具备了坚实的基础和内在的强烈需要。随着中国经济的持续发展和国际形势的变化，中国必须主动避免因外汇储备过多而引发的输入型通货膨胀风险、利率波动风险和汇率波动风险。中国企业"走出去"有利于输出资本和产能，疏解国家的外汇储备风险，推动人民币结算的国际化，同时通过中国企业"走出去"获取更多的战略资源，延长和拓展中国的产业链、供应链和价值链，符合中国高质量发展的战略需要，也必然惠及全世界。中国的发展需要通过中国企业"走出去"得到全世界的认可、接受、尊重和欢迎。

中国企业"走出去"是经济全球化、世界一体化的必然趋势。经济全球化使各国所有经济活动、产品、资产、生产要素跨越政治国界、文化边界自由流动、相互依存、链接耦合，在全球一体化的浪潮下没有例外。中国的日益强大得益于经济全球化、世界多极化，中国从中汲取了丰厚的发展红利，也深深嵌入了这个人类有史以来最庞大、最复杂、最紧密、最精密的协作体系，不仅中国企业需要"走出去"消化相对过剩的资本和产能，外国企业也需要中国企业"走进来"带来资本、技术和产能。

不管中国企业愿意不愿意，主动不主动，全球化的浪潮就在那里，裹挟着每一个国家的企业滚滚向前。就算中国企业不主动"走出去"，全球化也会不请自来地"推门而入"。如果中国企业不主动"走出去"，就会从历史舞台的"台前"被跨国企业挤到"幕后"，中国企业就永远掌握不了自身发展的命运轨迹，也把握不住世界发展的脉搏，找不准世界发展前进的方向，这对国家、民族和中国企业来说都是非常危险的。

中国企业"走出去"是中国对所谓"中国威胁论"的有力回应。在人类历史上，后起大国的崛起往往导致国际格局调整和全球治理秩序的失衡，甚至引发战争。中国不仅正在走向世界舞台的中央，而且正在逐渐成为世界舞台的主角并受到了世界大多数国家欢迎，但同时也受到前所未有的防备、误解和猜忌，这是中国企业实现新发展跨越过程中必然会遇到的情况。

中国的全球影响力日益扩大，引发了美国的不安，周边国家也在美国挑唆下对中国有所戒备，这也说明中国目前还没有强大到像美国一样受到他国的敬畏和尊重。中国企业应当逐步适应各种批评和无端挑衅，保持理智和冷静，学会做大国国民，了解国际政治局势重构的根源，深刻审视中国崛起的外部环境，充分展示中国人与邻为善、爱好和平、守望相助的民族文化内涵。

中国目前仍然是一个发展中国家，发展仍然是目前最主要的任务。中国企业"走出去"的目标，是要实现中华民族的伟大复兴与和平崛起，并且构建人类命运共同体。中国企业"走出去"

的基本原则，是实现多赢、共赢，并在这一基础之上建立新型的国际合作关系。中国企业"走出去"的主要路径，是建立多种类型的合作关系和伙伴关系，结伴不结盟，对话不对抗，始终坚持义利兼顾、义在利前的正确义利观。

"走出去"是中国企业实现高质量发展的重要举措。"引进来"和"走出去"共同构成了中国对外开放这一基本国策的一体两翼。改革开放初期，中国企业是经济全球化的"学生"，更多的是用"引进来"方式吸收全球发展的先进成果。今天，中国的改革开放已经进入了新时代，中国企业不仅以前所未有的格局、胸怀、诚意向外资开放了更大的国内市场，中国企业更以前所未有的决心、自信、从容"走出去"参与全球资源配置，维护经济全球化和世界多极化的发展格局，推动构建造福全球的人类命运共同体。可以说，中国当年勇敢地"引进来"就是为了今天中国企业自信地"走出去"。

中国企业"走出去"是实现产业升级、破解发展困局、化解转型风险的重要路径。在快速发展的同时，中国的资源瓶颈、市场容量趋于饱和和产能相对过剩等问题也日益显现，迫切需要更充足的能源资源保障和更广阔的市场空间来保证中国经济持续高质量发展。解决好一个14亿多人口的大国实现高质量发展的问题，也是中国对全世界和全人类最大的贡献。

中国要解决发展不平衡不充分的矛盾，要推动从快速发展到高质量发展的转变，要满足人民日益增长的美好生活需要，要从快速强大到持续强大，就需要中国企业"走出去"开拓新市场，"融进去"创造新机遇，同世界各国相互借鉴、取长补短、各取所需，从全球经济一体化中吸收发展的新动能，主动化解转型关键时期的各项潜在风险。

中国企业"走出去"是应势而为、勇于担当、回应全球发展需要，诠释大国企业担当的重要实践。中国企业"走出去"是用中国智慧回答世界发展困局的重要路径。习近平主席在出席2017年达沃斯论坛时指出了当前全球经济发展的三大症结：即全球增长动能不足，难以支撑世界经济持续稳定增长；全球经济治理滞后，难以适应世界经济新变化；全球发展失衡，难以满足人们对美好生活的期待。解决世界经济当前发展面临的问题，光靠中国开放国内市场"引进来"完全不够，世界也期待中国企业"走出去"。中国政府搭建"一带一路"等国际合作平台，推动中国企业与沿线国家企业发展成果共享，为解决当前世界和区域经济发展面临的问题提供中国答案、中国方案、中国智慧，为维护经济全球化和世界多极化贡献中国力量，也是保护大多数国家特别是亚非拉广大发展中国家在国际经贸交往中的公平权益的切实举措，是深得人心的义举。

中国企业"走出去"是实现构建人类命运共同体这一伟大倡议的重要保障。习近平总书记多次在面向国际社会的主旨讲话中明确宣示，中国把为人类作出新的更大贡献作为自己的使命，愿同世界各国携手构建人类命运共同体。人类命运共同体理念的实现离不开中国的引领作用，关键在于实践、行动和聚力。构建人类命运共同体不是"闭门造车"，中国企业只有"走出去"，在广阔的国际舞台上才有施展的空间；中国企业只有"走进去"，在契合当地资源禀赋和发展需要的环境下才能做大做强；中国企业只有"走上去",在更高的国际视野、更深远的历史视角下才能实现新的发展跨越。

(二)从企业发展层面看,中国企业"走出去"是中国企业服务国家战略的重大使命

中国企业"走出去"是拓展发展空间、实现高质量可持续发展,做强做优做大的内在需要,是实现中国企业新发展跨越、培育世界一流企业的必然选择。西方跨国企业的发展经验证明,全球化背景下的企业发展必须树立全球视野和国际格局,必须立足全球市场,开展国际化经营,参与全球合作和竞争,在全球市场配置资源,持续推进国际化战略,才能在全球竞争中取得成功。在国内市场增速放缓、发展动力转换、供给侧结构性改革深化的大背景下,所有的中国企业迟早都会面临资源瓶颈、产能过剩、市场饱和、成本上升、竞争激烈等现实问题。

改革开放以来,商品和服务出口在中国的 GDP 中占有较大比重,充足的原材料供给和稳定的市场需求对中国企业来说至关重要。与此同时,中国企业不断提高在全球价值链中的地位,也需要通过对外投资获取国外先进管理经验、技术和品牌,由此带来的资源寻求型、市场寻求型和技术寻求型对外投资不断发展。

中国企业要实现可持续发展、高质量发展,做强做优做大,只有"走出去"才能找到出路,只有抓紧机遇进行全球布局,充分利用国内国际两个市场两种资源,才能将中国在顺周期下产生的优势产能带出去,促进企业经营效益的平滑稳定高质量增长。

"走出去"是中国企业加快建设具有全球竞争力的世界一流

企业的必然选择。今天的中国正在迈向实现高质量发展的新阶段，而且日益走近世界舞台的中央。建设一大批同中国国际地位相称、同国家发展利益相适应、同国家发展战略具有协同效应，具有较强创新能力和国际竞争优势的世界一流企业十分必要。

"走出去"是国有企业履行国家使命、实践国家战略、服务国家战略的责任担当。国有企业与生俱来的红色基因、国家基因决定了必须始终深刻领会、高度配合、积极服务国家的战略意图。国家战略不是纸上谈兵。中国正在大力推动"一带一路""人类命运共同体"的重大外交理念，背后是数以万亿计的资金投入，数以千计的境外重大基础设施工程，涉及全球近百个国家和地区，需要调动全球的资源，特别是一些急难险重的特大工程，需要中国国有企业作为国家战略的承载主体和实施主体，发挥引领作用和担当作用。

中国企业只有"走出去"，才能经历全球不同国别市场环境的磨砺，进而掌握在全球范围内高效配置调动资源的能力。只有"走出去"，才能真正形成国际视野、全球格局。同国家无法回避全球化一样，对于任何一个想成为世界一流的中国企业来说，"走出去"实现国际化经营从来都不是选答题而是必答题，从来没有一家只固守本国市场的世界一流企业，因为这样的企业在全球化浪潮面前不堪一击，因为世界一流企业无不是以发展空间的扩大来换取发展时间的延伸。企业要成为百年老店，必须先有百年产品；要打造百年不衰的产品，就需要面向全球市场，接轨世界发展潮流，在以百年为单位的大历史视角下，只有比竞争对手坚持得更长久，才能获得最后的成功。

习近平总书记对"走出去"有一段精彩的论述：中国对经济全球化也有过疑虑、也有过胆怯。但是，融入世界经济是历史大方向，中国经济要发展，就要敢于、乐于"走出去"，到世界市场的汪洋大海中去游泳、见世面、去成长。所以，中国勇敢迈向了世界市场。在这个过程中，我们呛过水，遇到过漩涡，遇到过风浪，但我们在游泳中学会了游泳。历史证明，这是正确的战略选择。

二、中国企业"走出去"发展历程和主要成就

伴随着经济全球化的不断拓展和中国改革开放的不断深化，中国企业积极开拓国际市场，坚定实施"走出去"战略，系统推进国际化经营，充分发挥国内国外两个市场、两种资源的比较优势，成为连接中国与世界的重要枢纽，也成为展示中国经济崛起和国家综合国力发展强大的重要窗口。中国政府于2013年向全世界提出"一带一路"倡议以来，中国企业进一步加快"走出去"步伐，在基础设施建设、能源资源开发、国际产能与装备制造合作以及科技创新开放合作等领域取得新成就和新进展，成为推动人类命运共同体由愿景到现实的重要力量。

（一）中国企业"走出去"的发展历程

改革开放40多年来，中国经济由封闭走向开放，从保守趋于革新，从区域走向全球，从青涩走向成熟，从不发达国家走向

全面小康和社会主义现代化强国，从全球产业链中低端升级为关键枢纽，从经济全球化的旁观者、参与者、跟随者到坚定支撑者、维护者、引领者。2013年，中国货物贸易进出口总额达到4.16万亿美元，跃居全球第一。2015年，中国对外直接投资首次超过中国实际使用外资，中国成为双向直接投资项下的资本净输出国，中国企业从偏安国际市场一隅到闪耀于世界企业舞台中央。新中国成立以来，中国企业的"走出去"之路，大概经历了五个阶段。

第一阶段：新中国成立后至改革开放前

新中国成立后，国家建设始终敞开大门，一方面，新中国接受社会主义阵营国家的经济和技术援助，开始了以"156项工程"为代表的国家经济基础设施建设；另一方面，新中国企业也"走出去"，参与到对社会主义国家和其他发展中国家的经济援助和工程援建，这一时期诞生了一批水电、铁路、路桥等对外援助窗口公司。

截至改革开放前的1978年，中国的受援国已经增加到66个；其中，在1971—1978年的8年间，中国对外援助支出达到前20年对外援助支出总和的1.6倍，帮助37个国家建成的成套项目数达到创纪录的470个。其中，坦赞铁路、朝鲜平壤地铁、巴基斯坦喀喇昆仑公路等一大批重大援建工程项目成为中外友谊的象征。在改革开放前，中国企业初步构建起包括无偿援助、无息贷款、低息贷款等在内的援助资金体系，与亚非拉等地区受援国家建立了传统深厚的友谊并影响至今，同时也积累了一定的国际化经营经验,为日后中国企业开拓国际业务、进行境外布局奠定了坚实基础。

需要反思的是,受当时特定历史条件和服务国家外交需要等政治影响,中国对外援助支出增长过快、投资过大,最高峰的1973年曾经占到当年国家财政支出总额的6.92%,明显超出当时国民经济的承受能力,而且很多援建工程往往是"有求必应""不计成本""不求回报",这种非市场化、非经济性的"走出去"不可持续,这也为中国企业后来"走出去"提供了重要的经验借鉴。

第二阶段:改革开放后至社会主义市场经济体制建立前

1978年,中国共产党十一届三中全会召开并确定了改革开放路线,中美建交、中日邦交正常化,一系列改变中国历史进程的重大事件接连发生,中国企业也再次登上世界经贸体系的舞台。尽管当时的中国企业与全球市场的距离遥远,但是中国毅然、坚定地打开了面向国际市场的大门,中国企业在"引进来"的同时,也迈出了追赶世界的关键一步,从"三来一补"开始,从中低端切入全球产业链。

1979年,北京市友谊商业服务公司投资22万美元与日本东京丸一商事株式会社合资在东京开办"京和股份有限公司",这是中国改革开放以来第一起对外直接投资。中国建筑集团等4家企业成为最早拥有对外经营权的中国企业,由此开启了中国企业投身国际承包市场开展境外经营的序幕。

随着改革开放后中国GDP的持续稳定增长,中国企业对外直接投资的规模从1979年的53万美元增长到1991年的9.1亿美元。1979年至1991年，中国GDP年均增长率为7.2%，增长速度处于较低水平，与中国加入世界贸易组织之后超过10%的年均增长速度相比存在较大差距。在改革开放之初，中国经济发展不足的现状在一定程度上制约了中国企业对外投资的增长，中国企业也缺乏"走出去"所必须的条件和动力。当时中国企业走出国门的主要路径是利用香港的国际经济贸易体系，带动出口并换取外汇。这一阶段"走出去"的主体是实力较强的大型国有企业，中小企业和民营企业尚不具备"走出去"的能力，整体上看，中国企业这一时期的全球化经营意识和实践能力都处于较低水平。

这一阶段，尽管中国政府逐步放开了中国企业的跨国经营，但由于当时中国的外汇储备较为短缺、中国企业"走出去"实力不足，中国在这个阶段侧重于吸引外商直接投资，这些政策因素在一定程度上导致中国企业对外投资在该阶段发展较慢。

第三阶段：建立社会主义市场经济体制后到加入世界贸易组织前

20世纪90年代，随着苏联解体和"冷战"结束，经济全球化浪潮以史无前例的迅猛之势席卷全世界，中国企业全球化意识逐渐觉醒，"走出去"的愿望愈发强烈。

20世纪90年代中后期，中国GDP增长率一直保持在10%左右，人民币汇率双轨制取消，汇率趋于稳定，货币政策也趋于宽松，中国政府适时提出"走出去"战略，先后采取一系列优惠政策和措施，鼓励中国企业走出国门，开拓境外市场。国内大量中小型民营企业、集体企业从获取全球订单到产品销往全球，境外投资以星火之势迅速铺开,中国大型制造企业境外投资活动日趋活跃,以海尔、海信、华为、首钢等中国企业为代表的中国制造企业开始大规模进行海外投资、拓展国际业务,整个20世纪90年代,中国企业实现了年均23亿美元的对外直接投资水平。

中国企业如果不开展国际投资,就不是真正意义上的国际化经营,长期发展就会受制于人。中国企业只有开展境外投资,自己做业主,才能真正实现"走出去",融入全球竞争,进入全球产业链高端。党的十四大提出要扩大中国企业对外投资和跨国经营,中央企业、大型国有企业以获取油气、矿产等战略资源为重点,加大了对外投资力度。中钢集团与力拓集团合资建设的澳大利亚恰那铁矿成为中国在境外投资的首个矿山,中国石油中标秘鲁塔拉拉油田区块实现了中国境外油气业务"零"的突破。

这一时期,中国企业海外经营开始从中低端向中高端发力,但由于对境外市场不熟悉、对国外法规不了解,中国企业的"走出去"也并非一帆风顺,并且交了一些"学费"。

第四阶段:加入世界贸易组织之后至2008年全球金融危机前

2001年12月,中国历经多轮谈判,终于在多哈迈入世界贸易组织的大门,"走出去"战略在这一时期正式上升为国家战略,参与全球竞争成为中国企业发展的基调。2004年7月国家取消了中国企业对外投资的审批制,为中国企业在世界范围内参与国际竞争提供了更为便利的政策环境。国内外形势的变化为中国企业全球化提供了重大历史机遇,中国企业对外投资开始出现爆发性增长。与此同时，大量中国企业纷纷走出国门，在世界市场上与国际企业同台竞争。

这一时期，中国终于迈入世界贸易组织的大门。中国企业、中国市场与国际市场接轨，中国国内开始对法律和关税进行重新调整。加入世界贸易组织为中国企业打开了"走出去"通往全球市场的大门。如联想并购IBM的PC业务等，使中国企业在国际市场上的品牌知名度短时间内得到较快提升。中国五矿集团承建的巴基斯坦山达克铜金矿成为中国企业首个境外"投建营一体化"项目；中国京东方收购韩国现代集团的薄膜晶体管液晶显示器业务，帮助中国企业在短时间内获得了技术或市场；中国石油化工集团收购瑞士Addax石油公司，进一步提升了中国进口海外油气资源的保障能力。

这一时期，中国企业在国际竞争中逐步加深了对经济全球化规则的理解和把握，在经历有得有失的海外投资历练后，中国企业开始利用国际规则，逐步在全球范围内配置发展资源，特别是中国企业境外股权并购快速发展，工程承包数量由单一施工转向"投建营一体化"，实现从以商品、劳务输出为主到以技术、管理、设备和资本输出为主跨国经营的转变，不断推动中国企业国际化经营实现新发展。

第五阶段：2008年全球金融危机以来

2008年全球金融危机爆发后，"反全球化"逐渐发展成为"逆全球化现象"。以美国外国投资委员会（CFIUS）加强投资审查为代表的投资保护主义盛行。2020年新冠肺炎疫情的暴发和蔓延进一步加剧了逆全球化，中国政府在对外投资方面采取了构建国际国内双循环的体系，以开放与合作的态度不断努力维护着经济全球化。

党的十八大以来，中国特色社会主义进入新时代，党中央全面深化改革，扩大对外开放，提出"合作共赢""人类命运共同体"等全球治理与发展新理念，推动形成全面对外开放新格局，为世界经济与社会发展增添了新活力。特别是2013年中国政府提出"一带一路"倡议以来，中国企业"走出去"从原来的单一项目"点对点"的合作，发展到与所在国"面与面"相贴合、"链与链"相衔接的合作，通过参与"一带一路"共建、国际产能与装备制造合作以及创新能力开放合作等，中国企业成为践行新发展理念、推动"合作共赢"发展方式的主力军。这一时期，中国企业抓住全球金融危机背景下西方多国政府出售大型跨国公司国有股权的机遇，通过投资并购西方跨国公司股权，成功登陆西方资本市场，并以西方跨国公司为平台，在较短时间内快速进入欧美发达国家市场，探索出许多利用被投资企业快速进入第三方市场"借船出海"的"走出去"案例。

2008年国际金融危机爆发后，许多西方发达国家的企业陷入发展困局，为中国企业在全球并购优质资产提供了绝佳机会。在这之后，许多中国企业通过海外投资并购得到了长期以来渴望而不可即的国际品牌、核心技术、研发能力和境外销售渠道，中国企业快速国际化的趋势直至美国挑起对中国的贸易战和新冠肺炎疫情暴发才有所放缓。国际金融危机爆发前，中国企业对外直接投资主要地区为美国、俄罗斯、澳大利亚等发达国家。国际金融危机爆发后，中国对中东和欧洲地区的投资逐渐增加，分别加大了对该地区能源资源类行业和制造业的投资力度。

中国企业这一时期国际化经营的重大升级表面上看是抓住了国际金融危机这一偶发事件的重大机遇，但深层次是中国企业主动通过"走出去"成功实践已确定的国际化发展战略，重点实践了四项海外经营战略。

产业链安全战略。中国企业通过获取全球性战略资源，降低石油、矿产、种子等战略性资源获取来源受制于人的风险，如中国石油化工集团收购阿联酋石油和天然气资源，宝武集团与巴西国有铝厂合作，中远海运集团收购希腊比雷埃夫斯港67%股权等。其中，2016年，中国化工集团以430亿美元的价格收购瑞士农业化学企业先正达，创下中国企业在境外的最大一笔收购，这一重大收购补齐了中国农业化学研发领域的短板，并在一定程度上打破了外国种业巨头在相关领域的垄断地位。

国际化经营战略。中国企业在过去难以进入的境外市场收购当地企业，用本土化生产来进入境外区域性市场，如2016年，青岛海尔以56亿美元收购美国通用电气家电业务，迅速打开了美国的中高端家电市场，同时获得了美国零售网络关系和物流分销能力，成功跻身跨国家电产业第一阵营。

品牌提升战略。中国企业快速提升国内品牌在国际市场上的知名度，实现品牌国际化、资产全球化，2010年，中国吉利汽车集团收购瑞典豪华汽车品牌沃尔沃100%股权，2018年，中国吉利收购德国戴姆勒奔驰汽车公司9.8%股权，成为其第一大股东。中国吉利集团以生产经济型家用轿车起步，竞争激烈的中国汽车市场迫使吉利集团在2007年开始战略转型，进军中档及中高档汽车市场，因此急需提升品牌形象和产品竞争力。收购沃尔沃后，吉利集团与沃尔沃联合成立欧洲研发中心，共同开发模块化平台和相关技术，借助沃尔沃成熟的技术和以安全为核心的品牌，吉利自身的产品力得以大幅提升，并与大众、丰田等世界一流品牌展开竞争。

产业升级战略。中国企业按照传统方式实现产业升级，需要经过长时间的技术迭代和专利积累才能完成，但通过收购具备领先技术和全球知名品牌的境外企业，就可以迅速弥补中国企业的技术短板，提升中国企业的国际市场竞争力。2012年，中国三一重工收购了全球最强混凝土设备制造商普茨迈斯特，获得了对方在全球约200项相关技术专利，使得三一重工在设备生产时节省约10%的钢材用量，产品的稳定性与可靠性也提升到世界领先水平。

（二）中国企业"走出去"实现的8个升级

中国企业从工程承包到跨国投资运营与承包并举，实现国际化业务升级。中国企业的国际化业务从改革开放初期对外劳务合作到单项工程承包，再到工程建设承包加融资总承包，直至独立投资开发绿地项目并实现国际化经营，这是中国企业在长达半个多世纪"走出去"实践的发展路径，也是中国企业国际化业务不断向价值链高端跃升的真实写照。

中国企业从单一环节到全产业链整合和价值链跃升，实现国际化经营的规模升级。在"走出去"初始阶段，中国企业往往只能参与劳务外包、施工建设、组装生产等单一且低端的承包、分包等业务环节，但是中国企业不甘心一辈子给别人"打工"，通过不断增强国际化业务全产业链整合能力，中国企业逐步打通了国际化业务，从战略谋划、规划设计、融资投资、工程建设、设备供应、企业运营和融资咨询的全产业链，实现了全球化资源配置整合。

中国企业从单打独斗到编队出海、到中方联盟、到全球强强联合，实现境外投资形态升级。在中国企业"走出去"的初期阶段，国内企业分散经营，"多支枪打一只鸟"的现象普遍存在。独行快，众行远。随着中国企业产业联盟和共同体意识的强化，中国企业间乃至中外企业之间实现了强强联合、优势互补，中国企业的国际化业务拓展不再是零和博弈，更多地是以多方合作实现互利共赢。

中国企业从国际投资的"跟随者"到"引领者"，实现格局升级。过去几十年，中国企业的国际化业务往往是西方企业的跟跑者。乘着中国综合实力快速发展壮大的东风，中国企业依托改革开放以来长期积累形成的核心技术、先进产能、资本优势以及近年来不断学习、增强的国际化经营能力，已经能够牵头领衔开展国际大型项目投资开发，在中国企业不断发展强大的品牌影响下，越来越多的西方跨国公司、设备厂商、金融机构通过参股、结成联营体等方式，主动聚拢到中国企业周围，中国企业实现了从"跟跑者"到"领跑者"的关键角色转变。

中国企业从参股到控股，从收购单一项目到收购跨国公司，实现国际化经营质量升级。在"走出去"开展境外国际业务投资的初期，中国企业只能借助参股跨国公司已有的国际业务平台，通过跟投、参股逐步学习、适应国际市场规则，通过参股隔离整体风险和长期风险，通过收购单一小型项目规避更大国别风险。今天，中国企业国际化经营风险管控能力不断增强，不仅能够独立收购、控股成熟的境外项目资产包，而且能够收购多个项目的特许经营权乃至整个企业集团，背后体现的是中国企业国际化经营发展质量的不断升级。

中国企业国际化经营从国人管理到属地化管理，实现跨国经营管理效能的升级。中国企业在"走出去"初期，往往需要从国内选派大量管理人员和技术人员参与境外新项目的建设与经营管理，由于外派人员成本高、中外企业文化差异大和挤占当地员工工作岗位等问题，管理成效并不好。今天，不断成熟的中国企业已经开始对重组并购的境外项目和企业实施属地化经营管理，除了派出必要的董事、高管和技术骨干外，海外员工全部属地化。属地化经营既稳定了队伍，降低了运营成本，更重要的是为中国企业赢得了人心，获得了当地民众的信赖和认可。由过去完全依靠中国人管理境外企业和项目逐步转变为完全属地化管理，这种跨国别、跨文化的员工属地化和管理属地化方式，使中国企业的"走出去"之路更加自信。

中国企业从"中国制造"的生产者到"中国创造"的引领者，实现中国企业品牌升级。中国企业通过国际市场上的多次精彩亮相，充分展示了改革开放以来积累形成的软实力和硬实力，彻底改变了西方资本市场和跨越企业对中国企业的刻板印象。同时，中国企业的"走出去"也推动中国标准走向全球，加强中国标准与世界标准的对接和融合，使中国企业的丰富实践和中国改革开放的成功经验更多地为国际社会所了解。

中国企业的国际化经营从商贸领域延伸至东道国国计民生领域，实现形象升级。中国企业在境外参与投资兴建的港口、电站、公路、高铁等重大基础设施项目越来越多，中国企业也因此获得了世界多国的尊重与信任。中国企业严格按照当地法律办事，尊重当地风俗习惯，与当地政府、工会、媒体等各方面保持密切联系与沟通，营造了良好的经营环境。同时，中国企业在境外积极履行社会责任，支持当地科教文卫事业发展，积极参与扶贫救灾等公益活动，树立了负责任的中国企业形象。

（三）中国企业"走出去"实现发展升级的成功经验

改革开放为中国企业对外投资发展提供了政策支持和经济基础。改革开放以来，中国采取了一系列改革措施，全面建立了社会主义市场经济体制，逐步实现了从计划经济向市场经济的过渡，通过实行人民币汇率形成机制、外汇管制方式、对外投资管理制度等一系列市场化改革举措为中国企业"走出去"奠定了制度基础，推动中国经济和中国企业实现了跨越式发展。与此同时，在中国沿海经济特区和东部制造业城市发展起一大批大型国有企业、合资企业和民营企业，它们积累了较为丰富的对外贸易经验，对海外市场有了比较清晰的认识，在长期实践中也聚集了较多具有跨国经营管理能力的高素质人才，成为中国企业对外投资的领军企业，带领中国企业逐步走出国门，开展国际化经营。

坚持全球化理念，循序渐进开展境外投资并购。跨国并购不是简单追求企业规模的扩大，而是为了中国企业做大做强进行长期发展战略布局。成功的跨国并购，可以使中国企业获得参与国际竞争的先进技术、管理理念，扩大资源和产品两个市场，使中国企业增强国际竞争力。中国企业的跨国并购从青涩走向成熟，坚持立足中国企业的长期发展战略，从有利于自身发展的需求制定境外并购策略，循序渐进地进行境外并购，最大可能地规避中国企业境外并购风险。

获得中国政府鼓励和支持。中国政府积极作为，在指导中国企业主动"走出去"参与国际竞争的同时，对西方的"误解、担忧和偏见"积极回应，尤其是对中国威胁论进行严正反驳，用积极的行动促进世界各国的公平合作与平等对话。中国政府搭建"一带一路"等国际平台，为中国企业"走出去"铺路搭台，组建帮助中国企业进行跨国投资并购的协调机构，鼓励支持中国企业抱团出海，指导帮助中国企业规避境外投资的风险，协调帮助解决中国企业境外投资并购所遇到的困难和问题。

以跨国投资并购能源、港口、矿山等基础设施和战略资源型企业为首选，充分利用国际规则和国际投资咨询机构，规避投资并购风险。中国企业在进行跨国并购时，通常首选资源型企业进行并购，可以稳定地获取价格合理的固定资产和战略资源，满足国家发展需要，同时获得与境外大企业进行基础资源价格定价的话语权，增强国际竞争力和抗风险能力。中国企业投资并购跨国公司远比收购、重组国内企业复杂，需要对东道国的法律政策、地缘政治和历史文化等多方面有深入的了解，在"走出去"的过程中，中国企业也逐步学会了利用国际金融投资中介机构推动实施境外并购,充分利用好跨国并购中介机构、国际投资银行、国际会计师事务所、律师事务所寻求并购目标,制定并购方案,帮助协调资金,合理分享成功收益,共担失败风险,充当投资方或者被并购方的顾问或参与者,但中国企业也需要具备独立审核判断的能力,这样会使中国企业"走出去"之路事半功倍。

(四)中国企业"走出去"存在的短板弱项

中国企业"走出去"既有成功经验,也有失利的教训。当前,中国企业"走出去"的国内外环境已经发生重大变化,需要重新审视"走出去"之路,尤其需要清醒地认识到中国企业海外经营存在的短板弱项,采取针对性措施予以补强,有效防控海外经营风险。

中国企业国际资源整合配置能力不强。目前,中国企业境外投资风险仍然比较高,特别是一些境外企业在金融危机爆发后存在的深层次问题并没有完全暴露。中国企业长期以来对走入异国他乡一直持审慎态度,因为即使收购了境外企业,在境外资产和当地资源进行有效整合时也面临多重困难,甚至对收购企业的生产和管理缺乏有效的控制和判断。如中国TCL并购法国汤姆森的彩电生产部门,这段普遍被外界看好的"姻缘"却因为双方在战略规划、企业文化、管理方式等方面的矛盾而最终"不欢而散",其根源就在于中国企业对管控境外企业还存在"水土不服",被并购的外国企业对中方管理"无所适从",中方也缺乏对收购企业的有效整合、管理和控制。

缺乏从事跨国投资并购的战略人才和经营管理人才。全球金融危机为中国企业从事境外投资带来机会,但是一些中国企业因为缺乏专门从事境外资产经营管理的人才,最终导致投资失败。这说明,只有中国企业自身具备相关专业人才或者并购时留住了人才才能使被并购企业获得新的发展。

中国企业跨国并购存在一些制度性障碍。中国企业境外投资是为了拓展国际业务,而东道国政府往往在中外企业之间的商业行为基础上还要附加一定的条件,如保障就业、特别税收等,目标不一致在一定程度上限制和影响了中国企业的境外投资;环境质量标准的不统一也成为制度性障碍的一个重要因素,对中国高耗能、高耗水、高排放企业的并购条款呈现出愈发严苛的趋势。

新冠肺炎疫情和俄乌冲突的不确定性依然存在。新冠肺炎疫情和俄乌冲突带来的影响还处在发展过程中,最终结果取决于各国经济发展政策的调整、经济全球化的发展态势和大国之间的博弈结果。在当前复杂的国际政治经济形势下,中国企业通过跨国并购的方式"走出去"将面临较大的风险和阻力,当务之急是需要更多地关注和研判国际政治经济局势走向,重新审视、评估企业"走出去"的战略布局和具体方案,审慎推进国际业务拓展。

三、"走出去"实践探索与案例分析

中国长江三峡集团公司是 1993 年党和国家为兴建三峡工程

专门批准成立的一家中央企业，20多年来在中国共产党的领导下，举国家之力，聚民族之志，高质量建成了三峡工程这一世纪工程、民族工程、惠民工程和强国工程，创造了人类改造大江大河的奇迹，展示了新中国改革开放和中华民族复兴的伟大成就，树立了世界水利水电可持续发展的典范。2018年4月24日，习近平总书记在考察三峡工程时对三峡工程作出了"一个标志、三个典范"的重要评价。他指出，三峡工程的成功建成和运转，使多少代中国人开发和利用三峡资源的梦想变为现实，成为改革开放以来中国发展的重要标志。这是我国社会主义制度能够集中力量办大事优越性的典范，是中国人民富于智慧和创造性的典范，是中华民族日益走向繁荣强盛的典范。

经过20多年来的改革发展，三峡集团公司已经从单一的国内水电企业向世界领先的跨国清洁能源集团转变，由建设三峡、开发长江向管理三峡、保护长江转变，由建设大国重器向打造强国重企转变。目前三峡集团公司在长江干流管理运营着6座世界级巨型水电枢纽，总装机容量超过7 200万千瓦，相当于3个"三峡工程"。目前全世界最大的10座水电站中有5座是三峡集团公司建设运营管理，全球127台70万千瓦以上水轮发电机组中有86台由三峡集团公司拥有并管理。三峡集团公司已经成为全世界最大的水电开发运营管理企业，实现了从三峡走向长江，从长江走向海洋，从中国走向世界的跨越式发展。

党的十八大以来，三峡集团公司充分发挥作为全球最大水电开发运营企业的资源配置能力和投资开发能力，积极带领中国水电设计、施工、监理、机电设备制造以及金融企业一道，共同参与境外清洁能源项目开发建设，将合作范围从国内拓展延伸到亚洲、非洲、欧洲、南美洲等第三方市场，成功实践了"以三峡为品牌、以三峡集团公司为头雁、整合水电全产业链编队出海"的中国水电"走出去"新模式，形成了中国企业共同服务"一带一路"建设的整体力量。

在与中国企业携手并肩"走出去"的过程中，三峡集团公司积极探索实践国际化业务从规模到形态、从战略到格局的转型升级之路，形成了契合国家外交战略、符合清洁能源产业特点、适应不同国家和地区市场需求、对中国企业"走出去"具有一定参考借鉴意义的国际化投资案例。

这些典型案例主要有：以三峡为品牌，以三峡集团公司为龙头，整合中国水电产业链编队出海的"马来西亚案例"；从流域规划入手，投资带动、高端进入，引入国际金融机构和国家基金共担风险，获取流域水电资源整体开发权的"巴基斯坦案例"；以股权并购突破欧美国家市场壁垒，实现"借船出海、逐步升级"的"葡萄牙案例"；重点开拓新兴大国市场，抓住机遇并购成熟、高质量的清洁能源资产，快速扩大规模的"巴西案例"；并购发达国家优质资源、技术领先的海上风电资产，与集团国内海上风电发展战略相协同并相互促进的"德国案例"。

这些案例是三峡集团在不同历史阶段、不同国别背景下面对不同机遇的战略选择，背后也饱含着国家部委的指导和兄弟央企的大力支持。其中，"葡萄牙案例"和"巴西案例"对于中国企业进入发达国家和新兴经济体国家具有一定的典型性和代表性，可以为正在"走出去"的中国企业提供一些启示和借鉴。

(一)"借船出海、逐步升级"的"葡萄牙案例"

案例特征

以股权投资为手段,以战略合作为途径,打破西方壁垒,快速进入西方发达国家能源市场,借助西方跨国能源公司市场开发能力、业务关系网络和国际一流经营管理水平,快速提高中国企业自身国际化经营能力,同时带动中国企业进入西方市场,实现"借船出海、往远处走"的目标。

收购背景

欧美发达国家关乎国计民生的公共事业公司股权资源稀缺,结构稳定,外国投资者特别是中国国有企业很难获取,更难以成为其第一大股东。2011年,受欧债危机影响,葡萄牙政府为满足欧盟、欧洲央行、国际货币基金组织的救助条件,被迫出售其持有的葡萄牙电力公司(以下简称葡电)国有股权,为三峡集团公司布局国际化业务提供了难得的历史机遇。

葡电是葡萄牙国家最大的企业,是该国重要经济支柱。葡电是一家以电力和天然气为主的综合能源集团,拥有除输电以外的全部电力业务链条,占有葡萄牙全国配电市场99%的份额和发电市场超过70%的份额,年收入约占葡萄牙国家GDP的9%。

葡电国际化程度高,业务分布在14个国家和地区,55%以上的收入来自葡萄牙境外;经营风险较小,90%左右的业务为受监管业务,与葡萄牙政府签订了长期合同或约定回报率水平;市场化、证券化程度高,其下属的新能源公司和巴西公司均为独立上市公司。葡电清洁能源主业突出,与三峡集团公司战略协同效应显著。葡电水电、风电等清洁能源在总装机中占比达 2/3 以上,是欧洲最大的水电企业;是全球第四大风电公司,在美国风电市场排名第三。

项目决策、实施过程和阶段性成果

全面细致的尽职调查和严格履行内外部审批程序,奠定竞标成功基础,有效利用各种资源积极应对竞争者的挑战和歧视性规则。2012 年 5 月,三峡集团公司通过激烈的国际竞标,最终以高出竞争者 5% 的微弱价格优势,以 26.9 亿欧元成功收购葡电 21.35% 股权,成为其第一大股东,也是中国企业首次成为欧洲国家电力公司第一大股东。

这段荡气回肠、百转千回的竞标过程,让三峡集团公司深刻认识了欧洲能源市场博弈的艰辛和竞争的激烈。前后经历了前期尽调阶段、内部论证阶段、国家备案审批阶段、境外审批阶段,其中,通过美国苛刻且极具歧视性的 CFIUS 审查就十分艰难。同时,德国、巴西的竞争对手也是志在必得,时任德国领导人甚至直接给葡萄牙政府施加影响,巴西政府甚至专门修改相关法案为本国企业提供融资支持。在竞标过程中,三峡集团因为中国央企的背景受到个别西方资本"歧视"。中国商务部为此发表声明,表示中国政府支持中国企业参与葡电股权竞购,希望葡方秉承公平、公正、公开的商业态度进行决标。为打消葡方顾虑,三峡集团在和国内主管部门充分沟通后,不得不支付 6 亿欧元预付款,作为项目执行保证金,一旦国内主管部门审批不通过,6 亿欧元的预付款将不予退还。葡萄牙政府在综合比选各家投标方案的基础上，顶住德国政府和巴西政府的强大压力，最终召开内阁会议以3∶2的表决结果决定三峡集团公司中标。

三峡集团公司与葡电十年来合作历程可以用"六步走"来概括。第一步，抓住历史机遇，通过市场化竞争方式获得葡萄牙政府持有的葡电股权，成为第一大股东；第二步，获得股权后第一时间完成葡电实际控制权平稳过渡；第三步，在获得葡电控制权后，立即履行承诺，协助葡电获取中资银行优惠贷款，帮助葡电摆脱困境，尽快恢复自我运转能力；第四步，以购买葡电欧洲部分清洁能源资产方式注资葡电，我方在获得资产、切入欧洲能源市场的同时，也进一步提高了葡电盈利能力；第五步，与葡电结为战略伙伴，共同开拓南美、非洲等第三方市场，随后在巴西、秘鲁成立子公司，快速做大做强，扩大影响；第六步，以主导者的身份带领葡电重返欧洲清洁能源市场，在海上风电等大资本投入、高技术门槛的领域与欧洲跨国集团同场竞技。

葡电项目投资收益与现金分红稳定良好，超额实现既定财务目标，50%的原始投资已经回收。截至2021年底，通过与葡电合作参与投资的项目通过分红及还本付息方式累计回收资金约21亿欧元，约占总投资的27%。每年产生净现金流超过4 600万欧元，除满足葡电项目付息要求外，富余资金滚动投资了三峡集团公司其他境外清洁能源项目开发。

经验和启示

投资葡电和与葡电的合作过程，使三峡集团公司海外经营的实力不断提升、自信不断增强、视野不断开阔，实现了财务盈利、战略布局和业务协同等多重目标。"葡萄牙案例"可以总结出如下经验和启示。

深度挖掘协同效应,将被收购企业的平台价值发挥到极致,联合开发第三方市场,快速拓展国际业务布局。这一案例与独自"零起步"开拓市场相比,起点高、见效快、风险小、形象好,也更易于被西方国家所接受。

选择一家战略协同、优势互补、具有优秀管理团队的目标公司,双方充分互信,是双方优势互补、战略协同取得成功最重要的基础。葡电是以清洁能源为主业的综合能源集团,拥有广泛的国际业务网络和平台,业务区域主要分布在欧洲、北美以及拉美、非洲等市场,而三峡集团公司的业务主要在亚洲、非洲等新兴市场,双方均以清洁能源为主业和发展方向,战略协同、区域互补。葡电公司管理团队优秀,业绩透明,治理规范,市场开拓能力、风险控制能力强、国际化经营水平高,其中葡电董事会成员都曾长期在葡萄牙政府和欧盟高层任职,具有较高的专业素养和国际视野。三峡集团公司坚持以清洁能源为主业和发展方向,水电开发技术能力强、资金实力雄厚,双方具有很好的协同和互补效应。

抓住有利时机更敢于抓住历史机遇,成功获取欧洲国家电力公司的大股权与主导权。三峡集团公司看准了西方跨国能源集团几十年一遇的价格低点,果断决策,抓住这一宝贵的窗口期,借助中国强大的金融体系优势,赢得了单一大股东地位,与国家西进战略保持步调一致,取得了较好效果。如果当时迟疑或错失了这一重大战略机遇,在今天的国际环境和欧盟审查控制中国企业投资比例的严苛背景下,可能需要花费当时两倍甚至三倍的代价也未必能够收购成功。

尊重欧洲市场监管规则和上市公司治理准则,加强文化融合,逐步加大影响力和控制力,取得了平稳有序、各方面积极认同的良好结果。对葡电投资后的管理过程,三峡集团公司没有以高高在上、咄咄逼人的态度更换葡电管理层,也没有派出高管人员直接参与葡电的日常经营,也没有改组公司管理层,而是派出具有国际视野、业务能力和文化语言融合能力强的股东代表参与董事会和专业委员会治理,深度参与葡电商业计划制定和重大决策把关,牢牢把握被收购企业的战略发展方向和投资风险控制。

与葡萄牙国家政府保持良好沟通,积极履行社会责任,支持社会公益事业,树立良好的中国企业形象。三峡集团公司始终与葡萄牙政府保持良好沟通和互信,尊重当地法律和规则,积极履行社会责任,始终秉承一个理念:三峡集团公司不仅是葡萄牙的投资者,也是葡萄牙的企业公民;不仅追求经济回报,也积极履行社会责任;不仅开展企业间的合作,也积极成为中葡两国深化全方位合作的桥梁,实现"三峡集团满意、葡电公司满意、两国政府满意、两国人民满意"的四个满意[1]。

(二)"以我为主、往深处走"的"巴西案例"

案例特征

巴西等南美国家市场水电资源丰富,拥有大量优质清洁能源资产,市场机制成熟,消纳能力强。中资企业通过先参股或并购

---

[1] 2017年7月,时任全国人大委员长张德江同志访问葡萄牙,听取了双方战略合作情况的汇报后给予了充分肯定,认为三峡集团对葡电的投资已经上升到中葡两国、中欧合作层面,达到了三峡集团满意、葡电公司满意、两国政府满意、两国人民满意的四个满意,成为了中葡合作的典范。

中小型水电项目为切入点熟悉市场,以并购控股成熟高质量的发电资产为途径,快速扩大投资规模,做大境外企业,实现了"逐步升级、往深处走"的目标。"巴西案例"也可以概括为:参股项目,熟悉市场;厚积薄发,准备充分;优势突出,专业判断;管理合规,高效融资;审慎决策,果断出击;整合升级,提升能力;属地经营,文化融合。

收购背景

巴西国家水电资产通常采取 30 年特许经营方式,由政府通过竞争性程序选择电力公司运行维护,期满交还政府。2014 年,巴西政府将即将到期的 29 座共计约 600 万千瓦水电站特许权进行公开拍卖,以缓解政府财政赤字压力。此次特许经营权竞拍是巴西自 2004 年电力市场改革以来,首次进行已运营水电站特许经营权拍卖,参与竞拍的水电站总体建设质量较高,具备良好的投资和运行效益。其中,伊利亚水电站和朱比亚水电站是巴西巴拉那河流域梯级开发的两座相连水电站,合计装机容量 500 万千瓦。占巴西全国总装机容量的 5%,是巴西重要的骨干电源。

项目决策实施过程和成果评价

巴西大水电项目特许经营权整体投标和收购后,整合工作具有资产规模大、投资金额高、准备时间紧、竞拍流程复杂、社会影响广和整合难度大的特点,是三峡集团继竞标葡电之后、国际业务最大的一次挑战。从企业内部筹备、尽调、决策到国家审批再到提出最终报价,整个过程仅仅用时一个多月,最终三峡集团公司以封顶价格 37 亿美元中标。

此次收购一举奠定了三峡集团公司在水电大国巴西市场举

足轻重的战略地位。巴西朱比亚和伊利亚两座大型水电站特许经营权的并购成功,以及 2016 年又成功并购了美国杜克能源在巴西的水电资产,使三峡集团公司在巴西拥有的水电装机超过 800 万千瓦,总资产超过 500 亿元人民币,四年实现利润 73 亿元人民币。截至 2020 年底,巴西项目累计分红约 59 亿雷亚尔,约占总投资的 28%。三峡集团已成为巴西第一大私营发电公司和主要骨干发电企业集团,有效提升了在巴西电力行业政策制定的话语权和全球水电领域的影响力,世界著名评级机构穆迪授予三峡巴西公司在巴西境内企业的最高信用评级。

经验和启示

采取逐步升级的投资策略,逐步熟悉了解境外陌生市场、最大限度化解风险。三峡集团公司进入世界第二大水电市场巴西到成为巴西最大的私营发电企业仅用了五年时间,事实上在巴西经历了依托葡电平台通过参股进入巴西市场;与葡电平等合作通过控股项目立足巴西市场;"以我为主"并购成熟水电站进而开展绿地投资开发市场三个阶段,在熟悉市场、培养团队、积累经验后,才逐步开展大型水电项目资产并购投资。

优化融资方案设计,规避投资风险。大型国际并购项目具有投资金额大、汇率风险高、支付时效性强等特点,巴西项目一是采用巴西本币雷亚尔的融资与支付,资金自然对冲,部分规避了汇率风险;二是通过 10 年期固定利率美元债券按期替换卢森堡工行搭桥贷款 +3 年期固定利率雷亚尔合成贷款,成功锁定了项目融资成本,有效规避了利率变动风险;三是在全面深入分析的基础上,采用了投资构架设计、贷款银行与借款主体选择、搭桥贷款置换路径、项目公司法律架构等税务安排多种措施，通过税务筹划实现了三峡集团层面综合税负成本最低。

增强对不同国家市场规则的深刻认识。在竞拍巴西朱比亚、伊利亚两座水电站 30 年特许经营权时，合同约定 70% 的保证电量出售给监管系统，30% 的保证电量由投资人自行在自由市场出售。近年来，巴西亚马孙河流域来水偏枯，两座电站发电量未达到预期，为满足合同要求，不得不到市场上购买高价电以弥补合同电量的不足，这直接导致项目近两年的收益下降。这表明三峡集团对不同国家的市场交易规则和定价机制的认识还有盲点，对收购项目的或有风险揭示和应对措施还不够全面，也为今后境外项目并购商务谈判提供了重要经验。

（三）中国三峡集团"走出去"的经验启示

紧跟国家战略，合理选择投资国家，规避国别风险。对国别风险的预警能力、揭示能力、掌控应对能力和分担转移能力已成为影响中国企业"走出去"成败的关键之一。一般商务纠纷尚能通过法律途径解决，如果东道国政府出现政策变化、动乱战争甚至政府更迭等时，损失就难以估量甚至彻底无法挽回。因此，中国企业"走出去"必须紧跟国家战略，背靠中国强大的国际影响力，依靠中国与睦邻友好国家之间的传统友谊、高层交往、重大基础设施投资的牵制、地缘政治影响、重大经贸合作等，有效增强对所在国政府的影响力，从而保障中国企业在该国利益免受损害。

在积极服务国家战略中牢牢把握机遇，善于从复杂多变的全球市场中捕捉机遇。中国企业不仅要在积极服务服从"一带一路"

建设中得到国家的支持和帮助,有力管控"走出去"的风险,更需要善于从紧跟国家战略中敏锐发现、把握一系列新机遇。"一带一路"建设所涉及的项目大多是沿线国最急需发展的重大基础设施和重要产能合作项目,这样的合作机遇能够直接对接双方的资源与需求,更受东道国欢迎、投资成效更高、综合风险更低。虽然西方国家周期性的经济危机不可预期,但随着新冠肺炎疫情得到有效遏制、俄乌冲突结束,全球经济走向复苏,全球市场需求终会触底反弹,中国主张的"一带一路"倡议得到大多数国家支持,美国的多变政策也让全球经济复苏的道路复杂多变,这其中仍然蕴含着众多机遇,但稍有迟疑,就有可能稍纵即逝。

发挥主业专长优势,选择中国企业最熟悉、最擅长的领域开展海外投资。中国企业"走出去"需要深知自身优势与劣势,需要专注企业最擅长的领域,专攻熟悉的市场,围绕中国企业国内主业在海外进行主业强化或上下游产业链延伸,依托专业优势和人才优势,围绕优势主业和专长,科学判断海外项目的价值和价格,专注符合自身战略定位和国家战略布局的发展机会,坚持有所为、有所不为,不在不熟悉的领域"广撒网"分散精力,"走出去"难的不是寻找机遇,而是对有些"看上去很好"的机遇说"不"。

科学设置股权结构,坚持依法合规经营,与被投资国企业结成利益共同体。股权也是重大资源,具有深层次的可挖掘价值。通过让渡部分股权给优质合作伙伴,依托股东力量来平衡地缘政治关系,分担固有国别风险,引入先进管理理念,优化治理结构,强化监管效能,强化合规经营,有利于中国企业在海外投资过程中规避风险。例如，三峡集团公司、丝路基金和IFC是巴基斯坦卡洛特水电项目三大股东，引入丝路基金和IFC作为股东的最大优势不仅在于可以获得较低成本且稳定的资金保障，更在于通过紧密的股权结构充分发挥各投资主体的各自优势。依托丝路基金的中国政府背景和在"一带一路"沿线国家的影响力，可有效加强与巴基斯坦政府高层的密切合作基础。依托IFC背后世界银行的广泛影响，一是有效平衡中、印、巴之间的地缘政治，进一步降低了项目风险、安全风险、环境风险和腐败风险，显著增强了中国企业在海外业务的管理水平和综合竞争力。

抱团出海，形成合力，在国家平台的基础上构建行业平台。面对"一带一路"等国际合作平台带来的重大机遇，中国企业"走出去"需要学会分享。每家中国企业都有自己的核心主业，在自己行业内的多条价值链、产业链上扮演着不同的角色，有时候是主角，有时候是配角。当配角时，需要学会借力，比如借船出海、抱团出海；当主角时，需要学会赋能，能够给予产业链上下游企业更多的发展平台和发展机遇。在竞争中合作，在合作中双赢，在双赢中实现共同做强做优做大，并共同分享发展成果。中国企业"走出去"更要学会"跨界合作"。未来的国际竞争不再是单个企业之间的竞争，而是国家之间产业体系，甚至跨行业体系的整体竞争。当前，中国企业围绕各自行业内的领军企业已经形成了多支"走出去"的重要品牌，比如中国水电、中国航天、中国高铁，在各自领域内都取得了不俗的发展成就。中国企业需要打破行业界限，打破"平行"关系，以"相交"获取更多的利益共同点，不断碰撞发展出新的"火花"，不断做大"走出去"的蛋糕。

借船出海、借助外力，推动中国企业快速进入目标市场。中国"走出去"不仅要走得快，还要走得远、走得稳、走得深。"借船出海"可以利用西方跨国集团的成熟国际化平台、发达业务网络以及技术、资源、管理、语言、文化等优势，打破某些国家的市场壁垒，帮助中国企业快速进入目标国家市场，并且快速熟悉和适应当地投资环境。比如，三峡集团抓住欧债危机背景下葡萄牙政府出售国家电力公司股权机遇，通过投资并购葡萄牙电力公司股权，成功登陆欧洲清洁能源市场，并以葡电为平台，在较短时间内快速进入欧美发达国家清洁能源市场和全球第二大水电市场——巴西市场等第三方市场，就是利用被投资的西方跨国企业快速进入第三方市场"借船出海"的成功案例。

科学制定风险评价体系，事前充分揭示项目风险，分阶段决策，全生命周期防控。充分认识不同国家差异，建立涵盖国家风险、汇率风险、行业及项目风险等综合因素的加权平均资本成本评价体系（WACC值），对不同市场、不同行业设置提出差异化投资策略和收益率标准。借助国际专业中介机构深入开展项目前期的技术、市场、财务和法律方面的风险研判和尽职调查，充分揭示前期、建设、交割和运营各环节的重大风险，提高决策质量。委托中介机构与卖方和监管机构充分沟通，对交易结构、过桥融资和税务安排提前设计。中国企业"走出去"不能追求一蹴而就、一锤定音的成功，需要实现长期经营和可持续发展，需要在项目全生命周期内不停地揭示潜在风险，分阶段决策、分别设置决策底线，逐步实施，一旦情况发生变化，要能够及时止损，尽量全身而退。同时，中国企业还需要学会利用国际资金去开展国际业务，通过发债、上市等渠道获取境外低成本资金，同时设立境外资金池，实现对境外资金的集中归集管理，规避国际汇率、利率风险，不断提高企业境外资本运作能力和风险管理能力。

秉承亲诚惠容合作理念，通过属地经营和积极履行社会责任展现中国企业形象，营造良好外部发展环境。中国企业在进行境外投资时，履行社会责任、展示中国企业形象等工作不能等到项目建成后再履行，而应该边建设工程边让当地人民分享发展成果，还可考虑在工程开工之前就通过适当履行社会责任方式打好民意基础，在构筑良好对外关系的同时，也能够享受到国家形象提升所带来的"红利"。无论是境外投资项目还是工程承包项目，都需要按照"谋划长远、服务当地、互利共赢、包容发展"的原则，不仅从企业自身角度出发，还要站在东道国角度上来考虑，减少对方的担忧，让当地政府和民众感到中国企业的参与对双方都有利，不会威胁对方的国家安全，不会威胁当地的企业，而是互利双赢。同时，由于中外意识形态差异，有些国家认为中国国有企业投资背后都具有国家战略意图，故而在反垄断审查、企业投票权等方面对中国国企加以限制和歧视。对外宣传上应尽量少谈国家战略、淡化国家意图，多讲互利共赢、和气生财、合作制胜，使"走出去"减少意识形态方面的困扰和阻力。

2022年2月，俄罗斯与乌克兰爆发军事冲突，以美国为首的西方集团发动了对俄罗斯的政治和经济制裁，值得注意的是，苹果公司、谷歌公司、脸书公司、马士基航运、壳牌石油、可口可乐、麦当劳快餐等西方科技巨头和大型跨国集团纷纷"下场"参与对俄罗斯的制裁，宣布停止对俄罗斯普通用户的服务，丝毫不顾及现代企业制度的契约精神，撕下长期以来所标榜的中立原则。这也印证了我们在《重企强国》一书中的观点：企业的重要价值在于能够跨越国界、文化和意识形态，发挥政府、军队、政党所不能发挥的重要作用。

市场无国界，但企业有国籍。全球化的市场也是没有硝烟的"战场"，中国企业要实现新的发展跨越，必须义无反顾的"走出去"。中国企业"走出去"是为了做强做大，也是为了能够掌握未来发展的主动权和自主权，在更高层面、更深层次、更广领域去引领行业发展、影响世界，为中国企业的新发展跨越积蓄力量，也为中国打造一个安全稳定的外部发展环境。

第十三章
高水平对外开放：中国企业新发展跨越的重大机遇

开放是当代中国的鲜明标识。习近平主席在2022年世界经济论坛视频会议的演讲中强调，"不论国际形势发生什么变化，中国都将高举改革开放的旗帜。"面对百年变局和世纪疫情，中国始终坚持高水平对外开放，而且不断拓展规则、管理、标准等制度型开放，同世界各国分享中国发展机遇。自20世纪70年代末以来，中国将对外开放作为基本国策，打开国门搞建设，实现了从封闭落后到全方位开放的伟大历史转变。经济建设领域的辉煌成就有力推动了中国特色社会主义经济制度的建立与不断完善，为建设社会主义现代化强国和实现民族伟大复兴奠定了强大的物质基础。

开放促进了中国企业的历史性整体发展蝶变，也为世界经济贡献了繁荣。党的十八大以来，中国对外开放的范围、领域、层次不断拓展，极大地推动了经济全球化向纵深发展，更为中国企业实现新的发展跨越提供了战略机遇和发展路径。

一、开放是历史发展的必然规律

开放、交流、互鉴是推动人类文明进步的重要动力，是大国崛起、民族复兴和世界繁荣的必由之路。一部人类文明发展史，也是一部多元文明开放互鉴、共生并进的历史。不同国家和国情，不同民族和文化，孕育了不同文明，不同文明因开放而融合，因交流而互信，因互鉴而丰富成熟。孤岛上的文明注定是文明海洋中的孤岛，封闭隔绝的文明迟早会被历史所淘汰，一切文明概莫能外。

（一）世界文明发展史证明，越开放的文明越进步，越开放的国家越强大

从世界文明史来看，不同文明之间的开放、交流、融合甚至对抗都是世界各地主要文明发展兴盛过程中的普遍规律。若超越民族国家界限，从文明和文化交融的层面来看，人类社会的发展历史是一部从封闭走向开放、从文明冲突走向互鉴互信的历史。

在人类社会早期发展历史上，由于地缘上的相对隔绝，不同的文明之间存在着客观的发展代际差，这一时期的不同文明之间交流与融合却并不"文明"，其过程往往是以残酷的战争为载体，以文化和宗教入侵为辅助，是一种文明对另一种文明的征服，比如罗马帝国征服高卢、迦太基、不列颠和埃及，西班牙帝国征服中南美洲的印加帝国，西欧殖民者对北美印第安原住民的血腥清洗。

世界上所有大国崛起的发展历程，无论其文化、历史、政治

体制和资源禀赋如何不同，面向全球开放是共同的规律。15世纪以后，人类社会进入近代发展阶段，原先因地理因素被割裂的世界开始真正意义上的连接逐步形成了一个整体，彼此隔阂的世界各国开始相互认识和了解，同时也开展了相互的开放和竞争。在近现代以来的世界舞台上，葡萄牙、西班牙、荷兰、英国、法国、德国、日本、俄罗斯、美国九个国家在不同的历史时期先后登上历史舞台，贯穿了从地理大发现到工业革命的四百年，对人类社会发展产生了重大影响，它们用各自国家崛起的实践证明了开放是所有世界大国崛起强大的成功之路和发展规律。

随着科技与文化的发展，世界文明交流的媒介和方式不断拓展，企业、商品和市场成为文明交流的新媒介，不同文明、不同国家之间不再是你死我活的零和博弈，竞争与合作成为文明交流互鉴的新渠道和重要方式。

当今全球唯一的超级大国——美国就是开放引领富强的典型，可以说是开放成就了美国的辉煌和霸权，也是开放成就了美国企业的强大。美国虽然是后起的资本主义国家，却又是完成工业化进程最快的国家。当英国在19世纪50年代至60年代成为"世界工厂"时候，美国在资本、市场和科技上都没有完全摆脱对英国和欧洲的依赖。南北战争后，美国国内完成了从政治到市场的全面统一，工业生产获得了突飞猛进的发展，在短短30年的时间内，美国迅速实现了资本主义工业化，由一个落后的农业国一跃成为世界上头号工业强国，成为第二次世界大战的世界一极，"冷战"结束后成为全球唯一的超级大国。今天，美国以其对外输出的军事、政治、经济、科技和文化影响力冲击着世界上每一个国家,美国给世人感觉是其综合国力的不断"外溢",却总是忽略它对外"吸纳"的能力。我们应当看到,美国从诞生之初就是一个对外开放的移民国家,建国260多年来,从未关闭过对外开放的大门,始终打开国门吸纳来自全世界的人才、劳动力、技术和资本,是持续的对外开放促成了美国的崛起和强大。

美国建国伊始就十分重视对外开放,华盛顿、富兰克林、杰斐逊等美国开国元勋都有着宽广的世界眼光和长远的历史思维,特别是注意从欧洲尤其是从当时最先进的工业国家——英国引进先进的科学技术和专利法案等制度创新成果。尽管美国政府在国际政治事务上奉行保守的中立政策,但始终保持对欧洲先进科学技术发展前沿的敏感和对先进技术引进开放。同时,美国并不是不加选择地盲目对外开放,而是通过制定国家工业化的战略,有针对性、有选择地、有重点地引进先进技术、外国资本、技能人口和科技人才,并且随着美国综合国力的不断提升,对外开放的标准和门槛也不断提高。

钢铁是工业时代的"粮食",也是每个国家走向现代化的"引擎"。美国先后从德国和英国引进当时全球最先进的平炉、转炉和脱磷炼钢法并进行融合创新。在技术引进和本土化再创新的推动下,美国钢产量扶摇直上。1867年,美国的钢产量尚不足2万吨,而短短23年后的1890年,美国钢产量就达到428万吨,超越英国成为世界第一大钢铁生产国。美国钢铁工业的快速发展大大加快了美国的工业化生产水平,从而加快了美国从传统农业国向现代化工业国飞跃的进程。

钢铁产业的快速发展只是美国对外开放的一个侧面,在企业管理领域，美国引进了法国军工产业标准化零件制造理念，不仅极大提升了美国制造业的生产效率，而且为福特汽车公司发明流水线制造奠定了基础。在资本领域，美国始终向全球资本敞开大门，通过在全球发行国债、给予政策红利、极力维护国家金融信誉、打造华尔街等国际金融服务中心的方式吸引外国资本投资。在劳动力和人才引进方面，美国早在立国之初就充分认识到自身劳动力不足的短板，因而对移民保持开放政策，特别是向全球高端技术人才敞开大门，大量涌入的技术移民为美国带来了充足的劳动人口、先进的科学技术和生产方法，成为一些工业部门的开创者和偏远地区的开拓者。在对外开放的推动下，美国不仅实现了广袤西部土地的深度开发，更逐步形成了五大湖区钢铁和汽车制造集聚区、得克萨斯航天和精密仪器制造集聚区、纽约国际金融集聚区、西雅图航空工业集聚区、加州娱乐和信息产业集聚区等。正如马克思和恩格斯说："正是欧洲移民，使北美能够进行大规模的农业生产……还使美国能够以巨大的力量和规模开发其丰富的工业资源，以至于很快就会摧毁西欧特别是英国迄今为止的工业垄断地位。"[1]

对所有国家而言，开放标志着充分利用外部有利条件，妥善调动国内外生产要素和资源，与其他国家和地区分工协作，互通有无。地理大发现时代以来，众多世界大国的先后崛起，使得全球各大洲之间建立了直接而紧密的联系，人、财、物开始在全球范围内流通、集聚和扩散，客观上促进了世界各国的对外开放和全球化进程。随着全球化的不断深化发展，生产要素在全世界

---

[1] 马克思恩格斯选集（第1卷）[M].北京：人民出版社，1972.

范围内加速流动和配置,国家之间的相互依存度不断增加,世界上任何一个国家都不可能在闭关自守的情况下实现民族经济的高速发展,主动对外开放成为谋求本国经济社会快速发展的必然要求,也成为落后国家走向繁荣的必然选择。历史已经无数次地证明,国家越开放就越强大,越强大就越自信,而自信的国家往往更开放。开放、强大、自信到更加开放形成了世界强国的发展闭环。

(二)中华民族因开放而兴盛,世界因中国的开放而繁荣

华夏文明是一个绵延数千年而从未中断的古老文明,中华民族是一个文化多元、民族众多的集体概念,自古以来就是一个善于吸收、学习、包容和同化的民族,深知"开放"对保存和发展文明的重要意义和深远影响。汉唐盛世标记着中国对外开放历史上的辉煌,史学家也常以"××之治""××盛世""××中兴"来标记中国历朝历代的王朝兴盛,细数自西汉"文景之治"、唐朝"开元盛世"到晚清"同治中兴"两千年间的成功政治改革。"开明、开放"无疑是贯穿其中的改革主线,开明的制度改革激发了市场的活力,开明的人才选拔体系为国家提供了栋梁之材;开放的国内市场促进了全球商品和资本的流通,开放的对外贸易为国家增加了大量白银储备,也强化了中国茶叶、瓷器和丝绸在全球高端产业链条中的主导地位。

中华民族不仅深知"开放"能够带来繁荣、富强和尊重,也饱受"封闭"所带来的落后、屈辱和苦难,深知封闭就要落后,落后就要挨打的教训。鸦片战争、甲午海战、日本侵华……这些中华民族的"伤疤"告诫今人,如果一个国家想靠封闭国门去阻挡世界,那么强国将会用战争迫使这个国家打开国门,主动开放与被迫开放所走向的是两条截然不同的命运轨迹。

不拒众流,方为江海。中国的发展离不开世界,世界的繁荣也需要中国的开放。几十年前,英国历史学家汤因比曾预测:中国可能"有意识地、有节制地融合"中国与其他文明的长处,"其结果可能为人类文明提供一个全新的文化起点"。现代中国经济持续快速发展的一个重要动力就是对外开放。改革开放以来,正是因为中国坚持对外开放基本国策,打开国门搞建设,中国实现了从封闭半封闭到全方位开放的伟大历史转变,成为世界第二大经济体、制造业第一大国、货物贸易第一大国、商品消费第二大国、外资流入第二大国、外汇储备第一大国。

2019年,世界银行发布《2020年营商环境报告》,中国总体排名上升15位。报告称,由于大力推进改革议程,中国连续两年营商环境改善幅度全球排名前十。更低关税水平、更短负面清单、更便利市场准入、更透明市场规则……中国对外开放的重大举措接连不断,中国对外开放的红利惠及全球,搭乘中国发展的"高铁列车",为全世界提供中国机遇。今天,平均每1分钟,中国进出口约5 700万元人民币;平均每1小时,中国新设外商投资企业近7家;平均每1天,中国对外直接投资就达到3.92亿美元。中国作为世界第一出口大国,为世界市场提供了大量物美价廉的商品,满足了世界各国人民的生活需要。同时,中国不断扩大进口,并连续多年保持世界第一大出境旅游客源国地位,促进了其他国家的消费和就业。中国作为吸引外资最多的发展中国家,数以万计的外资企业在中国不断发展壮大,共享中国经济发展的红利。事实充分证明，一个更加开放、充满自信的中国，既造福中国，也惠及全世界。

（三）开放是中国的强国之路、民族复兴之路，也是中国企业的发展跨越之路

开放是真理、是力量、是智慧，开放是中国完成发展跃升的重要杠杆，是大国崛起的必由之路，也是构建全球"朋友圈"的真诚之举。在新的经济全球化时期，在百年未有之大变局的特殊历史发展阶段，开放是保障中国发展安全的需要、实现富民强国的关键因素和智慧之路。发展更高层次的开放型经济，构建人类命运共同体，中国就能以对外开放的主动赢得国际竞争的主动。经济全球化是人类命运共同体的重要基础和强大支撑，"你中有我、我中有你"的全球一体化经贸体系是促进和实现国家之间均势平衡的基础。新冠肺炎疫情改变了"冷战"结束以来所形成的经济全球化形态，重构了国家和地区之间的协作格局，因全球经济危机而形成的极端主义、保护主义、民粹主义思潮也随之抬头，经贸领域的"小圈子""霸凌"与"孤立"屡见不鲜，美国等西方发达国家宁肯冒着"伤敌一千、自损八百"的风险，也要保持自身在经济全球化中的优势地位和主导角色。应对"孤立"的最好方式就是"开放"从世界经济发展的历史经验来看，只要一个国家是主动选择开放、坚持奉行开放、坚定捍卫开放，就没有其他国家能够把这个国家封锁孤立起来。

开放意味着自信、自强和自立，这是中国企业通过改革开放实现第一次历史性整体发展蝶变的重要经验，也是中国企业在机遇和挑战中增强本领、提升能力、实现新发展的跨越的必由之

路。未来国际竞争比拼的是谁更开放，谁能够通过更高水平的开放吸引到全球最优质的资源，从而提高和强化本国企业的核心竞争力和综合实力，追赶或者保持在经济全球化中的领先地位。中国拥有世界上41个工业大类、191个中类、525个小类的完整工业制造体系和全球最大综合产能，中国是全世界最不怕被孤立封锁的国家。但是，中国仍然坚持对外开放，这充分体现了中国的世界胸怀和战略远见，也是中国企业实现新发展跨越的战略自信所在，中国企业在开放中成长、在开放中成熟、在开放中蝶变，也只有在新的更高层次对外开放中，中国企业才能完成从中低端到全产业链条，从配角到主角、从并跑到超越的新发展跨越。

二、中国对外开放的主要发展阶段

中国自改革开放以来，始终坚持对外开放基本国策，打开国门搞建设，以开放促改革，实现了从封闭半封闭到全方位、高水平对外开放的伟大转变，为中国经济社会发展注入了强大动力，创造了中国经济腾飞的世界奇迹。改革开放以来，中国货物进出口总额增长近200倍，服务贸易进出口总额增长近150倍，累计吸引外资超过2万亿美元。在实现经济腾飞的同时，也培育了一大批熟悉国际市场规则、全球配置资源、具备国际竞争力的中国企业，有力提升了中国经济的国际化水平和国际竞争力。

自1978年开始改革开放以来，中国对外开放大致经历了4个主要发展阶段：

第一阶段：1978—1992 年，以城乡体制机制改革为核心，以劳动力和庞大国内市场为发展红利，奠定中国对外开放发展基础

这一阶段，中国循序渐进地施行农村联产承包生产责任制和国有企业改革等政策，陆续开始建设深圳、珠海、厦门、汕头等沿海经济特区，向全国、全世界释放了坚定推动改革开放的信号，激活了被计划经济体制束缚的市场活力和生产积极性，城乡全要素生产率和人均收入水平连年提升，基本解决了城乡物质匮乏的重大民生问题。其中，中国国有企业极大提升了中国城市化和工业化的发展进程，乡镇集体企业和个体经济如雨后春笋般快速发展，进一步激发了市场各主体之间的竞争活力，创造大量非农就业机会，充分吸纳农村土地和农村劳动生产率大幅度提高以后所释放出来的大量剩余农业劳动力，为中国市场经济繁荣和中国企业发展奠定了坚实物质基础和人力资源基础，构建了全面对外开放的产业体系，营造了政府计划引导下市场有效配置资源的自由竞争生态环境。为中国更好地对外开放、吸引外资和承接西方发达国家产业转移提供了良好的制度基础、劳动力基础、市场基础和环境基础，中国自此结束了短缺经济时代。

第二阶段：1992—2001 年，以逐步全面开放促进国内改革持续深化，对外开放进一步推动了中国经济高速发展的趋势，为中国后续更高水平开放和"走出去"奠定了基础

这一阶段，中国以极大的改革决心完成了"价格闯关"，构建了社会主义市场经济体制，以资本和市场的逐步全面开放为标志，利用开放有效提升国内企业国际竞争比较优势，为社会经济持续高速发展提供了更加广阔的市场空间和技术进步驱动力。这一时期，中国经济发展步伐全面加快，通过发挥土地国有和集体所有制的独特优势，构建了完整的产业体系和全球供应链体系，开展了大规模基础设施建设，并开始向大国开放型经济发展模式转变。

第三阶段：2001—2012年，中国加入世界贸易组织，对外开放从局部地区和有限产业走向了全域开放

2001年12月11日，历经15年的艰苦谈判历程，中国成功加入了世界贸易组织。这一天成为中国经济对外开放历程中的又一历史性关键节点。

中国自加入世界贸易组织以来，以更加积极主动的姿态融入全球贸易规则体系，不断下调关税税率，放开外贸经营权，加大对外开放的力度。这一时期是中国融入全球化的关键时期，也是中国在GDP总量上连续赶超西方七大工业强国（G7）的历史阶段。中国GDP总量在2001年超越意大利，在2005年超越法国，在2006年超越英国，在2007年超越德国，在2010年超越日本，成为仅次于美国的全球第二大经济强国。

中国加入世界贸易组织20多年来，中国对外贸易总额从2001年的3.9万亿元增长到2020年的32.2万亿元，名义增长8.3倍。同一时期，中国出口总额从2万亿元增长到了17.9万亿元，名义增长近9倍；进口总额从1.9万亿元增长到14.3万亿元，名义增长7.5倍。中国经济增长离不开全球市场，而大多数国家的经济增长也已经离不开中国企业产能和产品，经济全球化进入了中国独领风骚的新阶段。

第四阶段，2012 年以来，中国对外开放步入新时代高质量发展的新阶段

经过改革开放 40 多年的实践探索、实力积累和能力提升，中国经济发展速度已经大踏步追赶上欧美等发达国家，但发展质量不高等问题逐步暴露。党中央洞察全球大势，深刻把握中国经济社会发展规律，坚持开放发展，推动形成陆海内外联动、东西双向互济的开放格局，设立自由贸易试验区，加快探索建设中国特色自由贸易港进程，举办中国国际进口博览会，促进"一带一路"国际合作，倡导共同维护和发展开放型世界经济，构建人类命运共同体。中国经济由高速增长阶段转向高质量发展阶段，高水平开放已经成为高质量发展的重要内涵和主要特征之一。

这一阶段是在前一阶段对外开放的基础上，在确保国家经济安全和民族产业充分发展的前提下，所推动的高水平、宽领域、深层次地全面对外开放，通过大规模降低市场准入门槛，缩短负面清单，实现外资与中国经济更紧密地融合。继 2020 年超过美国成为欧盟最大的贸易伙伴后，中国已经成为全球 120 多个国家和地区的最大贸易伙伴，不仅对全球化发展产生了巨大的影响，也对国内经济可持续高质量发展带来了前所未有的发展动力和增长空间。

实践证明，中国扩大开放范围、提升开放水平的举措，有利于推动中国经济高质量发展，有利于满足中国人民对美好生活的向往，有利于世界经济的繁荣发展与和平稳定，也体现了中国对外开放的真诚、胸怀、格局、智慧和实力。

三、中国高水平对外开放的挑战

经过对外开放和循序渐进的发展,为中国推进更高水平对外开放奠定了雄厚的资本、技术、产业、人力、外汇、市场和管理体制机制基础。但同时也应当看到,中国经济社会长时间持续高速发展也积累了来自国内外的各种矛盾、问题和压力。新时代、新阶段、新格局条件下,中国对外开放战略策略的选择,既要建立在中国所拥有的优势条件基础上,也需要清醒地认识到自身存在的问题和短板,规避劣势,弥补短板。在新发展格局下,中国企业将同时面临高水平开放所带来的挑战与压力。

(一)高水平开放所需要的经济基础、产业基础和管控基础不牢固的挑战

中国中小企业将直面与外资跨国企业的激烈竞争。中国高水平对外开放意味着中国企业、中国市场将与全球市场更加紧密地融为一体,进一步放开一般制造业等传统产业,重点扩大金融、电信、医疗、教育、养老等领域对外开放,意味着外资跨国企业和中国企业将享受同等国民待遇,中国国内一些产业和行业将失去政策保护,产业"蛋糕"将与外资企业平等分享,一些充分竞争的产业还有可能受控于外资企业。与此同时,随着中国对外开放不断深化,中国与世界的政治经济联系将更加紧密,中国所有的产业都将直接面对全球市场的起伏波动,一荣俱荣、一损俱损,特别是对于一些准入门槛较低且充分竞争行业的中国中小企业来说,它们的核心竞争力、资源配置能力、机遇把握能力和风

险控制能力远不及跨国企业，因此对这些企业来说，高水平开放所带来的竞争和挑战远远大于机遇。

（二）中国企业将同时面对来自全球产业链低端和高端的双重挑战

中国企业目前在全球价值链总体上处于中低端。改革开放之初，中国依靠劳动力、土地、环境等低成本要素融入了国际分工格局，承接了发达国家的转移产业。从最初的"三来一补"到后来的三资企业、出口加工，主要通过承接发达国家不盈利或前途不大的产业和生产能力来嵌入西方发达国家主导的全球价值链。随着国内要素成本的升高和中国向价值链高端攀升，中国在全球价值链低端遭到发展中国家的激烈竞争，而在价值链高端受到了发达国家的强烈挤压。

中国价值链低端产业将受到发展中国家的挑战。随着中国经济快速发展和国内外环境形势的变化，中国经济发展要素条件已经发生了显著变化：中国劳动力价格迅速上涨，相对于其他发展中国家已经不再具有明显的劳动力价格优势；土地要素价格过快上涨，房地产对经济增长的拉动占比过高，投资设厂土地成本居高不下；环境保护对经济发展的约束越来越高，资源环境约束对经济发展形成强大的制约；从税收等优惠政策看，中国目前正在推行准入前国民待遇和准入后各市场主体的平等地位，外资在中国所享受到的超国民待遇将会被取消，相对于其他发展中国家税收等优惠政策，中国已不再具有竞争优势。因此，中国企业在全球产业链、价值链低端的竞争优势将逐步降低，面临着来自发展中国家的严峻挑战。

在全球分工格局中，中国企业在迈向全球价值链中高端的过程也受到了发达国家严峻挑战。通过四十多年来的快速发展，中国企业在科技、产业等领域取得了全方位进步，在5G、高铁、核电、特高压输变电、互联网等一些领域还取得了重大进展，中国通过以市场换技术的战略得到一定程度的实现，中国企业开始向全球价值链中高端攀升，并取得一定进展。但是，美欧日等发达国家企业正是依靠在科技领域的巨大领先优势，享受科技垄断带来的超额利润，不会甘心将全球科技的制高点和产业链、价值链的高端拱手让人。中国企业在高科技领域与美欧日等发达国家企业相比还处于弱势地位，如果美欧日等发达国家联手全方位展开对中国科技和制造企业的打压和封锁，在产业链、价值链构筑壁垒，将会对中国实现对发达国家的赶超、实现向全球价值链中高端迈进造成严重困扰。

（三）高标准国际经贸规则的挑战

按照世界自由贸易体系的既定规则，发展中国家加入全球经贸体系时，由于经济发展程度较低可以享受一定程度的保护。2001年，中国以发展中国家身份加入世界贸易组织，享受了较长时间的过渡期和优惠权益。目前，新一轮高标准全球贸易规则的出现对中国企业构成巨大挑战。无论是日欧建设的零关税自贸区、美欧零关税自贸意向还是美日欧未来要建设的自贸区，在经贸规则上都远远超出一般自贸区要求。日本牵头制定的CPTPP经贸规则所覆盖的领域、所制定的规则都远远超出了世贸组织的一般规则,甚至牵涉国家经济主权。

对于中国等新兴市场国家来说,零关税自贸区和CPTPP高标准国际经贸规则的出现是一个严峻挑战。中国作为发展中国家,如果不能与欧美日发达国家融合发展,将不利于中国实现经济发展的追赶。如果与美国等西方发达经济体脱钩,以中国现有经济科技实力和全球影响力,要实现产业升级和打造全球价值链将非常困难。如果要完全适应新一代高标准贸易规则,将对中国的经济利益和产业安全带来严峻挑战。

(四)发达国家对中国发展模式不认同的挑战

不同于发展中国家对中国发展模式的认同,部分发达国家虽然和中国有很密切的贸易关系,但是对中国的发展模式并不认同,并不时对中国进行批评,甚至在世界和多边经贸规则的制定上有意针对中国。

对中国发展模式的不认同首先表现在不给予中国市场经济地位上。目前已经有80多个国家提前承认了中国市场经济地位,但欧盟、美国、日本、加拿大等主要发达国家和地区一直拒绝承认中国市场经济地位。这些国家依据国内标准和意识形态偏见,主观认定中国仍然是一个非市场经济国家。

中美贸易争端热点问题之一就是中国国有企业补贴问题。美国对中国国有企业身份长期存在偏见,认为中国实行的是国家资本主义,政府通过权力控制了国有企业,从而国有企业具有公共机构的性质。中美关于国有企业补贴问题已经博弈了十余年。针对美国对中国的大量反补贴措施,中国政府积极应诉,利用世贸易组织的争端解决机制据理力争,并在有关案件中得到世界贸易组织上诉机构的支持。虽然美国在世贸组织中并没有得到更多支持,但对中国双边贸易仍然继续施压。尤其需要注意的是,美国在新一轮贸易规则制定中,着重提出国有企业补贴问题,在美国与欧盟签订零关税区意向、日本主导的CPTPP协定中都有许多关于国有企业的专门条款,这些都将对中国国有企业参与国际市场竞争带来不利影响。

四、中国高水平对外开放的重大机遇

中国高水平对外开放是中国经济高质量发展的必然需要,具有多重战略意义。高水平对外开放将展示中国崛起强大的自信,既可以有效避免中国企业对西方资本、技术和市场的过度依赖,提升中国企业的整体自信,同时又有利于提升中国经济的效率、韧性、相关性和融合性进一步密切中国市场与全球化的紧密关系,有效避免美国等西方国家的围堵打压,构建均势平等、互惠互利、唇齿相依的新型大国关系。

中国高水平对外开放具有许多特有的发展机遇。抓住这些机遇,不仅可以推动中国经济持续高质量发展,还可以大幅提升中国的国际地位,不断提高中国对全球经济增长、贸易、投资、技术进步的贡献率,加快缩小与美国等西方发达国家的发展差距,提升中国在地缘政治和世界治理中的话语权,更好带动"一带一路"沿线欠发达国家的经济社会发展,为打造人类命运共同体作出更大贡献。

目前世界治理的框架和体系是第二次世界大战以后在美国主导下建立起来的，70多年来全球格局发生了深刻变化，现有的治理体系和治理框架已经不能满足世界发展的需要，特别是不能满足发展中国家在全球治理上的需求。2008年全球金融危机后，世界贸易组织在推动全球经济治理上已力不从心；另一方面是新冠肺炎疫情后，各国双边和区域贸易逐步兴起，导致全球经济治理碎片化。中国作为新兴国家的代表，有能力有资格代表发展中国家推动全球治理体系变革，提高中国在世界治理体系中的地位。

中国作为发展中国家的代表，综合经济实力仅次于美国，但仍需要进一步从中等收入国家向高收入国家转型升级。中国企业需要充分利用国内国际两个市场、两种资源，构建国内国际双循环的发展格局，打造以中国企业为枢纽的全球产业链、供应链和价值链。中国企业若要顺畅"走出去"并成为全球市场的主导性力量，需要在全球治理体系尤其是经济治理体系中有足够的制度性话语权，从而创造更加有力的外部环境。在当前美国大规模退出全球经济治理体系的情况下，中国企业在全球治理体系中发挥更大作用的时间窗口已经出现，中国企业需要果断抓住这一历史性机遇，制定正确的发展战略策略。

五、中国高水平对外开放与新发展跨越

中国过去40多年的改革开放和经济快速发展离不开对外开

放。中国企业利用国家高水平对外开放的机遇，一方面可向外部寻求优质资本、高新技术、广阔市场和稳定资源；另一方面可向内扩展多元市场空间，为内循环发展提供可供选择的回旋空间。

（一）优化产业布局，调整区域经济结构，更好发挥产业集群对区域经济发展的牵引和带动作用

产业集群是现代企业和现代产业发展的重要组织形式，不仅是区域经济发展的主导性力量，而且是国际经济竞争的战略性力量。与分散的产业发展模式相比，产业集群能够实现规模效应、集聚效应和雁阵效应，降低生产成本和交易成本，形成整体竞争优势，更有利于各企业之间的竞争合作并激发创新活力，推动企业技术创新、组织创新和制度创新。

改革开放以来，中国已经逐步形成了以京津冀、长三角、粤港澳大湾区、成渝地区四大核心城市群为枢纽定点，以高铁、高速和机场所编织的交通网络和5G通信网络连线合围形成的稳定结构。优化区域产业布局，是发挥中国企业集群效应的重要路径，也是推动形成中国全面开放新格局的内在要求。

新发展格局将重塑中国产业集群形态和产业空间布局。在全球价值链层面，中国的东中西部城市群及其所构建的产业集群将致力于打造具有全球竞争力的产业集聚区，承担起面向全球市场开展高端产业竞争的使命。四大城市群需要通过高水平开放从国际市场获取产业发展所需的先进知识、高端市场和高新技术，推动国内各城市群的升级，实现产业升级和价值攀升，这既是中国高水平开放的重要内容，也是中国企业实现新发展跨越的重要路径。

（二）重新认识资本的价值创造能力，充分利用资本要素力量实现中国企业的新发展跨越

改革开放 40 多年来，中国取得了令世界瞩目的辉煌成就，中国资本市场的建立和对资本的有效利用是这个进程中浓墨重彩的一笔。通过引入全球资本发展中国产业经济，帮助中国快速聚集社会财富并扩大国家资本，实现了从资本短缺到资本相对过剩的巨大飞跃，资本要素以其独有的杠杆力量，撬动了中国经济腾飞的车轮，给中国经济发展注入了无限活力。资本具有许多特殊属性，中国经济的高质量发展和中国企业的新发展跨越都需要用好资本要素的力量，发挥好资本在资源配置中的杠杆作用和效率优势，实现中国企业又好又快地发展。

全球资本在中国对外开放的政策驱动下进入中国，带来了活力与动力，也带来了竞争与合作。中国改革开放的进程也是中国资本市场发展成熟和资本高效利用的过程。中国社会资本的唤醒和海外资本的注入，推动了中国企业实现了快速成长，增强了中国企业的创新能力和核心竞争力，帮助中国企业建立起现代企业制度，帮助中国企业实现了第一次历史性整体发展蝶变，也催生了一大批具有全球竞争力的世界级企业。

中国在较短时间内跨越资本短缺的发展阶段并快速成为资本相对过剩的国家，在发展中国家史无前例，当务之急是有效引导中国资本市场健康发展，正确认识资本特征和行为规律，充分发挥资本作为生产要素的积极作用，同时有效控制其负面影响，防止资本无序扩张。当前，中国企业生产要素错配或低效配置现象仍大量存在，企业生产率提升在很大程度上受到资源配置效率影响，资源错配将显著降低企业整体生产率水平。资源配置效率决定了企业内部要素结构优化程度,过度的投资或过少的投资都会使企业的技术路径偏离要素的自然结构,使企业劳动力配置失衡失效,因此资本深化在一定发展阶段对一些企业和产业生产率提升作用超过技术进步。

资本具有集聚性、渗透性、扩张性、创造性和逐利性,资本不足往往是阻碍经济发展的"门槛",而资本配置效率不高则是制约企业做大做强的"瓶颈",资本形成效率对经济效率会产生直接影响,深化对资本属性的认识对促进中国企业生产率提升具有重大意义。在新发展格局下,中国将持续推进自贸试验区和自由贸易港建设,为中国企业新发展跨越输送优质的全球资本。作为中国经济最重要的资源配置场所,中国资本市场将成为中国企业实现新发展跨越的重要抓手。

(三)提升中国企业全要素生产率,塑造对外开放新优势

全要素生产率通常指人力、物力、财力等多种资源开发利用的效率。企业全要素生产率与国家经济增长高度相关,从世界平均水平来看,企业全要素生产率增速加快时,经济增速也加快,企业全要素生产率成为决定一国经济是否具有未来增长性的标志性指标。从企业发展的角度来说,企业全要素生产率与资本、劳动等要素投入都贡献于企业的利润增长和可持续发展。

历史经验表明,工业革命最重要的影响在于社会生产效率的大幅度提升,而社会生产效率差异是国与国之间的最显著差异之一,一个国家的经济能否转型升级成功,往往取决于其社会资源配置效率的高下。国家统计局的数据显示,2020年中国GDP是

美国的70%,但全要素生产率是美国的40%,是德国的44%,是日本的62%。不仅低于发达国家,也低于俄罗斯、巴西和印度等新兴经济体与美国生产率之比。不过,2021年中国的全要素生产率得到提升,目前是美国的43.3%。如果中国资源配置效率在当前基础上翻一番,那么中国GDP将更快超越美国。

改革开放以来,中国企业全要素生产率的快速增长曾是中国经济高速增长的主要动力之一。1978—2017年,中国企业全要素生产率年均增速约为3.5%,对经济增长的贡献率平均为36%。但2008年全球金融危机以后,企业全要素生产率增速总体呈现下降趋势,对经济增长的贡献率已下降至30%以下,如果继续下降,将无法满足新开放格局条件下激烈的市场竞争。培育中国企业增长新动能,必须从提升全要素生产率着手,使中国企业的成长路径逐步转到更多依靠提高全要素生产率发展的轨道上来。提升中国企业的发展质量,本质是要提升中国企业资源配置效率和全要素生产率。

(四)优化对外贸易和跨境投资区域分布,化解过度依赖少数国家贸易投资和经济"脱钩"的风险

2018年以来,美国所发起的大规模贸易战、科技封锁战,以及在中国民族及主权问题上的种种挑衅行为充分证明,中国不能过度依赖美国市场和美国企业所主导的全球科技成果和战略资源。

在新开放格局下,中国企业需要高度重视战略性资源的获取渠道,确保产业链条安全可控,努力抵消西方少数国家企图与中

国企业"脱钩"的风险。面对外部脱钩压力,中国政府不断寻求其他双边或多边的自由贸易和投资协定,特别是区域全面经济伙伴关系协定(RCEP)和中欧投资协议。在国际多边组织中,对中国影响最大的还是世界贸易组织。中国首先需要坚持维护世界贸易组织规则,促进世界贸易组织深化改革,提高其统筹协调全球自由贸易的能力及范围;其次要积极推进 RCEP、中欧投资协定,持续推进"一带一路"倡议,加强与俄罗斯、东南亚、非洲、南美洲等新兴经济体的双边合作。

无论是"走出去"还是"引进来",中国企业在新开放格局下的投资行为都应当充分考虑国家安全、国家利益和国家战略,这也是保障中国企业产业链安全的前提。中国企业需要优化进口结构,合理缩小贸易不平衡和贸易顺差。一方面满足国内高质量多样化需求,扩大国内消费市场;另一方面为世界经济注入更多来自中国的发展动力,提升中国对世界经济发展的贡献。

(五)充分发挥存量资产的巨大经济潜力,不断创造新价值,推动中国企业实现新发展跨越

中国企业经过改革开放 40 多年的快速发展,已经积累了数以万亿计的庞大资产,这是一笔巨大的社会财富,是中国企业历史性整体发展蝶变的成果积累,也是中国企业未来实现新发展跨越的重要物质基础。

在中国高水平对外开放的大背景下,中国市场还将吸引来自全球大量资本、跨国企业和先进技术,这些资本、企业和技术的快速涌入将导致中国市场竞争更加激烈,成为影响中国企业资产

配置和更新的重要杠杆。科技和资本不断催生新的产业，资本的逐利性使资本在不断迭代的新产业之间频繁流动。如果中国企业庞大的存量资产能够得到充分利用，可以为国家和企业继续创造巨大价值；如果资产管理不当、利用不好，就会变成"休眠"的闲置资产，大量闲置资产会不断贬值，成为企业发展升级的"包袱"，吞噬企业的经营收益，增加企业额外的管理成本，拖累企业技术升级的速度，降低企业资源配置的效率。

中国企业的庞大存量资产以各种自然形态存在，其潜在价值往往没有被充分挖掘和利用，沉淀资产、休眠资产和低效资产成为闲置资产和无效资产，严重影响中国企业整体资产的高效使用。一些中国企业不能适应科技进步的要求，长时间不进行技术升级改造，技术进步速度远远超过资产更新速度，使一些资产不得不被搁置以至提前淘汰。在高水平对外开放、碳中和和碳达峰、智能制造革命等多重因素叠加影响下，中国企业还将加快形成大量闲置资产或搁置资产。

沉淀、休眠、低效、无效等闲置资产的形成有多种因素，盘活闲置资产需要区别不同情况，采取有针对性的相应措施，以资产产生效益最大化为目标，进行资产分类、资产分离、价值评估，并通过推动资产分离重组资本化和证券化，打破时空、地域和行业界限，逐步发掘存量资产中的巨大潜力，从整体上盘活中国企业的存量资产。

建立全国性的产权交易市场，指导协调企业之间的资产重组出让交易，同时引导、培育和建立以闲置资产为主的产权交易市场，规范企业资产产权交易行为，有效化解交易风险，防止国家战略资产和国有资产流失。

采用租赁、兼并、拍卖等方式，盘活闲置资产。通过融资租赁或经营租赁方式对外出租闲置资产，既可增加出让方的经营收入，又可以减少承租方大量固定资产一次性投入，提升资源利用的效益和效率。

引入特许经营权拍卖模式，盘活公共事业闲置资产。政府特许经营权是指经特定程序而获得的对有限自然资源开发利用、公共资源配置以及直接关系公共利益的特定行业的市场准入权。由国家或地方政府投资建设的水电站、机场、高速公路等国有资产在完成折旧计提后，仍然具备较高的市场价值和经济效益，政府可以通过拍卖的方式再次租借或出让特许经营权，进一步提升国有资产的使用效率，实现国有资产的保值增值。

创新金融产品，设置多种资产投资方式，挖掘资产中的资本价值。将所有闲置资源明确产权变为资产，将资产的多重价值与实际价值区分，不断进行股份化、金融化和证券化，使其在不同企业、不同投资主体间顺畅流动，可以进一步提升存量资产的资本价值和市场价值，为企业创造新价值，为行业提供新产品和新服务。

对中国企业各类闲置资产的有效管理与合理利用是一项复杂的创新型工作。中国企业应充分利用国家高水平对外开放的发展机遇和政策红利，对巨额存量资产进行深入研究和有效利用，通过资产的拆分、重组和优化配置来高效利用资产并分离存量资产风险、提高资产价值和资产收益，形成新的财富创造沃土，为中国企业实现新发展跨越助力。

中国正处在一个新的历史发展起点，正在努力朝着发达经济体和社会主义现代化强国的方向前行。中国高水平对外开放，重在增强中国企业的整体竞争力，这也是中国企业实现新发展跨越的题中之义。中国企业需要以更加自信、开放的姿态和能力去有效应对国际单边主义、贸易保护主义和霸权主义，用中国企业强大的实力和共赢的发展实践去赢得更多的国际支持，促进中国更高水平、更加有效的对外开放，为全面建设社会主义现代化强国注入强劲动力。

重企強国 ②

第四部分

中国企业蝶变与跨越的全球影响和世界价值

★ 第十四章　现代企业改变世界
★ 第十五章　中国企业与世界经济相互塑造
★ 第十六章　后疫情时代，中国企业的世界责任
★ 第十七章　以全球价值回应世界期许

纵观人类社会发展和文明演进的历史过程，工具、能源、材料、技术、制度、企业都曾经多次改变世界并长期主导人类文明发展的方向和路径，塑造了不同时代的社会主体技术群、经济发展范式和社会生活方式。在上述众多改变世界的关键要素和重要力量中，现代企业具有连接聚合多种要素并赋能、倍增各要素功能的作用，是人类改变世界、推动人类文明发展进步的一种强大组织、特殊工具和综合性力量。

中国共产党带领中华民族百年复兴的伟大事业，中华人民共和国成立70多年来的伟大建设成就，改革开放40多年来震惊世界的经济高速发展和全面脱贫实现小康的发展奇迹，都离不开对现代企业这一伟大制度、强大组织、特殊工具和重要力量的创新发展和有效利用，离不开中国企业作出的重大贡献。

中国自古以来就是世界大国，对周边国家乃至世界都天然地具有政治、经济和文化影响力，中国与世界一直存在着相互影响、相互依赖、相互成就、相互塑造的特殊关系，而且随着中国的日益强大，这种关系越来越紧密。中国企业的曲折发展历程、拼搏奋斗精神、强大内生动力、集体理性自觉、卓越组织动员能力、超强生产制造能力和超大经济规模实力，决定了中国企业的发展蝶变不仅是中国崛起强大、中华民族伟大复兴的重要组成部分和强大整体性推动力量，也是世界经济繁荣发展的重要引擎和主要支撑，因而具有广泛的全球影响和巨大的世界价值。

中国企业的发展强大与世界经济既互为联系也相互影响，既相互推动也相互成就，中国企业的新发展跨越与世界经济格局的调整和重组将是一个相互塑造的强互动过程。新冠肺炎疫情和俄乌冲突已经导致全球政治经济格局发生深刻变革,全球"六链"[1]正经历重大调整、重构,中国企业理性应对、智慧选择、主动作为、勇毅前行必将对后疫情时代的世界经济复苏和繁荣发展产生重大而深远的影响。

中国企业新发展跨越既对全球经济发展产生重大影响,也理应对世界经济复苏和更加可持续的经济全球化负有责任,给世界各国带来更多发展机遇、经济红利和普惠福祉,促进人类社会的发展进步,中国企业的新发展跨越具有重要的建设性意义和普惠红利,必定会得到世界的认可、欢迎和支持。

---

1 六链:产业链、供应链、价值链、技术链、创新链、数据链。

第十四章
现代企业改变世界

　　在改变世界的多种要素和力量中，现代企业的功能和力量最为强大，现代企业作为人类的一项伟大创造，其内涵属性不断丰富发展，其功能作用不断拓展延伸。中国是世界大国，中国的崛起强大和民族复兴离不开现代企业的蓬勃发展，现代企业是富强中国的主要力量，也是中国连接世界的最佳枢纽，是中国与世界各国沟通对话、共同建设人类命运共同体的"通用语言"。进一步深化认知现代企业的本质属性，科学利用和充分发挥现代企业的功能与作用，是中国企业在新发展跨越过程中需要深度思考并积极实践的时代课题。

一、改变世界的关键要素

　　追溯人类文明从缓慢萌芽到飞速发展的进步历程，可以发现在推动人类文明发展进步的众多要素中，工具、能源、材料、技术、制度、战争、文化、资本、教育和企业等都是其中的关键要素，这些关键要素既相互独立又相互作用，共同或交替推动人类文明进程以螺旋上升方式向前发展。

以材料要素为例，材料在人类历史发展中不仅推动了文明进步，而且定义了不同的时代。数千年前，铜、铁、金、银等金属及其冶炼技术深度推动了人类文明的发展进程，战争、农业、经济皆因此而加快了发展步伐。近代以来，人们又从石油炼化中得到塑料和多种化工材料，进而塑造了今天的世界。在人类文明进步的长河中，一种新材料的出现和利用，常常能够促进社会生产力的发展，推动时代的变迁，加快文明的进步。一些对人类文明发展具有举足轻重作用的材料，甚至被历史学家作为划分时代的重要标志。从石器到青铜，从青铜到黑铁，从黑铁到精钢，从精钢、特殊合金、塑料化纤、复合材料、半导体材料到纳米材料、超导材料，每一种材料的发现、生产和推广应用都极大地改变了世界，促进了人类文明的融合、发展与进步。任何一种新材料的发明和应用都会形成一种全新的产业、全新的经济和全新的生活方式，并塑造了世界的面貌，材料科学更是被视为现代科学技术的支柱之一。人类通过改变物质的微结构而改变物质的属性，获得一种超出常规物质结构限制的具有自然界物质所不具备的特殊性质的超常规材料，使用这些超常规材料可以制造出我们难以想象的改变世界的工具和产品。科技的不断进步不断催生出具有特殊功能作用和更高价值的新型材料，比如，石墨烯超导和纳米材料，能够让照射到这些材料上的微波和光线弯曲，从而实现物体隐形。这些具有特殊属性和功能的新材料不仅帮助人类创造了一个又一个伟大工程和伟大产品，极大提高了人类自身的能力，而且不断改变着世界的面貌，将人类文明不断推向新的发展阶段。在人类文明的发展史上，材料曾经多次改变世界，未来仍将如此。

能源是推动人类文明发展进步的重要动力，也是标记文明进步历程的刻度，是改变世界的又一关键要素。纵观人类社会每一次能源革命，都带来了社会生产力的巨大飞跃和经济发展范式的重大变革。18世纪，煤炭的开发利用催生了以蒸汽机为代表的第一次世界工业革命，并形成了与煤炭开发利用为社会主体技术群的经济发展范式。19世纪60年代，石油取代煤炭，直接带动了汽车、航空、航海、化工等现代工业的发展，对世界经济起着支撑性的作用，并形成了以石油化工为核心的社会主体技术群和经济发展范式。当今世界正处在以绿色、低碳、智能为标志的新一轮能源革命进程之中，世界环境以及气候变化使人们越来越重视能源的开发利用方式，低碳化甚至无碳化逐渐成为未来能源发展的方向，正在或即将形成以清洁可再生能源开发利用为社会主体技术群的经济发展范式。这个变化过程不仅将推动以水电、风电、太阳能、核能等非化石能源相关产业的快速发展，而且将给人类的生产生活方式带来颠覆性的改变，进而推动社会文明新的进步。从钻木取火到利用原子能，社会主体能源的改变和能源开发利用技术的发展与进步一直是人类文明进步的阶梯，推动着经济社会发展、科学技术进步、文化教育昌明，成为支撑人类工业文明大厦的基石，能源在人类文明发展进步过程中始终扮演着不可替代的基础性作用。

科技也是划分时代和文明的重要标尺，是改变世界的又一关键要素和强大力量，曾多次主导了世界的发展。18世纪后半叶到20世纪末，世界先后发生了三次科技革命。三次科技革命都使人类社会的生产方式和生活质量发生了翻天覆地的变化，同时也引发了社会革命，塑造了今天的社会形态。人类社会从农耕庄园、手工工场走进"蒸汽时代""电气时代"，再到"信息时代"，每一次科学技术的进步与创新都伴随着社会生产力的重大变革和飞跃发展、社会生产关系的改革重构和经济发展范式的改变重塑，都促使世界面貌发生了巨大而且深刻的变化，可以说科技是推动人类文明进步的原动力，科学技术的不断突破和发展进步，使人类因此不断获得体力的解放、智慧的放大和生命的延伸。

通过制度创新推动人类文明发展进步是人类的一大独特创举。人类文明是典型的制度文明，人类文明的进步史也是一部制度文明的演进史。从氏族公社制度到原始奴隶制度，从封建君主制度到民主共和制度，从资本主义制度到社会主义制度，在人类文明发展进步的历史长河中，不断有新的制度创生、发展、兴盛，也不断有旧的制度完成历史使命而被淘汰，人类文明就是在这种制度文明的螺旋上升循环中不断开启一个又一个新的时代，这既是优胜劣汰的自然法则，也是人类有意为之的制度创新，更是人类文明生生不息的动力之源。资源有限而制度无限，资源有形而制度无形，资源有价而制度无价。制度仅仅是通过规定人可以做什么和不可以做什么，就释放了人无限的创造力，制度既规范了人的行为，又提升了人与人的凝聚力，同时又约束了人性中自私自利的弱点。人类社会一切领先都可以归功于制度的领先。自然资源与生产要素只有借助制度之手的安排，才能以最佳结构、最优配置发挥最大效能,科学的制度设计是奠定领先优势的前提。制度具有塑造、提升、赋能的强大力量,制度的优势就是国家的优势,制度强大则国家强大。制度是一种行为模式,使人们能够获得稳定的社会承诺,为社会关系和利益的明确化提供人们所认可的程序和形式,制度还是一种规范,是节约人与人之间互动交易成本的一种设置。制度赋予了人一种"预期",这种预期既包括对未来希望和收益的预期、对未来风险的预判,也包括对未来人行为稳定的预期,这极大提高了人类改变世界、推动文明发展进步的动力和能力。创造设计和有效利用制度是人类改变世界塑造未来的一大创举和成功路径。股份制作为现代企业制度最重要的基石之一,其价值就在于充分体现了制度对"预期"的规范和激励投资未来的作用。

工具的发明与创新是人类文明发展进步历程中最重要的推动力量之一,人类时代的划分在相当长的一段时间里一直以工具命名,如石器时代、青铜时代等。从杠杆到车轮,从算盘到计算机,从车床到智能机器人流水线,工具的发展创新和大规模应用不仅促成了科技的萌芽,也标志着人类自主发展自身的开始。人类一旦开始有意识地改造周围世界,工具进步就成为人类社会进步的前提。纵观科技发展历程,可以发现人类对工具的发明掌握,实现了从物质到能量再到信息的三次重大跨越。工具不仅塑造了文明、发展了文明,更拓展了人类文明的边界,从旅行者号探测器到粒子对撞机,人类文明和认知的边界随着工具的发展而向极宏观的宇宙深处和极微观的物质本源延伸。人类通过发明和创造不同的工具,极大加强和拓展了人类自身的生物属性和生理能力,同时极大提高了人类认识世界和改造世界的能力。

在人类文明形成发展和改变世界的过程中，材料的发明、工具的使用、能源的迭代、科技的进步、制度的创新、文化的昌明一直是推动人类文明进步与快速发展的关键要素和重要力量。长期以来，人类一直在寻找一种能够集成、扩展和提升这些要素的功能和力量的载体或组织，而现代企业以其强大功能属性满足了人类的发展需要。

二、改变世界的强大组织和特殊工具

人们对一项事物越熟悉，对这项事物的理解就越容易被局限在其最熟知的某一项或几项功能上。我们通常认为拉链只是服装的配件，但往往忽略了拉链最本质的属性是便捷、高效、稳定的连接枢纽；我们通常认为能源是提供一切动力的原料，却忽略了能源最本质的一个属性是构建并锁定了人类社会一定时期内社会经济发展的基础和范式；我们通常认为现代企业是生产产品、提供服务、创造价值、积累财富的经济组织，却常常忽视了现代企业其他多种特殊属性和重要功能作用。

在《重企强国》一书中，我们曾尝试提出了现代企业在传统经济学视角之外的六条本质属性，即融合多种制度文明集萃的集合性，跨领域、全要素的连接性，基于元理念特质的衍生性，创造新价值和财富的经济性，以永恒发展为内生动力的发展性，以集体劳动、社交平台、精神家园、情感依托为载体的社会性。今天看来，现代企业的本质属性、功能作用可能还远不止于此，现代企业所特有的强烈吸引力和巨大魅力值得我们继续深入研究、科学认知并创新发展。

现代企业是人类改造世界、塑造未来、创造美好生活的强大组织和特殊工具，是推动人类文明发展进步最强大、最直接、最有效的力量之一。在改变世界的众多要素中，迄今为止还没有一种要素像现代企业这样，能够集成多元功能、多重属性和多种价值于一身，并能够将众多要素连接聚合在一起，形成更加强大的改变世界的力量。现代企业的多元功能主要表现为连接功能、创造功能、创新功能、盈利功能、经济功能、政治功能和社会功能；其多重属性主要体现为连接枢纽属性、制度集合属性、无界经营属性、特殊工具属性、盈利创富属性、创新发展属性和强大力量属性；多种价值主要表现为：创造物质产品财富并满足人民生活需要的价值，创新需求服务并提高人民精神追求的价值，变革产业、影响思想并塑造未来的价值，推动经济发展、促进社会进步并改变世界的价值，服务践行国家战略，推动国家崛起强大和民族复兴的价值。现代企业通过特殊功能属性和综合强大力量在全球构建了庞大的企业组织网络，并在此基础之上形成了全新的生产体系、经济体系和社会生活体系，塑造了当今世界的基本面貌，形成了人类社会文明的新形态。现代企业作为人类创造的最重要的有形组织工具和无形制度工具，与工具、材料、技术、能源、制度等关键要素相比，现代企业最独特的优势在于其不仅具有多重功能属性，还在于现代企业是人类为满足自身无止境发展需求而创造的一种具有无止境发展属性的特殊工具和强大力量。

现代企业作为一种特殊组织，不仅具有可以集成工具、材料、技术和制度等要素的特殊优势，还可以将这些关键要素集成、融合起来形成一种更加强大的综合性整体力量。随着工具、技术、材料和制度要素各自的发展进步，现代企业能够通过改变这些要素之间的连接方式、组合方式、聚合方式、融合方式将其吸收转化为企业自身的发展能力，而千千万万家企业所形成的产业链、供应链、价值链和生态圈，又将这种功能和力量以几何倍数倍增，最终放大为改变世界推动人类文明进步的强大力量。

如果说工具改变世界，材料塑造世界，技术进步世界，制度文明世界，那么现代企业的作用就是连接世界、繁荣世界、创新世界和富足世界。现代企业自身也成为人类文明的一种新形势和新形态，成为一种特殊的组织、特殊的制度、特殊的工具、特殊的力量和特殊的价值，这是现代企业能够对人类文明和人类社会产生深远影响的根本原因所在。

三、跨越国界的塑造性力量

古往今来，发达的商业、兴盛的市场和充足的商品供应都是一个国家和民族兴旺昌盛的重要标志，因而西方经济学界通常用GDP来衡量一个国家的综合国力和发展潜力，无论哪种社会制度，这一评价标准都具有客观公正性。现代企业的发达强大与国家富强、人民富裕具有高度的正相关关系和直接因果关系。现代企业是跨越意识形态和国家社会制度的塑造性力量，每个国家和民族都有利用现代企业实现发展富强的需要。因此，每个国家都有利用现代企业、发展现代企业的责任和需求，而深刻认识这一点是充分利用和发展现代企业制度的前提和基础。

按照英国经济学家安格斯·麦迪森的计算，公元1500年左右，中国是世界第一大经济体；公元1820年，中国经济总量占世界经济总量的32.9%，远高于欧洲国家的总和；但到了1870年，中国经济总量占比已下降至17.2%。1894年美国经济总量超越英国跃居世界首位并一直保持至今。2021年，中国经济总量占全球经济总量的比重约为18%，美国经济总量占全球经济总量的比重为24.4%，中美之间的差距正在不断缩小，中国的崛起强大和民族伟大复兴是历史的回归和时代发展的必然。

在国家资源禀赋既定的前提下，现代企业是整合和聚合多种要素资源的重要工具和有效手段，相比于发展高端科学技术、普及基础教育等提升国家发展基础实力的长远战略"工具"，利用现代企业这个特殊工具是较为简单、见效最快，并且能够撬动、赋能更多社会资源的现代化"杠杆"。近代以来，世界每一个国家的现代化进程都离不开现代企业，创办现代企业、发展民族工商业成为所有国家自立、民族自强的标志。

在现代企业中，中国国有企业在具有现代企业的经济属性和特殊的工具属性的同时，还具有非常鲜明的政治属性。中国国有企业是中国共产党执政的重要物质基础和经济基础，是党和人民信赖依靠的重要力量，是国家之间竞争合作、捍卫国家权益和进行国民经济宏观调控的重要手段，是实施国家战略使命、满足国家发展需要的重要载体，是国家经济主力军。国有企业坚持党的领导，坚决履行国家赋予的使命责任和主责主业，在国家和人民需要的时候，国有企业会不惜一切代价地发挥支撑和托底作用，这是国有企业特别是中央企业区别于其他所有制企业的本质属性和安身立命之本。正是由于中国国有企业的鲜明政治属性，中国国有企业的组织结构、功能属性、地位影响、职责任务和运行规则不同于西方现代企业，也有别于中国其他所有制企业，中国国有企业的成功发展是现代企业制度在中国的一项重大制度创新成果。

一个不重视教育的民族是没有未来的民族，一个不重视现代企业的国家是永远贫困的国家。国家要先富足才能强大，一个生活在富裕强大国家的人民才能享有尊严，人民对美好生活的向往才能不断得到满足和实现。

现代企业改变世界的力量是其本质属性所决定的，而现代企业属性都是现代企业这个特殊组织所固有和其发展规律必然所致，我们不能将一切善良与美好的进步愿望都归寄托于现代企业的创造和创新，也不能忽视现代企业有意或无意的"作恶"。因为现代企业的创造和创新从本质上都是利益驱动的结果，而非道德、价值选择的产物。正如直流电的发明者爱迪生并非不知道交流电的优势，但是商业上的巨大利益还是驱使这位伟大的发明家以企业家的身份不遗余力地阻挠西屋公司的交流电业务。美洲新大陆的发现是全球化的进步，但却是美洲原住民的灭顶之灾。巨人的脚下也有阴影，那些曾经改变世界的伟大企业和它们的伟大产品背后，也并非都是光环和鲜花，当今世界已经发生了现代企业力量不加约束而导致负面影响的案例。

自现代企业制度诞生以来，垄断与竞争始终是企业与社会博弈的焦点之一，也是人类社会试图驾驭现代企业的难点之一。充分竞争才能激活市场，通过竞争优化资源配置，实现优胜劣汰，提高经济运行效率，也倒逼企业不断创新，改进技术和经营管理，进而推动经济发展和技术进步。世界上绝大多数的现代企业都追求对产业链、供应链、价值链的绝对控制力，对垄断有着天然地向往，因为绝对的垄断往往带来超额的利润。因此，大型企业不断将本应属于公开市场的交易行为极力内化为企业内部的生产环节，这虽然在一定程度上能够降低企业的交易成本和外部风险，确保经营稳定和可观收益，适度的集中能够给企业带来更高的效率和更低的成本，但过度集中往往走向绝对垄断、超额利润、更低效率、缓慢创新和内部交易。防止垄断最好的方式就是保护竞争，只有充分竞争才能始终保持理性对待企业的活力和市场的效率，才能实现现代企业和市场经济的可持续发展，并且培育真正的世界一流企业。

现代企业如同人们驯化的公牛，它为人类耕耘生活、生产富足、创造未来，但与生俱来的"野性"也无法阻止这头公牛闯入"瓷器店"，打破人类社会精致却脆弱的生活。所以，驾驭现代企业如同驾驭公牛，一方面需要用制度牵住牛鼻子；另一方面也要用皮鞭划定不可触碰的底线，防止科技、资本等寡头企业的野蛮生长，防止资本的肆意扩张，引导现代企业始终朝着有益于社会、有益于世界、有益于公平和共同富裕的方向发展。

第十五章
中国企业与世界经济相互塑造

中国企业以其在全球独一无二的数量规模、综合实力、发展潜力、特殊功能属性以及在经济全球化中的地位、影响和作用,决定了中国企业对世界经济具有特殊的影响力,同时也被世界经济所影响和塑造。这是中国企业新发展跨越具有全球影响和世界价值的特殊基础和深层原因。

中国企业的特殊地位、功能作用和责任担当客观上决定了中国企业的历史蝶变与时代跨越都具有全球影响和世界价值,但仍然需要中国企业以更高的胸怀境界和大国企业担当,承担起大国企业应当承担的责任和义务,主动发挥建设性力量,扩大全球影响,提升世界价值。

一、中国企业对世界经济繁荣发展负有责任

中国自古是世界大国、经贸大国、政治大国,是全球经贸

体系的发起者之一,中国现代企业是经济全球化的产物,自诞生以来就对世界经济的繁荣发展负有责任。中国企业的萌芽、发展与蝶变过程与经济全球化的发展过程始终相互连接、相互影响和相互塑造。中国自古以来就是世界经贸体系的重要枢纽节点,中国古代商业文明的兴盛是促成经济全球化发展的主导性力量。工业革命后,西方列强主导的经济全球化催生了中国现代企业的萌芽,让中国企业从诞生起就天然具备了与世界联通的基因。近代以来,中国企业通过近一个半世纪的艰苦奋斗,在社会主义新中国走进新时代的关键历史节点实现了历史性整体发展蝶变,从经济全球化的因变量升级为自变量,成为支撑和推动经济全球化的重要力量。中国企业新发展跨越不仅是中国企业面对世界经济变局主动推动的再一次整体发展飞跃,也是强大起来的中国企业对经济全球化的主动影响。

自汉唐至明清,中国就是亚洲地区最重要的文化高地、政治重心和经济枢纽,中国古代商业文明的兴盛为全球市场的萌芽提供了重要沃土,古代中国的商业组织与世界经贸体系在彼此需要、相互连接的过程中共同形成了今天的世界经贸格局雏形。

从中国的视角看世界,自西汉起,以中国为起点陆续开辟了陆上丝绸之路、海上瓷器之路和海上茶叶之路,通过建立以中国为中心的贸易网络和朝贡体系,不断巩固中国在东亚乃至世界经济领域的影响力,同时也以中国为重要节点构建了串联亚、非、欧、美四大洲多国的经贸网络和文化枢纽。中国的茶叶、丝绸、瓷器是热销全球的重要商贸产品,商贸的兴盛也促成了中国本土资本主义在明朝末期的萌芽,明朝中后期,中国迫切需要南美洲的白银以维系本身的银本位财税制度，据统计，西班牙在南美洲开采的白银有 2/3 运到了中国，南美洲白银输入的巨大波动也促成了明朝末期的财政危机，可以说世界经贸体系是明清王朝更迭、影响中国历史进程的重要因素之一。

从西方的视角看中国，地理大发现的重要动因之一，就是西方基督教世界迫切需要绕过盘踞中亚的奥斯曼帝国，打通连接中国和东南亚的海上贸易通道，但却南辕北辙地发现了美洲新大陆，可以理解为"为了连接以中国为中心的亚洲市场而意外地发现了新世界、连接了全世界"，西方列强通过血腥的奴隶贸易和香料贸易，构建了经济全球化的早期雏形，为了远洋贸易的需要，现代企业制度也在此期间逐步孕育成型；工业革命在英国开始后，英法等西方帝国主义国家为了将中国、印度和日本等亚洲国家拉入世界经贸体系，甚至不惜动用侵略战争去打开别国贸易大门，野蛮地瓜分全球殖民地，划分利益范围，用暴力强行推动经济全球化；第二次世界大战后，西方大型跨国集团逐步代替国家扮演起推动经济全球化的积极角色，不遗余力地将包括中国在内的发展中国家纳入其构建的全球产业链、供应链和价值链，作为本国产业转移的目的地和维持本国企业主导地位的重要手段。

当我们把视角从历史拉回现代，中国企业与世界经济正在以前所未有的紧密互动关系影响、塑造着彼此。在全球贸易舞台上，中国企业既是重要的世界工厂，也是重要的消费市场。中国在 2009 年成为全球最大的商品出口国，2013 年成为全球最大的商品贸易国，在全球商品贸易总额中的占比从 2000 年的 1.9% 增长到 2017 年的 11.4%，2021 年中国成为全球第二大商品消费市场，货物贸易总额连续5年全球第一，吸收外资保持全球第二。根据中国商务部的数据，2010年以来，中国本土以外，全球范围内的中国企业总数，已经从10 167家增长到37 164家，年均增速16%。其中许多中国企业已成长为全球性企业。据统计，目前中国有200余种主要工业产品的产量位居世界第一，其中，钢铁、水泥、化纤、化肥、煤炭的年产量比世界其他国家产量的总和还要多。

如果将世界经贸体系比作一部结构复杂、功能多样的机器，有些国家的企业受其整体规模、体量、实力的限制，只能发挥某一局部性的具体功能。中国企业背靠中国这个世界大国和全球最大单一市场，依靠中国企业庞大的群体规模、健全的产业体系和强大的综合实力，决定了中国企业天然地在世界经贸体系中担负着全局性、独特性和决定性的基础功能和维持全球经贸体系持续运转的关键作用，扮演着"缺一不可"的重要枢纽角色。

世界经贸体系可以看作是中国与世界、东方与西方相互需要、相互吸引、相互连接、相互塑造形成的"引力场"所构建，这种引力场就像一条条横跨大陆和大洋的线条，这些线条划过和影响范围所触及的所有国家都被吸引并纳入其中。中国作为亚欧大陆东端最大的国家，作为东亚文明的发源地之一，天然地就是跨大陆、跨大洋、跨文化的重要枢纽，也是世界经贸体系中不可或缺、不可替代的重要组成部分。

无论是明清时代的旧中国、幕府时代的日本，还是建国后一度长期奉行华盛顿孤立主义的美国，无论一个国家是选择自我封闭还是主动开放接入，经济全球化都会以或温和或激进的手段将其纳入其中,经济全球化的核心本质就是不断在更大的范围更多的维度上创造更多的连接。这种连接一旦形成,就不会因为某个国家的中途退场而终止,因为发展是人类共同的天然属性和本质需求,任何隔断连接、阻碍发展的行为都不会长久持续。

今天的世界经贸格局和经济全球化体系并不是某一个国家凭借其主观愿望和一己之力一蹴而就所推动形成的,而是由中国、罗马、印度、埃及、波斯等商贸文明古国,由葡萄牙、西班牙、荷兰、英国等地理大发现时代的海上贸易和殖民强国,由英国、美国、德国、日本等近代工业强国,由美国、西欧诸国、中国、日本等现代企业大国在长达数千年的时间里接续推动形成的,世界经贸体系的重心在亚洲、欧洲和美洲之间交替转移,每个国家都是经济全球化的重要参与者,都有其贡献和影响,但经济全球化不是哪个国家的私有财产和"后花园",任何国家都不能自诩为经济全球化的缔造者或是全球经贸格局的主导者。

不可否认的是,经济全球化从诞生起就始终被大国主导、强国操控,在经济全球化的发展历史上,英国、法国、美国等国家都先后扮演了国际经贸秩序主导者、规则制定者、争端协调者的角色。这一方面是大国、强国为了巩固本国企业在全球贸易体系中的优势地位、获取超额利润的利益最大化所驱动;另一方面,这种基于强国的经济、科技、军事等综合实力的主导机制,在协调国与国之间贸易争端,维护经济全球化方面也发挥了一定的积极作用。尽管这种强国主导的协调机制从来都是大国利益优先,但在强国的主导下,经济全球化是在一定的规则和秩序下维持并发展起来的;尽管这种规则和秩序从未实现过真正公平,但有效避免了国家之间无休止的贸易争端,维系了经济全球化的长期持续发展。

中国的世界大国地位使中国企业天然地承担着对国民、对周边地区、对全世界的责任,这种责任绝不仅仅是为了道义上的虚名,而是出于维护中国战略安全的现实选择。中华人民共和国成立后特别是改革开放后,中国迫切需要重建与世界经贸体系的连接,作为发展新中国生产力、繁荣社会主义市场经济、提升人民生活福祉、培育强国重企的重要手段。

中国企业是中国与世界相互连接的重要枢纽。在中国历史上,中国与周边国家和全世界沟通联系的途径是多种多样的,既有和平的商贸往来、文化交往、政治朝贡、宗教传播,也有非和平的军事扩张、战争冲突,这些都是中国与世界相互连接的枢纽,也是中国与世界相互认识的窗口。无论是商贸、文化、宗教还是军事,这些连接枢纽彼此之间都不是孤立的存在,而是彼此紧密联系和相互交织,比如古丝绸之路的商贸交往,就伴随着汉帝国在河西走廊的军事扩张,与匈奴和西域诸国的政治合纵,中原文明与西域文明的文化交流和宗教传播。

今天,和平与发展仍然是国与国交往的主流,中国企业扮演着中国与世界联系沟通的重要角色。麦肯锡曾分析了全球186个国家和地区的贸易对象,其中33个国家的第一大出口目的地是中国,65个国家的第一大进口来源地是中国,而构建这种经贸联系的桥梁就是中国企业。大到高铁、水电站、核电站、卫星发射,小到服装鞋帽,中国商品承载着中国设计、中国质量、中国文化传播到全世界。很多人可能一辈子都没有到过中国,但他一生中却使用过多件中国产品。从各国港口国际集装箱吞吐量看,权威航运报刊《劳埃德船舶日报》数据显示,全世界集装箱吞吐量前十大港口中有七个在中国,其中,上海以超过4 000万吨的吞吐量连续九年冠绝全球。

世界性是中国现代企业萌芽时所携带的天然属性和重要基因,尽管这种属性基因也是西方经济和军事侵略的产物,是以虎门销烟和鸦片战争为代表的悲痛历史,饱含着中华民族不可遗忘的屈辱记忆,但现代企业还是成为中国这个古老农业国家、乡土社会接入现代商业文明和全球经贸体系的重要枢纽。不同国家之间的政治外交、军事冲突、宗教传播、文化交流,商业贸易有其独特的逻辑和规则,而现代企业就是跨越文化、宗教和意识形态的通用语言和沟通枢纽。中国企业的价值不仅在于实业救国、实业立国、实业富国、实业强国,还在于是中国与世界平等对话的窗口,合作共赢的桥梁,分享机遇的平台;同时也是中国与世界其他大国博弈较量的手段,竞争比拼的抓手,是中国与世界不可拆散的铰链,是影响、塑造世界经济的重要力量。

二、中国企业成长壮大与经济全球化紧密相连

中国企业能够在较短时间内以较小的代价,特别是以和平崛起的方式实现历史性整体发展蝶变,离不开改革开放推动下中国企业的集体奋斗自觉,也离不开经济全球化浪潮所带来的强大推动力量和市场竞争合作机制,离不开一系列国际政治经济格局调

整所带来的历史机遇，更离不开党和国家在瞬息万变的国际政治变局和经济重构中始终给予中国企业的坚定支撑和坚强引领。

现阶段的经济全球化是西方发达国家为推动本国产业转型升级所逐步发展形成的，其初衷是实现西方跨国集团的利益优先，其本质是西方发达国家为了维持对世界经济发展的主导，但也极大推动了包括中国在内的世界各国企业的发展进步和产业升级。中国企业的第一次历史性整体发展蝶变很大程度上得益于经济全球化带来的先进技术、国际资本、全球市场、竞争机制和历史机遇，如果没有经济全球化的推动，仅靠国内市场和企业自力更生很难支撑和实现中国企业的第一次历史性整体发展蝶变。

鸦片战争后，西方列强用野蛮的侵略战争打开了中国对外的大门，但也为中国带来了现代企业制度和重新审视自我、奋起直追、自立自强的内生发展动力。中华人民共和国成立后，在苏联等社会主义国家的帮助下，中国快速建立起国家工业体系，在短时间内形成了新中国国有企业的特殊强大力量。20世纪"冷战"期间，美苏对峙给改革开放初期的中国和中国企业提供了长达几十年相对宽松的外部发展环境。"冷战"结束后，欧盟的成立、亚洲和南美洲国家的崛起促成了全球政治经济格局的深度调整、重构和再平衡，尽管局部政治军事冲突不断，贸易保护主义不时抬头，但和平与发展始终是不可抗拒的主流，中国企业也在这一长期和平稳定的环境中不断积累实力并实现了历史性整体发展蝶变。

中国企业的发展壮大分享了经济全球化的红利，同世界各国企业一起共同经历了几次全球经济危机的洗礼，中国企业不断加深对经济全球化的理性认识。几次洗礼全面历练了中国企业的集体抗风险能力，倒逼了中国企业不断加强企业的现代化管理，也提升了中国企业在挑战中发现和捕捉海外机遇并"走出去"实现国际化经营的能力，这些能力的形成是中国企业实现第一次历史性整体发展蝶变不可或缺的重要因素。

中国企业第一次历史性整体发展蝶变与世界经贸体系的发展完善既互为条件和动力，也互为约束和边界，世界经贸体系的发展方向、经济全球化的发展规模和效能都受到中国企业发展蝶变的推动和影响。没有经济全球化就没有中国企业的快速成长、成熟和壮大，没有中国企业的快速成长成熟，世界经济的繁荣发展将失去一个人口大国、产能大国、市场大国、企业大国的坚强支撑。1978年，中国GDP占全球GDP的比重不到2%，人均GDP不到全世界平均值的25%，出口额占世界出口总额的比重不到1%，属于贫困、封闭的发展中人口大国。2010年，中国超越日本成为全球第二大经济体，目前正在实现向高收入经济体的历史性跨越。2021年，中国经济总量达到114万亿元，占全球经济总量的18%，中国对全球GDP新增总量的贡献超过了30%，成为拉动世界经济增长的重要引擎，是世界最大货物出口国、最大外汇储备国、最大能源进口国、最大粮食进口国、世界第二大经济体、第二大货物进口国、第二大对外直接投资国。

如果将经济全球化比作一个复杂精密的公式，每个置身其中的国家都能得到这个公式的赋能，倍增自身的固有禀赋。但是，能够在得到经济全球化赋能的同时又能给经济全球化赋能的国家，就不是这个公式中的因变量，而是自变量[1]。除了美国、西欧诸国、日本等国家的企业外，中国企业已经成为其中为数不多且重要的自变量之一。

2008年世界经济危机爆发后，中国企业为全球经济回暖注入了重要的复苏动力；2020新冠肺炎疫情暴发后，中国又率先控制住了疫情发展，并迅速恢复生产，为全世界生产抗疫物资。中国企业的强大生产能力和中国超大的市场规模，已经成为今天全球生产贸易成本和定价的重要影响因素，而完成第一次历史性整体发展蝶变后的中国企业将依靠整体发展质量的跃升，建成一批世界一流企业和强国重企，从"中国因变量"升级为"中国自变量"。没有经济全球化的稳定发展，中国企业将失去进一步做强做优的依托；没有中国企业这个重要因变量，经济全球化也很难得出更美好的结果。

三、中国企业与世界经济相互成就

让珠穆朗玛峰成长为世界第一高峰的是整个亚欧大陆板块与印度洋板块的相互碰撞挤压。促成今天中国企业在全世界的影响和地位的原因，在于中国的崛起强大、中国企业第一次历史性

---

[1] 自变量可以决定自身的发展变化，并通过自身的发展变化来影响和改变别人。当自身越来越强大时，改变别人的能力也就越来越大，在一个复杂的交互系统中，自变量往往是以系数的方式存在，可以放大和倍增整体的影响。自变量本身也具有双刃剑的属性，因自身的发展或萎缩给整个系统带来正反馈或负反馈。比如，美国经济的平稳发展往往带来全球经济的繁荣，但美国爆发的经济危机将会传导演变为全球性的经济危机。

整体发展蝶变所积蓄的力量，还在于经济全球化的推动和世界各国企业对中国企业新发展跨越的期待，中国企业的新发展跨越将在更大范围、更高维度、更深层次上与世界经济发展相互影响塑造。

如果把全球经贸体系比作宇宙天体之间的相互引力作用，那么天体物理学的定律在中国企业与经济全球化之间也同样适用，正如地球决定了月球的运动轨迹，月球也影响着地球的潮汐，但人造卫星却很难对地球和月球造成影响，相对位置和绝对质量决定了一个国家的企业在全球经贸体系中的影响力、吸引力和相互作用力，一个国家的企业如果不具备上述两点，就很难在全球经贸体系中产生强大影响力。随着中国的崛起强大，第一次历史性整体发展蝶变之后的中国企业越来越靠近世界贸易体系中央，正在推动实现新发展跨越的中国企业将实现发展质量、综合实力和规模体量的再次跃升。可以预见，中国企业与经济全球化的"相互作用和塑造力"将会越来越显著。

中国企业与世界经济的相互期待、相互连接、相互需要、相互影响、相互成就，共同促成了中国企业的第一次历史性整体发展蝶变，也让中国企业的新发展跨越具有更大的外部性和世界意义，更加值得全世界所期待和关注。改革开放初期，中国期待接入全球经贸体系，世界也在期待中国庞大的国内市场；当建立了市场经济体制的中国期待先进的产业科技和发展资本时，世界也期待中国企业的庞大产能能够成为世界工厂，为全世界发展提供所需的产品。中国作为全球"六链"最重要的生产环节、中转枢纽、消费终端之一，深刻影响了各国企业的资产配置，也奠定了今天的世界经贸格局和国际分工基础。

中国企业的第一次历史性整体发展蝶变是经济全球化所促成的结果,中国企业的新发展跨越将与世界经济的重构、复苏和新繁荣是相互影响和相互塑造的过程,因而将具有更加广泛的建设性意义、更加重要的全球影响和更加巨大的世界价值,将在更大范围、更高维度、更深层次上与世界经济发展相互影响塑造。

实施新发展跨越的中国企业将从更大范围影响世界。经济功能从来都不是现代企业的唯一功能,在创造经济价值的同时,现代企业也是国家凝聚资源、推动创新、传播理念的重要平台。中国企业已经具备了运用国内、国际两个市场、两种资源的能力,不再只是"三来一补"的中国代工厂,而是实现了从"偏安一隅"到融入世界、走向全球,完成了从"走出去"到"走上去""融进去"的发展跃升。 随着中国企业市场版图的不断扩大,实施新发展跨越的中国企业将实现全球市场的全覆盖,并且将超出商贸领域的范畴,在输出中国产品、中国资本、中国技术的同时,输出中国文化,分享中国理念。

实施新发展跨越的中国企业将从更高维度影响世界。中国企业的第一次历史性整体发展蝶变提升了中国企业在全球产业链、供应链和价值链中的地位,随着中国企业综合实力和全球竞争力的提升。中国企业的影响力将不断增强扩大,今天,中国企业正在以一批领军企业为"头雁",形成了一大批具有全球竞争力的中国企业集群,整体力量不断凸显,如中国航天、中国核工业、中国高铁、中国军工、中国水电、中国通信、中国互联网、中国海运、中国钢铁和中国建筑等。通过独立自主建设一系列重大工程和大国重器充分展示了中国企业领先的综合实力和强大技术能力，形成了引领行业可持续发展的能力和行业竞争优势，并具备了基于这种优势的产业整合力、资源重塑力和跨界赋能力，形成了以中国企业为枢纽、网络覆盖全球、能够发挥各国比较优势、互利共赢、环环相扣、交叉立体的全球供应链、产业链和价值链，可以在更高的产业维度上影响世界经济发展。

完成新发展跨越后的中国企业将真正实现从"大"到"强大"的整体性跃升，在更深层次上影响世界。一大批各个领域的世界一流企业将打破西方企业在关键领域的技术壁垒、价格垄断和市场保护，改变长期存在的不公平国际贸易规则和秩序，为全世界特别是发展中国家和不发达国家带来更普惠的发展机遇，因此中国企业的第二次历史性整体发展蝶变将深刻影响全球产业分工和经济秩序，推动经济全球化重构升级，促进全球贸易自由化，维护世界一体化，构建人类命运共同体。可以预见，在中国企业的新发展跨越过程中，将有越来越多的发展中国家和欠发达国家都主动绑定在中国这艘大船上，一边分享中国企业带来的机遇和红利，一边通过推动更加公平、普惠、平等的经济全球化，共同担负起维护世界经济持续稳定繁荣发展的责任。

中国企业与中国、世界三者之间已经构成相互影响、相互促进、相互塑造、相互成就的关系。中国企业的新发展跨越不仅承载着国家使命，也肩负着世界责任，只有在更大范围、更高维度、更深层次上与世界经济产生相互作用，以自身新发展跨越推动世界经济持续健康发展，创新完善发展经济全球化的迭代升级，让更多国家的企业从新的经济全球化中获取更多的发展机会和发展红利，中国企业才能实现自身新的发展强大，才能为中国崛起强大和中华民族伟大复兴创造更加有利的基础条件和外部环境。

第十六章
后疫情时代,中国企业的世界责任

百年变局、新冠肺炎疫情、俄乌冲突、中美博弈,多重因素使世界经济发展仍面临诸多不确定性。全球经济何时复苏、如何复苏,没有预设的时间节点和目标路径。但可以肯定的是,中国企业的新发展跨越与全球经济复苏和建立经济全球化新型治理模式将是同一过程,中国企业既需要直面挑战的勇气,更需要把握机遇的智慧。

后疫情时代,世界各国基于本国发展安全考虑,将按照国内、区域和全球的顺序,优先满足国内发展安全和需要,继而建立起多种形式的多边合作机制和自由贸易协定。世界各大国在经济全球化不可逆的前提下,都在接近全力攀爬全球"六链",努力提升在全球价值阶梯上的位置。

一、后疫情时代经济全球化新特征

经济全球化的发展是实践的而不是预设的,经济全球化有其自身的发展规律。它是重大科技创新推动的结果，是经济发展规律的使然，是全球资本流动的塑造。只要把握规律、顺势而为、主动作为，就能影响和塑造世界经济。世界主要经济体及其企业对世界经济发展方向、轨道、规模都具有不同程度的影响、引领、主导和支撑作用。

新冠肺炎疫情仍在全球蔓延，俄乌冲突进入相持阶段加剧了全球经济复苏的不确定性，美国持续挑衅、围堵打压中国企业，这些因素都严重干扰了全球经济复苏的步伐，给国际政治格局、治理秩序、经济全球化和各国社会造成了巨大冲击。贸易和投资是全球经济发展的重要引擎，如果美国、欧盟等主要经济体继续渲染和加剧对立紧张情绪，限制对外贸易和跨国投资，就相当于扼制了全球经济复苏发展的"咽喉"，全球经济很难回归正常轨道。

中国企业需要理性认识到，当经济全球化模式遇到阻碍、瓶颈和天花板时，这并不是经济全球化的理念和方向有问题，也不是新冠肺炎疫情蔓延、俄乌冲突、中美博弈造成的问题，而是经济全球化过去的治理模式和长期积累的矛盾开始凸显。逆经济全球化趋势形成于各国之间利益分配矛盾，根源在于西方发达国家不甘于失去全球政治经济主导权，这是全球经济复苏和经济全球化发展升级需要首先解决的矛盾，也是必然经历的发展阶段。各国的企业都需要直面矛盾与挑战，共同发展、创新、完善经济全球化的治理模式。

中国企业实现新发展跨越的过程也是与世界经济相互影响、相互重构和相互塑造的过程，将在这次经济全球化治理模式的深刻调整中发挥更加积极的建设性意义和全球正面影响。在这一过程中，中国企业必须承担起一个负责任大国企业所应当承担的国际责任，也应当展示出一个大国强企所应有的智慧、胸怀和韬略。以中国企业实现新发展跨越的伟大事业创造更加有利的外部环境，推动世界经济持续健康发展，将更多国家的企业深度接入经济全球化体系，纳入中国企业的朋友圈和主导的"六链"网络，共同携手推动经济全球化迭代升级，从新的经济全球化中获取更多的发展机会和发展红利。

后疫情时代，经济全球化去中心化、均势化将是大势所趋，国家内部循环、周边国家区域循环将和全球大循环"三循环"共存发展将可能成为经济全球化的"新常态"，这是中国企业实现新发展跨越需要面对的新国际环境。

经济全球化正在经历自二次世界大战以来最严重的一次"脱钩""脱链"的极限压力测试。全世界数以万计的中小企业在这场突如其来的"风暴"中破产倒闭，全球大量供应链被迫断供，就连一些世界一流跨国企业也陷入发展困局。

新冠肺炎疫情、俄乌冲突让每个国家都更加深刻地感受到，现代企业作为人类的一项伟大制度发明和组织创新，在维系和支持人类社会生存发展和经济繁荣稳定方面所发挥的巨大作用，同时也让世界看到这一历经千年演进发展的制度体系在全球灾难和系统性风险面前仍然十分脆弱。无论新冠肺炎疫情和俄乌冲突结束后全球经济未来如何发展、向何处发展，都会使世界各国企业加快转型升级，集中精力构建更加安全、自主可控、完善稳定的供应链、产业链体系，这是全球企业都必须面对和回答的时代发展课题。世界各国出于对本国产业安全的考虑，都不会长期、过度倚重某一国家的供应链、产业链和价值链，去中心化、均势化将是一种大趋势，国家内部循环、周边国家区域循环将和全球大循环共存发展并可能成为经济全球化的"新常态"，中国企业对此应当有充分的认知和足够的准备，这也将成为中国企业实现新发展跨越的重要方向和基本路径。

经济全球化正在逐步用科技革命和信息技术弥合传统发达国家与新兴经济体之间存在的技术壁垒、信息鸿沟和发展速度代差。发达国家以全球价值链构建的国与国之间的高低差正在被慢慢"抹平"。发达国家正在失去对现有经济全球化的主导权、定价权和超额利润获取权，发达国家与发展中国家之间、发达国家之间价值分配已经产生了矛盾。当前世界各个国家的企业都在思考全球化新的发展大趋势中如何有效应对"逆流"和"湍流"。

欧美一些西方国家的政客为了转移国内矛盾，频频抛出"与中国脱钩、与俄罗斯断链"等不负责任的言论，特别是个别西方国家将石油、天然气、粮食等战略资源政治化、"武器化"，为未来经济全球化蒙上了很大的不确定性。中国是全球供应链、产业链的关键枢纽环节，俄罗斯是全球最大产油国和小麦生产国，牢牢把持着欧洲的能源供应，在全球能源、粮食供应链中的影响举足轻重。与中国脱钩、与俄罗斯断链所造成的损失最终都将由各国人民承担。人类文明从彼此隔绝走向人类命运共同体是不可逆转的历史潮流和必然趋势，新冠肺炎疫情再次证明了人类命运共同体的伟大意义和经济全球化的重大价值。根据统计，2019年，中国、美国、日本、德国等经济大国的对外贸易依存度分别为

32%、20%、28%和70%，中国并不是对外贸易依存度最高的国家，无论欧美发达国家还是东南亚发展中国家目前都尚不具备条件和能力完全取代中国在全球"六链"中的地位、作用和贡献，"去中国化"所带来的只能是全球产业链的"断链"、生产成本的大幅攀升和缺乏稳定保障的供应链网络、产业链体系，这种"伤敌一千、自损八百"的逆全球化行为是任何理性的国家和企业都不会轻易作出的选择。

西方某些国家对中国企业的"敌视"和"猜忌"也从另一个角度说明，中国企业的历史性整体发展蝶变已经让美国和西方感受到了中国企业的强大力量，并引起了以美国为首的西方国家和跨国企业的警觉和忌惮，有些国家和企业并不希望看到中国企业实现新的发展跨越，杂音、干扰甚至明显的围堵打压可能将是贯穿中国企业新发展跨越始终的"背景音"和"常态"，中国企业应当适应这种外部环境的变化，做好长期应对的准备，在新的外部环境和围堵打压条件下加快转型升级步伐，尽早实现新的发展跨越。

二、后疫情时代中国企业竞争新优势

后疫情时代，中国企业面临全球"六链"去中心化脱链、断链的风险和挑战，应当以新发展跨越为契机，主动创造趋势、引领发展，巩固和保持中国企业在全球产业体系中的长期主导地位和竞争新优势。

经过多年的持续发展和充分竞争,中国企业在全球"六链"中已经形成并保持着显著的竞争优势,而且在许多关键领域和行业已经处于引领主导地位。以中国为代表的新兴经济体正在悄然改变长期由少数西方寡头跨国企业把持、主导的全球产业格局和价值分配格局,这是全球经贸秩序走向平等化的重要趋势。对全球"六链"未来发展变化趋势的认知以及中国企业应该采取怎样的对策行动,从某种意义上将影响并决定着中国企业新发展跨越的成功与否。

今天的中国企业已经无法回避全球化去谋划新的发展跨越,经济全球化如果没有中国企业将失去重要的发展支撑。对于所有中国企业而言,已经没有偏安一隅、独自发展强大的可能。

中国企业的发展强大引起了以美国为首的西方国家过度警觉和战略误判,新冠肺炎疫情发展蔓延和俄乌冲突持续更促使一些国家基于安全考虑而收缩海外产业链布局,以降低对单一国家供应链的依赖,转而构建基于本国周边区域和政治盟友的供应链、产业链和价值链,尽管全球未来"六链"的脱链和重组将给所有产业链上和供应链上的国家带来一些不确定性,但对于已经深深嵌入并高度依赖全球"六链"的中国企业来说,全球"六链"重构所带来的风险和挑战将远远大于其他国家的企业。

中国企业的第一次历史性整体发展蝶变得益于主动抓住了全球化的机遇、顺应了世界一体化发展的趋势,在未来所要面对的经济全球化不确定性面前,中国企业不能再等待机遇,而是要创造机遇,不能被动地顺应趋势,而是要引领趋势,对西方一些国家的"脱链",中国企业需要主动"护链""建链",从全球"六链"

的参与者、贡献者变为捍卫者、构建者和引领者。

中国企业有充足的理由相信，经济全球化不会终结，更不可能与中国企业"断链"、"脱钩"，但经济全球化向区域化、多元化、去中心化和均衡化的深度调整是大势所趋，中国企业的新发展跨越也箭在弦上、势在必行。中国企业不会阻挡他国企业从中国市场分走"蛋糕"，但中国企业有能力和条件带头提升自身的产能、技术和市场规模来实现中国市场与全球市场的同步做大，通过提升自身的实力和竞争力吸引跨国企业将更多资源留在中国，通过中国企业的新发展跨越将中国市场打造成为产业领域的"压舱石"，作为各国配置产业链资源时的优先选择和最佳选择。事实上，这次蔓延全球的新冠肺炎疫情已经凸显了中国企业和中国市场在稳定性和抗风险性等方面的强大优势和发展韧性，这就需要中国企业加快实现从"大"到"强大"的新一轮发展蝶变，不断巩固和提升现有的优势和韧性，在保持长期竞争力的同时，加快补齐在核心技术、关键环节的弱项短板。中国企业只有不断提升在全球"六链"中的实力、韧性和远见，中国企业才能继续引导全球"六链"，推动经济全球化朝着相互依存、相互分享、相互信赖、普惠共赢的方向发展进步。

三、构建经济全球化新秩序

后疫情时代，中国企业应当主动作为，积极参与变革由价值链主导供应链和产业链的经济全球化发展范式，在构建以优势互补、互惠互利、协同发展的新型经济全球化范式中发挥积极有为的建设性作用。

维护经济全球化不仅是维护中国的利益，也是维护全世界大多数国家共同的利益，特别是维护广大发展中国家和不发达国家的公平发展权。今天，中国的国家实力、在国际政治经济格局中的话语权和影响力，在构建人类命运共同体伟大事业中所展现的诚意、能力和担当，让广大发展中国家都期待中国和中国企业站出来，作为维护世界多极化、经济全球化、构建人类命运共同体的中坚力量，肩负起维护经济全球化、建立人类命运共同体的重任。

随着经济全球化的发展，世界各国都在根据自身的资源禀赋和比较优势，从不同的产业环节嵌入全球"六链"，发展中国家和不发达国家主要位居全球"六链"的中下游，西方发达国家依靠资本和技术优势，主要占据"六链"的上游，形成了一种"挥鞭效应"，就像挥动鞭子一样，通过控制"六链"关键的顶端来实现对整个链条的把控。

在经济全球化高度发展成熟的条件下，任何一个行业中的企业最终都将只能获取行业平均利润。同样，对于全球"六链"上的各国企业而言，利润的日趋平均也是不可避免的趋势。当前，由价值链主导供应链和产业链的范式正在面临调整和重构，供应链、产业链和价值链均势平等的格局将重塑未来经济全球化的发展范式。

现有的经济全球化模式已经遇到阻碍、瓶颈和天花板，这不是经济全球化本身的理念和方向问题，更不是因为中国企业在全球"六链"中地位和作用日益突出而造成的问题,这是经济全球化发展升级的必然趋势,各国企业应当适应新的全球化并共同发展全球化、创新全球化、完善全球化,而不是"合则用、不合则弃"。

中国企业的新发展跨越过程与世界经济相互影响、相互重构和相互塑造并为同一过程,因而具有建设性意义和全球价值。在这一过程中,中国企业必须承担起一个负责任大国企业所应当承担的国际责任,以自身新发展跨越推动世界经济持续健康发展,创新完善发展经济全球化的迭代升级,让更多国家的企业从新的经济全球化中获取更多的发展机会和发展红利。

任何企业对本国供应链、产业链的重构和完善都是基于经济规律、价值规律、成本效率优势的理性判断和选择,对中国企业不断崛起强大的"合理恐慌"也是意料之中、情理之内的正常反应,中国企业的新发展跨越需要正视这种"恐慌",应该用分享打破围堵,用信任替代猜疑,用共赢弥合分歧,因为在新的全球"六链"体系和全球化格局中,没有一个国家的企业可以包打天下,大国强企需要在一些关键领域主动担当、引领创新做好主角,也需要在一些环节积极合作、甘当配角,引领而不谋求控制,主导而不实行垄断,构建发挥各自比较优势、平等互利、优势互补、协同发展、合作共赢的新型经济全球化范式,中国企业应当与世界各国企业携手共同推动经济全球化行稳致远,实现共同的可持续发展。

后疫情时代,中国企业的新发展跨越和集体觉醒是经济全球化走向均势、平等的重要标志,也是开启全球化治理新模式的重要实践。经济全球化的持续健康发展必须通过科学治理全球化来保驾护航。众多国际组织的诞生和有序运行是实现经济全球化高效治理的重要基础。1944年国际货币基金组织成立、1945年联合国成立、1947年关贸总协定签订、1991年欧共体通过《马斯特里赫特条约》奠定了欧盟成立基础、1993年欧盟成立、1999年七国集团财长会议倡议成立20国集团、2013年中国提出建设"新丝绸之路经济带"和"21世纪海上丝绸之路"的合作倡议等等,都是世界各国对经济全球化治理的重要探索。

构建经济全球化治理新格局离不开美国、中国、欧盟、俄罗斯、英国、日本、韩国、印度、巴西等重要经济体共同参与,需要各方以互谅、互信、互惠来化解分歧和矛盾。短期看,新冠肺炎疫情和俄乌冲突会使全球能源和粮食等基础商品价格上涨、全球供应链趋紧、劳动力失业率增加、企业经营困难;长期来看,新冠肺炎疫情会成为重构全球化的新推手。新冠肺炎疫情正在加速世界经济格局重塑,唯有全球社会携手合作才能共渡难关。纵观人类历史,危机和进步通常密切相关并在大多数情况下成为因果关系。新冠肺炎疫情在暴发初期可能会助长孤立主义情绪,但长期看,这场全人类共同面对的挑战也可能开启第二次世界大战后前所未有的国际合作新趋势,关键在于我们以怎样的格局、胸怀和视野去推动。

均势和平等是绝大多数国家都期待的国际战略安全选择,也是历史发展的重要规律之一。今天的主权国家、领土完整等许多现代国家概念都起源于17世纪中叶为调和欧洲各主权国家关系而订立的威斯特伐利亚体系。威斯伐特利亚体系的建立标志了欧洲近代史的来临,均衡、平等、维护国家主权等体系的中心思想都是构成现代国际社会外交体系和国际组织的基本原则。世界经济格局是一个复杂的博弈系统,它是建立在国家主权平等理念之上的一个并不平等的体系,是世界经贸格局不断嬗变发展的矛盾所在,也是这一体系不断向均势平衡发展的动力和目标所在。

第四次工业革命带来的挑战与迅速出现的生态约束、日益增强的多极化国际秩序以及不断增长的不平等不谋而合。这些因素交织在一起,正在逐渐引导经济全球化走向均势、平等新时代。而经济全球化的新时代能否改善人类的状况,促进人类命运共同体的加快形成,将取决于世界各大国的担当,更取决大国企业的具体作为。

经济全球化曾经是发达国家基于在全球价值链顶端的绝对优势所构建的不平等的"朝贡贸易体系",以获取超额垄断利润为目标。随着发展中国家的不断强大,效率效益优先原则推动全球经贸体系逐步从垄断向着趋于公平的方向发展。

在经济全球化高度发展成熟的条件下,任何一个行业中的企业最终都将归于获取行业平均利润。同样,对于全球"六链"上的每个国家而言,利润的日趋平均也是不可避免的趋势。当前,由价值链主导供应链和产业链的范式正在面临调整和重构,供应链、产业链和价值链均势平等的格局将重塑未来经济全球化的发展范式。

今天的经济全球化无法同过去的经济全球化分离,经济全球化在第二次世界大战之后经历了三个主要阶段。从"二战"结束后到中国改革开放前,经济全球化是以美国为中心,以西欧、日韩为驱动;从20世纪80年代开始至2008年,是"二战"后经济全球化的第二阶段,这一阶段是以美国为核心,以西欧、日本为主干,以中国为驱动,西方发达国家把大量制造业转移到中国,将中国的低成本劳动力、巨大产能和庞大市场作为驱动经济全球化发展的新动力。第三阶段以2008年为起点,延续至今。2008年从美国开始蔓延的全球经济危机是全球贸易体系和经济格局发生深刻调整变化的一个重要时间节点,它标志着长期以来由"美—西欧"在国际贸易体系和经济格局中的主导力已经开始弱化,以中国为代表的工业大国,以俄罗斯、欧佩克国家为代表的资源大国和以东南亚国家为代表的新兴制造业大国同时快速崛起,发达国家、新兴经济体和发展中国家的发展鸿沟逐步被信息化所弥合,由资本、科技主导的全球"六链"和世界经济格局趋于由资本、科技、市场和原材料等多种要素所共同主导,经济全球化呈现出不断趋于均势平等的发展趋势。

如果说第二次世界大战的结束和联合国的建立标志着世界各国对和平与发展的向往以及亚非拉国家民族意识的集体觉醒,2008年全球金融危机和经济衰退则开启了新兴经济体、区域一体化和发展中国家大发展时代的到来,而面对新冠肺炎疫情这个全世界共同的挑战,每个国家的企业都可以通过奋斗、机遇和主动变革,改变一个国家企业的面貌,提升它的地位,扩大它的影响力。今天,当我们讨论中国作为世界工厂的地位是否将被东南亚的越南、菲律宾、印度等国家取代时,我们也应当自信地看到,这恰恰说明中国改革开放以来的巨大成功和中国企业第一次历史性整体发展蝶变的发展成就,极大鼓舞和激励了广大发展中国家实现"重企强国"的信心。

基于上述分析,新型经济全球化仍具有不可逆性,旧的经济全球化一些重大原则将会得到深度调整,一些结构性要素将被重新优化整合,中国企业作为经济全球化的受益者、支持者和维护者,必须坚定高举经济全球化的大旗,发挥自身的新优势,以中国企业的新发展跨越推动后疫情时代的新型经济全球化向着更加公平、普惠的方向发展。

第十七章
以全球价值回应世界期许

中国企业的第一次历史性整体发展蝶变给经济全球化带来了变革性重构和系统性重塑，并以一系列的机遇和红利造福惠及世界各国人民。中国企业通过实现新发展跨越，必将更加有力地推动中国经济和世界经济的共同繁荣发展，因而更加具有全球影响和世界价值。

中国企业作为世界大国企业，应当从世界发展历史中得到智慧和启示，从挑战中看到机遇和责任，巧妙地避开修昔底德陷阱。中国企业不追求对世界经济的征服和控制，但应当深刻认知中国企业在新时代和百年未有之大变局中的定位、作用、使命和担当，把握后疫情时代的世界发展大势，在推动中国崛起强大和中华民族复兴的同时，以创造全球价值回应世界期许，为世界经济复苏繁荣发展提供更强大和持续的发展动能，为经济全球化提供更加有力的支撑，为构建更加公平合理的全球贸易格局贡献智慧，为构建人类命运共同体贡献力量。

一、坚定经济全球化信心

只要和平与发展的时代主流不变,经济全球化将仍然是世界各国经济社会发展的首要选择和重要抓手;只要中国企业不断发展强大,经济全球化就不会终结;只要中国坚持对外开放、走向全球、融入全球,推动经济全球化可持续发展,就一定能够引领经济全球化想着更加公平、互惠、包容、共赢的方向发展完善。中国企业的新发展跨越,不是谋求取代西方国家企业建立新经济霸权,而是要有魄力、有实力,更要有耐心、有胸怀、有智慧,争取更多国家的认可、理解、包容和支持,打破国强必霸的西方舆论陷阱。

在新的全球"六链"体系和经济全球化格局中,没有一个国家的企业可以包打天下,中国企业需要在一些关键领域主动担当、引领创新做好主角,也需要在一些环节积极合作、甘当配角,引领而不谋求控制,主导而不实行垄断,拥有而不占有,分享而不独享,用实力换空间,用空间换发展,用发展得共赢,用共赢消除误解,努力构建发挥各自比较优势、平等互利、优势互补、协同发展的新型经济全球化范式。中国企业应当与世界各国企业携手共同推动经济全球化行稳致远,实现共同的可持续发展。

新冠肺炎疫情产生的巨大冲击给中国企业发展带来了前所未有的影响,但也提供了又一重大历史性机遇,中国率先控制疫情并迅速实现了复工复产、经济回暖,为恐慌中的世界各国树立了信心并提供了重要的物质援助。中国企业在积极利用全球疫情冲击的"时空差"扩大出口的同时,也积极利用中国抗击疫情所显示出来的制度和体制优势，进一步深入推进对外开放和国际经济合作，将中国市场打造为各国企业安全配置"六链"的避风港，为经济全球化创造新的发展机遇。

二、彰显中国企业世界担当

中国已经是世界的中国，世界也是中国的世界。中国正在世界政治经济体系中扮演着越来越重要的角色，越来越多的中国企业已经或正在深深嵌入经济全球化的紧密链条之中，今天，与中国企业的"脱链"在世界许多产业领域就意味着"断供"和"断链"，中国企业的持续发展强大是全球经济可持续发展的重要动力和基础保障，也是维护经济全球化可持续发展的重要支撑力量。

中国要实现从东方大国到世界强国的历史性跨越与和平崛起，矗立于世界舞台中央，必须通过中国企业的新发展跨越去推动支撑；中国要让世界认可中国特色社会主义制度的优越性，接受中华民族实现伟大复兴的现实，必须用中国企业的实力、产品和服务让所有的反对者心悦诚服；中国要推动构建人类命运共同体的伟大事业，为全人类的可持续发展贡献力量，必须通过中国企业的新发展跨越构建中国平台、分享中国机遇、贡献中国智慧、提供中国方案、体现中国担当。

中国在当今世界治理体系中的角色越来越重要，话语权和影响力也越来越大，作为世界新兴经济体和发展中国家自立自强的代表，中国建设更多高质量、具有全球竞争力的世界一流企业必然惠及全世界，中国的发展成就也理应通过一批世界一流的中国企业、中国产品和中国品牌得到全世界的认可、接受、尊重和欢迎。中国提出"一带一路""人类命运共同体"等一系列倡议、理念、主张，需要通过一大批中国企业代表中国去传递和实践。作为快速崛起强大的新兴大国，中国在国际社会应尽的责任、义务和道义，对发展中国家的帮助、支持和援助，也需要通过中国企业的力量传递、履行和实施。因此，推动中国实现新发展跨越、加快做强做优做大中国企业，使中国企业能够成为中国的支撑、世界的依靠，其世界价值就在于此。

三、完善"六链"，巩固中国企业引领优势

传统的经济全球化是基于价值的不断衍生和传递，而且建立在产业链、供应链、价值链和全球大循环基础之上。而技术链、创新链、数据链的出现，又进一步改变了现有的全球分工格局，让国内、区域和全球三套产业体系同时循环成为可能。

中国企业面临全球"六链"去中心化脱链、断链的风险和挑战，应当以新发展跨越为契机，加快构建国内循环、周边国家区域循环和全球循环的"六链"体系，主动创造趋势、引领发展，巩固和保持中国企业在全球产业体系中的长期竞争优势和发展韧性。

新冠肺炎疫情的发展蔓延将促使一些国家基于国家安全的考虑收缩海外产业链布局，以降低对全球供应链的依赖，转而将更多的资金用于构建基于本国或周边区域的供应链、产业链和价值

链,尽管全球未来"六链"的脱链和重组将给所有产业链上和供应链上的国家带来一些不确定性,但对于已经深深嵌入并高度依赖全球"六链"的中国企业来说,全球"六链"重构所带来的风险和挑战远远大于其他国家的企业。

中国企业的第一次历史性整体发展蝶变得益于主动抓住了全球化的机遇、顺应了世界一体化发展的趋势,在未来面对新的经济全球化不确定性面前,中国企业不能再等待机遇,而是要主动创造机遇,不仅要顺应趋势,而且要引领趋势,对西方一些国家的"脱链",中国企业更需要主动"护链""建链",力求从全球"六链"的参与者、贡献者变为捍卫者、构建者和引领者。

四、拓展中国企业全球影响

没有能量的交换,就没有生命的产生;没有信息的交换,就没有文明的萌芽;没有利益的分享,就没有发展的可能。经济全球化发展到今天,没有一个国家可以回到自给自足的封闭发展状态,吃独食、一家独大、坐享其成的"殖民体系""垄断思维""霸权主义"已经行不通了,只有相互之间不断交换利益,创造利益,分享利益,才能实现共同的进步。中国企业的新发展跨越只有具备更强的外部性和正效益,需要主动构链、拓链、增链,帮助更多国家构建国内产业链、区域产业链,不断以自身的发展强大为世界各国企业带来更多机遇和红利,只有先创造全球价值,才能实现中国蝶变。

中华人民共和国经过70多年来的努力拼搏奋斗，中国企业在全球"六链"中已经形成并保持着显著的竞争优势，而且在一些关键领域已经处于引领地位，中国企业完全有能力建立国内产业链、区域产业链和全球产业链并打通国内、周边区域和国际三循环，但许多发展中国家目前尚不具备这样的能力和条件。这就需要中国企业加强与中小国家企业的平等合作，发挥带动引领作用，帮助它们构建内部优势产业或相对完善的国内产业体系，打通区域小循环。这样做不仅不会分走中国企业的蛋糕，而且可以共同做大全球市场，有利于中国企业的新发展跨越。

中国企业的新发展跨越目标已经确定，在具体实践中，对内要有清晰可行的实现路径方法，对外要有理性智慧的方略，使整个新发展跨越过程动力更强、阻力更小、助力更多。以中国为代表的新兴经济体正在悄然改变长期由少数西方寡头跨国企业把持、主导的全球产业格局和价值分配格局，这是全球经贸秩序走向平等化的重要趋势，也是中国企业带给全球企业特别是中小国家企业的机遇。对全球"六链"未来发展变化趋势的认知把握以及中国企业应该采取怎样的对策行动，从某种意义上将影响并决定着中国企业新发展跨越的成功与否和对未来经济全球化新发展模式的塑造。

五、维护经济全球化公平普惠

新冠肺炎疫情不仅是百年一遇的全球公共卫生危机，更推动了资本的全球化向人的全球化转变,在平等的生命中,人类已经成为紧密的命运共同体,没有任何国家可以独善其身。疫情干扰甚至阻断了正常的全球"六链"发展循环,却为中国企业加快完善改造、升级内部"六链"创造了相对时间差。疫情在全球的蔓延造成了社会公众的心理危机,却使各国人民更加相信人类命运共同体的重大意义,让发展经济全球化成为共识。

今天,中国的国家实力,在国际政治经济格局中的话语权和影响力,在构建人类命运共同体的伟大事业中所展现的诚意、能力和担当,让广大发展中国家都期待中国和中国企业站出来,作为维护世界多极化、经济全球化、构建人类命运共同体的中坚力量,肩负起维护经济全球化、建立人类命运共同体的重任,期待中国企业为世界带来繁荣、带来机遇、带来红利、带来福祉。从这个意义上讲,中国企业新发展跨越应当创造更多的世界一流企业和强国重企、更多的中国高科技独角兽企业,培育更多的世界级产业链链长企业、供应链链主企业和价值链链顶企业。力量越大,责任也就越大,中国企业不仅要实现自身的发展,也有责任成为全球最强大的企业群体和高科技策源地,成为推动经济全球化公平发展的强大力量。

今天的中国企业也比以往任何时代都更加具备基础条件,把握自身的前途命运和新的机遇去实现新发展跨越。今天的中国比以往任何时候都有条件、有能力培育更多具有全球影响力和全球竞争力的强国重企来支撑中国崛起强大,推动中华民族伟大复兴,因为只有自身的强大,才能有掌握命运、创造趋势、改变格局的能力。如果每一家中国企业都能够以家国情怀、民族智慧、历史担当、全球视野和大国格局去努力做强做优做大，加快中国企业实现整体新发展跨越，那么千千万万的中国企业将汇聚成一股磅礴的洪流，成为支撑民族、改变国家、影响世界、塑造未来的磅礴力量。

中国企业在实现新发展跨越的进程中，将面临传统经济、数字经济、低碳经济三种完全不同的经济形态。这三种经济形态有着完全不同的技术特征、发展模式、增长机制、边界范围和路径轨道，需要中国企业同时用不同的方式和智慧予以理性应对和科学操控，需要通过两种资源、两个市场打造国内国际双循环发展格局，有序进行数字化和绿色低碳发展双转型，加快"走出去"和"引进来"双向开放，实现企业和产业双变革，提高经济体系运行效率和国家治理效能，当好"链长"和科技创新的"弯道超车者"，实现中国企业的新发展跨越和中国高质量发展的协调同步。

中国企业的整体蝶变已经改变了中国、影响了世界，中国企业实现新的发展跨越，将培育产生更多的世界级一流企业和伟大企业。中国企业将跨越国界和文明，在全球配置资源，在世界布局经营，并积极传递中国先进思想文化和中国智慧方案；主张平等合作、互利共赢，主张优势互补、包容式发展，主张义利兼顾、义在利先；给世界各国带去更多的理念、机遇和红利，在全球范围内团结不同国籍和不同信仰的人民平等合作共同发展，一起建设人类命运共同体，推动世界经济繁荣发展。中国企业新发展跨越和中国崛起强大将给世界人民带来更多的福祉和利益，这必将在全球产生广泛的影响，彰显建设性意义，体现世界价值！

参 考 文 献

[1] 习近平. 习近平谈治国理政（第三卷）[M]. 北京：外文出版社，2020.

[2] 胡政，陈争平，朱荫贵. 招商局与中国企业史研究 [M]. 北京：社会科学文献出版社，2015.

[3] 吴晓波. 跌荡一百年 [M]. 北京：中信出版社，2017.

[4] 韩岫岚. 中国企业史现代卷（上中下）[M]. 北京：社会科学文献出版社，2002.

[5] 布莱恩·品图. 不稳定的经济：国家增长的故事 [M]. 北京：中国人民大学出版社，2020.

[6] 张发林. 全球金融治理与中国 [M]. 北京：中国人民大学出版社，2020.

[7] 中国信息通信研究院. 数字经济概论：理论、实践与战略 [M]. 北京：人民邮电出版社，2022.

[8] 观察者网·科工力量栏目组. 实业强国 [M]. 北京：中国人民大学出版社，2022.

后 记

　　现代企业是人类的一项伟大制度创设，它诞生于以私有制为基础的西方资本主义社会，在经济全球化的沃土中蓬勃兴盛。在中国晚清洋务运动中，现代企业作为"自强""求富"的制度工具被引入具有5千年农耕文明史的旧中国并落地生根，在社会主义新中国实现了本土化和创新发展，在取得巨大成功的同时创造了四项世界奇迹：中国现代企业数量从"0"发展成为全球第一；中国的世界500强企业数量连续三年超越美国位居世界第一；中国企业的重要工业品产能、产量全球第一；以中国企业为枢纽的世界级产业链和供应链全球第一。现代企业为什么能够在新中国取得如此瞩目的发展成就，未来怎样才能实现更大的成功，这个问题值得我们继续深入研究和深度思考。

　　2019年至2022年，承蒙组织的信任，我先后参加了"不忘初心、牢记使命"主题教育和党史学习教育的中央指导组工作。在三年多的时间里，我有幸督导了几十家中央企业和中管金融企业的专题教育活动，深入了解到许多来自中国企业一线的奋斗事迹和成功案例，也与多位中央企业主要负责同志进行了深入地交流。我在深受教育的同时，冥冥之中有一种神圣的责任感、使命感和荣誉感驱使我记录下中国企业可歌可泣的伟大奋斗历程，我愿意为此尽一份绵薄之力。

中国企业必须尽快启动新的发展跨越，这是在系统总结分析中国企业已经实现了历史性整体发展蝶变基础上所得出的观点和论断，而且也是本书写作的初衷之一。中国企业实现新发展跨越有习近平新时代中国特色社会主义思想的指引，有中国企业历史性整体发展蝶变的坚实基础，有中国企业进一步加快做强做优做大、建设世界一流企业的强烈需要，有新时代赋予中国企业的新使命，中国企业实现新发展跨越的基础已经具备，条件已经成熟。希望这本书能够引起更多人对中国企业实现新发展跨越的关注和期待。

三年多来，这本书从初稿到终稿经历了几十次修改，有的章节甚至多次推倒重来。我相信勤能补拙，多一点付出就少一点遗憾，每一次修改都是对书稿的一次提升和完善，也是我对读者和对中国企业应尽的一份责任。有很多的夜晚，我会为构思一个章节而辗转难眠，也会为某个妙手偶得的观点而异常兴奋。但是，这样的不眠之夜和紧张的写作过程并没有让我感觉到辛苦，反而让我感觉到生活的充实、理想的厚重和付出的意义。

这本书能够出版，不仅仅是我个人的付出，还得益于很多方面的帮助和支持。

《重企强国》一书在清华大学出版社出版后得到了很多领导、同事、同学和朋友的支持，他们也鼓励我尽快写好《重企强国》

的姊妹篇——《重企强国 2》，他们的期待、支持与鼓舞是鞭策我写作的重要动力之一，也是我写好这本书的信心。

感谢清华大学出版社的周菁老师、王如月老师以及参与书稿审校的各位资深专家学者，他们就书稿的改进、完善与提升提出了许多宝贵意见和诚挚建议。其中，周老师和王老师也是我上一本书《重企强国》的责任编辑，她们的敏锐视角、专业素养和敬业精神令我十分敬佩，在这个短视频和碎片化阅读盛行的时代，还有很多她们这样的资深图书编辑秉承着责任心和匠心去帮助作者打磨一本书，为读者、为时代留下一些值得深度阅读和思考的文字，实属难能可贵，在此向她们致敬。

张大伟同志深度参与了《重企强国》和《重企强国 2》的写作过程，帮助我收集整理了大量数据、案例和资料，并提供了许多颇有见地的观点和建议，在此一并表示感谢。

最后我要感谢家人的理解和支持，感谢家人为我创造了安静祥和的思考空间和写作环境。

谨以此书，向伟大的祖国致敬！向伟大的中国企业致敬！向所有为中国企业做大做强而拼搏奋斗的人们致敬！

2022 年 8 月